READING

不如讀書

有情风万里卷潮来

经典·东坡·词

王德威——总召集　柯庆明——总策划　刘少雄——编著

人民东方出版传媒
People's Oriental Publishing & Media
东方出版社
The Oriental Press

图书在版编目（CIP）数据

有情风万里卷潮来：经典·东坡·词/刘少雄 编著 . —北京：东方出版社，2022.4
（人与经典/王德威总召集，柯庆明总策划）
ISBN 978-7-5207-2097-7

Ⅰ.①有… Ⅱ.①刘… Ⅲ.①苏轼（1036-1101）—宋词—
诗歌欣赏 Ⅳ.① I207.23

中国版本图书馆 CIP 数据核字（2021）第 043045 号

　　本著作简体字版通过四川一览文化传播广告有限公司代理，由
原著作者正式授权，同意经由城邦文化事业股份有限公司—麦田出
版事业部授权出版中文简体字版本。非经书面同意，不得以任何方
式及形式重制、转载。

有情风万里卷潮来：经典·东坡·词

- -

编　　著：刘少雄
责任编辑：王夕月
出　　版：东方出版社
发　　行：人民东方出版传媒有限公司
地　　址：北京市西城区北三环中路 6 号
邮　　编：100120
印　　刷：北京联兴盛业印刷股份有限公司
版　　次：2022 年 4 月第 1 版
印　　次：2022 年 4 月第 1 次印刷
开　　本：880 毫米 ×1230 毫米　1/32
印　　张：9.5
字　　数：199 千字
书　　号：ISBN 978-7-5207-2097-7
定　　价：68.00 元
发行电话：（010）85924663　85924644　85924641

- -

『人与经典』总序

<small>王德威</small>

　　"人与经典"是麦田出版公司于创业二十周年之际所推出的一项人文出版计划。这项计划介绍广义的中国经典作品，以期唤起新一世代读者接触人文世界的兴趣。取材的方向主要来自文学、历史、思想方面，介绍的方法则是以浅近的叙述、解析为主，并辅以精华篇章导读。类似的出版形式过去也许已有先例，但"人与经典"强调以下三项特色：

　　·我们不只介绍经典，更强调"人"作为思考、建构，以及阅读、反思经典的关键因素。因为有了"人"的介入，才能激发经典丰富多元的活力。

　　·我们不仅介绍约定俗成的经典，同时也试图将经典的版图扩大到近现代的重要作品。以此，我们强调经典承先启后、日新又新的意义。

· 我们更将"人"与"经典"交汇的现场定位在当代中国的台湾。我们的撰稿人都与台湾渊源深厚，也都对台湾的人文未来有共同的信念。

经典意味着文明精粹的呈现，具有强烈传承价值，甚至不乏"原道""宗经"的神圣暗示。现代社会以告别传统为出发点，但是经典的影响依然不绝如缕。此无他，在时间的长河里我们毕竟不能，也没有必要忽视智慧的积累，切割古今的关联。

但是经典岂真是一成不变、"万古流芳"的铁板一块？我们记得陶渊明、杜甫的诗才并不能见重于当时，他们的盛名都来自身后多年或多个世纪。元代的杂剧和明清的小说曾经被视为诲淫诲盗，成为经典只是近代的事。晚明顾炎武、黄宗羲的政治论述到了晚清才真正受到重视，而像连横、赖和的地位则与台湾的历史经验息息相关。至于像《诗经》的诠释从圣德教化到纯任自然，更说明就算是毋庸置疑的经典，它的意义也是与时俱变的。

谈论、学习经典因此不只是人云亦云而已。我们反而应该强调经典之所以能够可长可久，正因为其丰富的文本及语境每每成为辩论、诠释、批评的焦点，引起一代又一代的对话与反思。只有怀抱这样对形式与情境的自觉，我们才能体认所谓经典，包括了人文典律的转换，文化场域的变迁，政治信念、道德信条、审美技巧的取舍，还有更重要的，认识论上对知识和权力、真理和虚构的持续思考辩难。

以批判"东方学"（Orientalism）知名的批评家爱德华·萨义德（Edward Said, 1935 —2003）一生不为任何主义或意识形态背书，他唯一不断思考的"主义"是人文主义。对萨义德而言，人文之为"主义"恰恰在于它的不能完成性和不断尝试性。以这样的姿态来看待文明传承，萨义德指出经典的可贵不在于放诸四海而皆准的标杆价值，而在于经典入世的，以人为本的、日新又新的巨大能量。

萨义德的对话对象是基督教和伊斯兰教文明，两者各有其神圣不可侵犯的宗教基础。相形之下，中国的人文精神，不论儒道根源，反而显得顺理成章得多。我们的经典早早就发出对"人之所以为人"的大哉问。屈原徘徊江边的浩叹，王羲之兰亭欢聚中的警醒，李清照乱离之际的感伤，张岱国破家亡后的追悔，鲁迅礼教吃人的控诉，千百年来的声音回荡在我们四周，不断显示人面对不同境遇——生与死、信仰与背离、承担与隐逸、大我与小我、爱欲与超越……的选择和无从选择。

另一方面，学者早已指出"文"的传统语源极其丰富，可以指文饰符号、文章学问、文化气质，或是文明传承。"文学"一词在汉代已经出现，历经演变，对知识论、世界观、伦理学、修辞学和审美品味等各个层次都有所触及，比起来，现代"纯文学"的定义反而显得谨小慎微了。

从《诗经》《楚辞》到《左传》《史记》，从《桃花源记》到《病梅馆记》，从李白到曹雪芹，将近三千年的传统虽然只能点到为止，但已经在在显示古典历久弥新的道理。《诗

经》质朴的世界仿佛天长地久，《世说新语》里的人物到了
今天也算够"酷"，《红楼梦》的款款深情仍然让我们悠然神
往，而荀子的《劝学》、顾炎武的《廉耻》、郑用锡的《劝和
论》与我们目前的社会、政治岂不有惊人关联性？

"郁郁乎文哉"：人文最终的目的不仅是审美想象或是启
蒙革命，也可以是"兴、观、群、怨"，或"心斋""坐忘"，
或"多识草木鸟兽之名"，以至"观乎人文，以化成天下"。
人与文是我们生活或生命的一部分。传统理想的文人应该是
文质彬彬，然后君子。转换成今天的语境，或许该说文学能
培养我们如何在社会里做个通情达理、进退有节的知识人。

"人与经典"系列从构思、选题到邀稿，主要得力于柯庆
明教授的大力支持。柯教授是台湾人文学界的标杆性人物，不
仅治学严谨，对台湾人文教育的关注尤其令人敬佩。此一系列
由柯教授担任总策划，是麦田出版公司最大的荣幸。参与写作
的专家学者，都是台湾学界的一流人选。他们不仅为所选择书
写的经典做出最新诠释，他们本身的学养也是台湾多年来人文
教育成果的最佳见证。

王德威，美国哈佛大学 Edward C. Henderson 讲座教授

『人与经典』总导读

一乡之善士，斯友一乡之善士。一国之善士，斯友一国之善士。天下之善士，斯友天下之善士。以友天下之善士为未足，又尚论古之人。颂其诗，读其书，不知其人，可乎？是以论其世也。是尚友也。

上述孟子谓万章（万章是孟子喜爱的高足）的一段话，或许最能诠释孔子所谓"无友不如己者"之义，因为这里的"如"或"不如"，就孔子而言是从"主忠信"一点立论，而就孟子而言，则从其秉性或作为是否足称"善士"，而更作"一乡""一国""天下"之区别，以见其心量与贡献之大小，充分反映的就是一种"同明相照，同气相求"的渴望。这种不谋其利而仅出于"善善同其清"的道义相感，或许就是所谓"交友"最根本的意义：灵魂寻求他们相感相应的伴侣，"知己"因而是个无限温馨而珍贵的词语。

但是"善士"们，不论是"一乡"、"一国"或"天下"之层级，在这高度繁复流动的现代世界里，大家未必皆有机缘相识相交而相友，于是"尚论古之人"的"尚友"就更加重要了。因为透过"颂其诗，读其书"，我们就可以发现精神相契相合的同伴；当我们更进一步"论其世"，不仅"听（阅）其言"，而进一步跨越时空、历史的距离，"观其行"时，我们就因"知其人"，而可以有"尚友"的事实与效应了。

我们因为这些"古之人"的存在，而不再觉得孤单。虽然我们或许只能像陶渊明一样，深感"黄（帝）唐（尧）莫逮"，未能及时生存于那光辉伟大的时代，而"慨独在余"，而深具时代错位的生不逢时之感；但也因此而无碍于他以"无怀氏之民"或"葛天氏之民"为一己的认同；在他以五柳先生为其寓托中，找到自己有异于俗流的生存方式与实现生命价值的途径。

虽然未必皆得像陶渊明或文天祥那么充满戏剧性；"风檐展书读"之际，时时发现足资崇仰共鸣的"典型在宿昔"，甚至生发"敢有歌吟动地哀"的悲悯同情，却是许多人共有的经验。这使我们不仅生存在同代的人们之间，更同时生活在历代的圣贤豪杰、才子佳人，以至虽出以寓托而不改其精神真实的种种人物与人格之间，终究他们所形成的正是一种足以寄托与安顿我们生命的，特殊的"精神社会"。或许这也正是人文文化的真义。

当这些精神人格所寄寓的著作，能够达到卓超光辉，足以照耀群伦：个别而言，恍如屹立于海涛汹涌彼岸的灯塔；整体而言，犹若闪烁于无穷暗夜的漫天星斗，灿烂不尽——这正是我们不仅"尚友"古人，更是面对"经典"的经验写照。

在各大文明中，许多才士伟人心血凝聚，亦各有巨著，因而成其"经典"；终至相沿承袭，而自成其文化"传统"，足以辉映古今，这自然皆是人类所当珍惜取法的瑰宝。至于中华文化的经典，一方面我们尊崇它们的作者，如刘勰《文心雕龙·征圣》所宣称的"作者曰圣，述者曰明；陶铸性情，功在上哲"；但是对于此类"上哲"的形成与"经典"的产生，历来的贤哲们，更多有一种"殷忧启圣"的深切认知。这种体认最清晰的表述，就贤哲人格的陶铸而言，首见于《孟子·告子》：

舜发于畎亩之中，傅说举于版筑之间，胶鬲举于鱼盐之中，管夷吾举于士，孙叔敖举于海，百里奚举于市。故天将降大任于斯人也，必先苦其心志，劳其筋骨，饿其体肤，空乏其身，行拂乱其所为，所以动心忍性，曾益其所不能。人恒过，然后能改。困于心，衡于虑，而后作。征于色，发于声，而后喻。入则无法家拂士，出则无敌国外患者，国恒亡。然后知生于忧患而死于安乐也。

这一段话，不仅指出众多贤哲的早岁困顿的岁月，其实正是为他们日后的大有作为，提供了经验知识的准备，更重要的是陶铸力堪大任的人格特质。一方面是人类的精神能力必须接受挫折和困顿的开发——"所以动心忍性，曾益其所不能"；另一方面则是处世谋事要恰如其分，肇造成功，永远需要以"试误"的历程来达臻完善——"人恒过，然后能改"；创意的产生来自困难的挑战，也来自坚持解决的意志与内在反复检讨图谋的深思熟虑——"困于心，衡于虑，而后作"；而任何执行的成功，更是需要深入体察人心的动向，回应众人的企盼与要求——"征于色，发于声，而后喻"。简而言之，智慧自历练来，意志因自胜强，执业由克己行，成功在众志全——孟子所勾勒的其实是与人格养成不可分割的、一种另类的"个人的知识"（Personal Knowledge）。因此当他们将此类"个人的知识"，转成话语，形诸著述，反映的仍然寓含了他们"生于忧患"的经验，以及超拔于忧患之上的精神的强健与超越、通达的智慧。

对于中国"经典"的这种特质，最早做出了观察与描述的，或许是司马迁，他在《报任安书》中说：

古者，富贵而名摩灭，不可胜记，唯俶傥非常之人称焉。盖文王拘而演《周易》；仲尼厄而作《春秋》；屈原放逐，乃赋《离骚》；左丘失明，厥有《国语》；孙子膑脚，《兵法》修列；不韦迁蜀，世传《吕览》；韩非囚秦，《说难》《孤愤》；《诗》三百篇，大抵圣贤发愤之所为作也。此人皆意有郁结，不得通其道，故述往事，思来者。乃如左丘无目，孙子断足，终不可用，退而论书策，以舒其愤，思垂空文以自见。

司马迁在《史记·太史公自序》中亦做了类似的表述，只是文前强调了："夫《诗》《书》隐约者，欲遂其志之思也。"就上文的论列而言，首先这些"经典"的作者都是"倜傥非常之人"，足以承担或拘囚、或迁逐、或遭厄、或残废等的重大忧患，但皆仍不放弃他们的"欲遂其志之思"，而皆能"发愤"，以"退而论书策"、"思垂空文以自见"来从事著述。

其中的关键，固不仅在"不得通其道"之事与愿违的存在困境中，"意有郁结"而于"恨私心有所不尽，鄙陋没世，而文采不表于后世也"的存在焦虑下，欲"以舒其愤"之际，选择了"思垂空文以自见"的自我实现的方式；而更重要的，是他们皆能够跳出一己之成败毁誉，采"退而论书策"，以诉诸集体经验，反省传统智慧的方式，来"述往事，思来者"。就在这种跳脱个人得失，以继往开来为念之际，他们皆以其深刻而独特的存在体验，对传统的经验与累积的智慧，做了创造性转化的崭新诠释。于是个别的具体事例，不仅只是陈年旧事的记录，它们更进一步地彰显了某些普遍的理则，成为足以指引未来世代的智慧之表征，这正是一种"入道见志"的表现；这也正是"个人的知识"与"传统的智慧"的结合与交相辉映。

因而"经典"虽然创作于古代，所述的却不止是仅存陈迹的古人古事，若未能掌握其中"思来者"的写作真义，则好学的读者即使"载籍极博"，亦不过是一场场持续的"买椟还珠"之游戏而已。因而这种透过个人体验所做的创造性转化与诠释，不仅是一切"经典"所以产生与创造的真义；更是"经

典"所以能够生生不息的与时俱新之契机；我们亦唯有以个人
体验对其做创造性的转化与诠释，才能真正掌握这些"经典"
中，"大抵圣贤发愤之所为作"的艰苦用心，而领会其高卓精
神与广大视野，激荡而成我们一己意志之升华与心灵境界之开
拓。这不仅是真正的"尚友"之义，亦是我们透过研读"经
典"，而能导致文化传统与人文精神，得以永续的层层提升与
光大发扬的关键。

　　基于上述理念，王德威教授和我，决定为麦田出版策划
一套以中华文化为范畴的"人与经典"丛书，一方面选择经、
史、子的文化"经典"；一方面挑选中国文学具代表性的辞、
赋、诗、词、戏曲、小说，邀请当代阅历有得的专家，既精选
精注其原文，亦就这些伟大作者的其人其事，做深入浅出的阐
发，以期读者个别阅读则为"尚友"贤哲，综览则为体认文化
"传统"；既足以丰富生命的内涵，亦能贞定精神上继开的位
列，因而得以有方向、有意义地追求自我的实现。

于台湾大学澄思楼三〇八室

柯庆明，台湾大学名誉教授

为什么是东坡 为什么是词

刘少雄

　　我初识东坡，是从他的一阕词开始的。那时刚升上初中一年级，开学不久，教语文的龙老师突然辞职了，新来的程老师第一次上课，刚好在中秋节前几天。她讲了些求学台湾的故事，然后在黑板上写下一阕词，简单讲解了内容，说是和中秋有关的，我默默抄了下来。回家途中读了几遍，第二天就会背了。我生平诵读的第一阕词，就是苏东坡的《水调歌头》。我记得当时对词意本身并没有很了解，但在朗读中却有着莫名的感动，仿佛内心深处有些情绪被挑动了起来……

　　在那十来岁的青涩岁月里，我陆陆续续地又读了些词：苏东坡、辛稼轩、李后主、李清照、柳永、秦少游、周邦彦……

随兴地选读背诵，似懂非懂的感受，读得不算多，也没什么条理，却总觉得其中有着似曾相识的心情。

然后，我来到了台大，走进中国文学世界，用心地阅读诗词古文，在历史和思想的典籍中沉思，也在古今中外的作品里探索。慢慢地，我发现深入的阅读使我能面对作者、面对作品，也透过他们面对了自己，进而唤起了自我的生命意识，重新认识自己，并在其中成长。

这样的过程，交织着许多作者、作品和不同时期的自我。而中间不时出现、最终影响我最多的，是那最初牵动我少年情怀的东坡及其词。

林语堂《苏东坡传·原序》说：

苏东坡的人品，具有一个多才多艺的天才的深浓、广博、诙谐，有高度的智力，有天真烂漫的赤子之心……他一直卷在政治旋涡之中，但是他却光风霁月，高高超越于苟苟营营的政治勾当之上……他能狂妄怪癖，也能庄重严肃，能轻松玩笑，也能郑重庄严，从他的笔端，我们能听到人类情感之弦的振动，有喜悦、有愉快、有梦幻的觉醒，有顺从的忍受……肉体虽然会死，他的精神在下一辈子，则可成为天空的星、地上的河，可以闪亮照明、可以滋润营养，因而维持众生万物。

的确，苏东坡是中国文学世界里最耀眼的星光，历来最受欢迎的作家。读者普遍赞叹他的才华，爱听他的逸闻趣事，欣赏他的生活态度，同情他的际遇。许多人反复阅读他的作品，吟哦记诵他的诗词文句，觉得因此可以让自己多一点面对挫折的勇气，甚或能够安下心、定下神来，感受到生命中闪烁的爱与希望。

不过，并非人人都爱苏东坡。在宋代像何正臣、舒亶、李定之流，故意曲解东坡文字，罗织罪状，欲置他于死地，应该是最讨厌甚至否定东坡文学之一群。当然，这里头牵涉到的是政治因素、功名利益——忌恨、恐惧往往令人远离文学艺术，看着耀眼的光彩也尽成难以忍受的芒刺。此外，从宋代开始，许多道学家就不喜欢苏轼，嫌他学问驳杂不纯，如纵横者流。《朱子语类》中记录朱熹批评东坡之语甚多，说他"气节有余"，却是"放肆"、"天资高明"、"善议论"，然意多"疏阔"，并劝有才性的人，千万不要学坡公……这些论点至今仍普遍存在于学界。从某些角度来看，会感觉其中不免夹杂门户之见，但或许也更关涉到彼此人生理念不同、生命调性有异。只能说，天才型的创作者与严谨思考的学术人物本来就是两种很不一样的类型，难以相容。与其费尽力气分辨此中是非高下，倒不如互相尊重，各随所好就是了。

我们讨论东坡，首先需回到历史场域，看看他的处境和作为。以前杜甫曾说："名岂文章著。"传统士人虽有"文章经国之大业，不朽之盛事"的认知，但仍多以事功为著。东坡自少即抱负澄清天下之志，入世情怀甚深，后来虽遇贬谪，但屡仆屡起。时人爱赏自己的文章，东坡应该会高兴，而作为一位自觉意识极强的作家，他对自己的作品自是"得失寸心知"。有人批评东坡有名心，但试问从孔子以来，中国读书人谁不在乎自己的名声？正因为在意美名，他们孜孜矻矻、夙兴夜寐，希望做点有益于天下的事，得到世人的敬重，"毋忝所生"，也无愧于天地。司马迁在《伯夷列传》中，引孔子的话"君子疾没世而名不称焉"，正反映了他身体虽受凌辱摧残，此心依旧未死，犹相信生命的价值可于时间见证，世间自有公评。因此他能将心比心，对古人的际遇，有着同情的了解，编撰《史记》，替前贤立传，留给后人解读，并相信必有知音者。所谓名心，何尝不也是一种提振、策励生命的重要力量？它让人相信只要忠于自己，凭借砥砺德行，勠力从公，发愤著书，可立德、立功、立言，成就不朽的人生。不过，如果汲汲求名，却无真材实料，或是沽名钓誉，就不可取了。东坡并不是如坊间传说那样整天嬉笑怒骂，舞文弄墨，好像没做过一点正经事的风流才子。阅读东坡一生，除了文学成就，也不要忘了看他在朝、在野、在地方上的种种建树，以及他如何深受同僚敬重、百姓爱戴，这些都可以清楚地呈现他积极任事、认真生活的态度。可惜批评他的人，却往往有意无意地忽略这些。

说东坡思想驳杂，缺乏高度与深度，乃学界常见的论点。世间的学理，不是大部分都要回应人生的问题吗？如果各种思想都可在一个人的心灵里，依违离合，不发生严重冲突，反而能融会贯通，能让人在进退出处间有所依循，安于所处，乐在其中，那不是很美善的事吗？东坡的思想，融合了儒家、佛学和老庄。他吸收各家思想的精粹，与实际生活结合，化为深刻自然的生命智慧，不尚空谈。他曾用龙肉与猪肉表明他的态度："公终日说龙肉，不如仆之食猪肉，实美而真饱也。"东坡的学问多切人事，他充满入世的情怀，总希望能将学思所得落实于现实人生。我就喜欢他那种合乎人情的思想，平易实践生命的态度。但我们也知晓，东坡绝非完人，他有优点，也有性格上的缺陷。论学问之渊博，天分之高，东坡于唐宋文人中实罕有其匹，可是他豪迈之气不能自掩，光芒四射，难免锐利伤人而不自知，因此常以文字诙谐开罪于人，屡遭贬谪，并不完全是因为政争的缘故。但是，人之可贵，就在有不完美处，让人有机会可加改善，得以学习成长，而那些勇于面对人性脆弱的人，才有可能于成败顺逆之际、取舍抉择之间显现其坚韧、良善、光辉的一面，开创更有意义的人生。东坡之受人景仰，不仅仅是因为他有令人难以企及的机智与才情，更在于他和我们一样会犯错，有缺点，但却比一般人更能承担苦难，并以乐观的精神、豁达的胸襟，面对人生困境，表现出更强韧的生命力。

我们尚友古人，因为古人有值得学习的地方。穿越时空，大家喜与东坡神交，简单地说，乃因他不是仰之弥高的那种典型，不至于让人"高不可攀"。东坡曾说，他可上交天子，下交乞儿。他喜欢老实一点、纯朴一点的人，而有真性情、真才学的，他尤其喜欢交往，至于刚愎自用、自以为是或假道学的人，则难免遭受他冷眼对待或言辞嘲讽。这种不够圆融的个性，过于天真、直率的表现，在政治上是会吃亏的。但我们为什么要容忍乡愿呢？对习惯忍让的读者来说，暗地里欣赏东坡的直言不讳，觉得痛快，让积郁的情绪得以疏导发泄，心里会舒服一些。至于对本来就不那么循规蹈矩的人而言，读到东坡的犀利言辞，自然拍案叫好，认为深得我心。要跟像韩愈、辛弃疾一类的文人交往，得忍受得了他们的头巾气、牢骚气。和李白、东坡在一起，自然轻松得多，有趣得多。李白豪情万丈，无拘无束，看着他痛饮狂歌，是一种过瘾，令人由衷地喜爱；跟着他寻欢作乐，自己也兴奋不已，一切苦恼霎时间都顿然消失。李白酬赠的诗篇特多，他对待朋友十分真诚。譬如说，"长风万里送秋雁"，如果你是那归去的雁儿，诗人愿化作万里长风来相送，你能不感动？如一阵秋风，李白自个儿来自个儿去，他爱交友但不喜欢太黏腻的关系，如浮云一般的潇洒，聚合随缘，在一起时彼此取乐，分散后也不必为谁挂心。比较起来，东坡温煦如雨后山头相迎的斜阳晚照，给人特别温暖而容易亲近的感觉。李白之情有点像酒，浓郁而强烈，令人醺然陶醉；而东坡之情则如茶，和润清淡中自有甘醇，可细细品味。东坡用情较深较广，但多情多感之人，苦恼的事也多。东坡之所以说"多情应笑我，早生华发"，那是他真实的体验。明知情感会带来身心创痛，但要他忘情、逃情，他却做不到。正因愿意承担，勇敢面对，"入乎其内"，才能淬炼出更坚强的韧力、更开阔的心胸，遂能"出乎其外"，创造更高远旷达的生命意境。东坡文学见证了他伤情、体情、悟情、适情的经历，于诗词文赋中各有体现，而在长于言情的词体中，尤能看见东坡多情生命里脆弱又坚韧的一面。其词所抒发的真情实感，借由激昂的文辞、幽咽的语调，抑扬跌宕，最易触动人心，与读者接近，并带来启发，引起共鸣。

　　林语堂说："我们只能知道自己真正了解的人，我们只能完全了解我们真正喜爱的人。我认为我完全知道苏东坡，因为我了解他。我了解他，是因为我喜爱他。"他写《苏东坡传》，多少带有自我认同的意味。林语堂所向往的是艺术的生活，他认同东坡的，是东坡的自由精神和生活趣味。东坡的文学世界确实丰富多姿，由他的文学所折射出来的生命光彩也灿然可观，诗文辞赋各有风貌，更不用说文学之外的表现了。我也喜欢东坡，而多年来感受最深、了解最深刻的是他文学的一小部分——"词"。不过，词虽小道，亦有可观者焉。词之为体，原是配合歌唱的文辞，东坡虽借以抒发一己的情意，改变了词的抒情面貌，但他亦未完全破坏体制，反而充分运用词体的抒情特性，以某种特殊的文辞语态表达某种深切幽微的情思。经由词体，我们可贴近东坡内心世界最幽暗的部分，知晓他在时空流转中的忧恐与不安，碰触他生命底层最真实的一面。而且，我深信东坡填词自有独特的意义，他在词中流露的情感既真且切，更能呈现他人性中脆弱又坚强的实貌。因此，可以这样说，词乃了解东坡跌宕情意最具体又最深刻的一种文体。

词是中国古典文学中独特的抒情文体。我们为何要读词，读古人的词？词是怎样一种文体？词里抒写的"情"，难道只是些伤春悲秋、相思怨别的内容？读这些幽怨缠绵的作品，读多了岂不是令人更不快乐？这些古代作品有何现代意义？负面的情绪化为伤感的文学，能否提供正向的能量？我在台大开设一系列词的课程，就是想适切回答这些问题，并希望带领大家进入宋词的情感世界，学习面对情感的方式与态度。词，长于言情，而在宋代词人中最能表达多种深挚情意，且最具启发意义的作家，就是苏东坡。东坡多情，也长于思辨，在词的世界里，他所抒写的情、所呈现的意境，有多样的姿态，在出入之间，展现出各种跌宕的情怀，充满着兴发感动的力量。我们读东坡词，往往更能读到一种勇于面对生命的态度，一种自由意志和创新精神的展现。讲授"词"和"东坡"，我想强调两点：一、宋词的精神富有现代的意义——宋词，尤其是文人词，呈现了一种阴柔中的坚韧个性，一方面不排斥物质文明，讲究格律形式，另一方面则坚守着"知其不可为而为之"的精神和内在性灵的洁癖感，要求作品情真意切、内容婉雅有致。教人不要轻视情感的作用、温柔的力量。二、东坡的表现为自由精神做了很好的诠释——东坡"以诗为词"，既拓宽了词情，同时也解放了文体，这样勇于创造的精神，带给我们许多启发。任何一种体制，若想不至于僵化，就必须在破立之间、依违之际翻转出活力，才能显现意义。而所谓自由，唯有在限制中去体验，才会有更充实的内涵。

我一直颇认同恩斯特·卡西勒（Ernst Cassirer）在《艺术的教育价值》一文中的看法：

　　艺术的想象与思考向我们展示的，不会是僵化的物质的东西或无言的感性属性，而是一个由运动的、活跃的形式构成的世界——是协调的光与影、节奏、旋律、线条与轮廓、图案与图样……所有这一切，都不是用那种被动的方式所能得到的，为了认识，为了观察、感受这些形式，我们就必须建造、制造这些形式。这个动态的方向使那个静态的物质方面有了新的色调，新的意义。我们所有的被动状态于是都变成了主动的活力——我所看到的这些形式不但是我们的状态，而且也是我们的行动。我认为，正是审美经验的这一特性才使艺术在人类文化中占有了特殊的位置，并使艺术成为构成文科教育体系的一个不可分离的组成部分。艺术是一条通向自由的道路，是人类心智解放的过程；而人类的心智解放则是一切教育的真正的终极目标。艺术必须完成自己的任务，这项任务是其他任何功能所不能取代的。

诗词诠释是以情感唤起情感的过程，也是一种观察、发现而创造意义的活动。作者以情人诗，读者缘情兴感，共同体证人情的美好。中国诗人喜欢透过写景咏物以言情，其情意内容与结构形式融为一体，随着字句的音律节奏，叙事写物的铺衍，形成有机的组合和流动可感的姿态。而我们阅读诗词不是被动的接受，而是透过文本的指涉，凭借个人的学思感情和生活体验，互为主动地去组织各种感官意象，拓展一个新世界，创造出新的意义来。学习诗词，透过文辞符号、音律节奏，体会诗词可感可观之美，可唤起我们的感官意识，开拓我们的生命意境。

现在，我把多年来教学的心得，整理出书，希望与读者分享阅读东坡词的喜乐。对我来说，在课堂上讲解诗词，和用文字来诠释，是很不一样的方式。中国文字兼具形象、声韵、意义的特色，中国的诗词自也融合了声色之美、言外之意。对着学生，沿着文本讲解诗词，讲者就好像在展现一种艺术，要将文字符号如同音符一般，演绎出来，但这和音乐演奏也不尽相同，就是讲者须将单音变成复音，甚至编成多音共鸣的组曲，要将"作家—情意世界—文本"多层面的组织结构，透过音声、肢体语言，想象模拟诗中的情境，一并呈现给听众观赏。因此讲者不仅是演奏家，他也同时扮演指挥、编导的角色，而且亦要能入能出，须做分析评论，换言之，抒情说理，要灵活穿插互用。过去的诗词教学，特别着重内容、意境的诠释，很少教我们如何透过语言文字，体知诗中的情景，享受感官世界之美；分析语法、修辞，得到的是客观的知识，无法让我们兴发感动，激起主动参与的热诚，真切体会诗词的辞情和美感。回归文本，以情感唤起情感，回到感官世界去体认，是诠释诗词的基本准则。我喜欢采用独自讲授的方式，不假辅助器材，希望学生在专注聆听中，学会驰骋想象、融情入境，并习得自我探问的方式。这样的一种"宁静"的学习，在着重多元教学、讲究绩效的校园里，亦自有其相对的价值、存在之必要。我不时会运用各种视听感官的譬喻手法，描述诗词中的时空情景，让同学仿佛从镜头中一幕一幕地看到诗词的情境，身历作家所见所感。让学生上课有"享受"诗词的感觉，不是很美好的事吗？现在要把这种"临场感"转变为文本阅览的方式，诗词音声之美、当下焕发的感受氛围，自然无法具体搬演到纸本上，但回归文本的初衷不变，基本的文学信念也一致，而沉淀下的情绪，多了些时间反省、构思，对东坡词的字句分析会更细致，言内言外之意的诠释会更详切。出入于两种诠释方式，彼此支援、相互激发，对我来说，更加深了对东坡其人其词的认识，丰富了人间情意的体认。

大提琴家卡萨尔斯说："音乐家也是人，他面对生命的态度要比他的音乐更重要。"东坡与词，是一体的。东坡因事兴感，以词抒情，要了解东坡词，不知其人可乎？坊间出版了不少东坡传记，而本书之所以重新编撰东坡生平，主要是为解答东坡词心之萌动及发展，究竟源于怎样的人物个性和生长环境。我们比较关心的是，东坡对事件的感受与反应，在事件中的时空意识，如何影响他对存在问题的思考，换言之，乃借此更深刻地了解东坡在人情互动的世界里，是怎样的一个"人"、做出怎样的生命抉择。先知道东坡这个人，我们才能读懂他的词，同情并了解他"多情"的一生。配合着生平，东坡词的诠释乃依其发展历程来赏读。而赏读东坡词，重点则在依据文本，细读字句，感发其情。我尽量挑选各种题材、最具代表性的作品，希望为东坡词的情意世界勾勒出一个相对清晰的轮廓。

为什么是词，为什么是东坡？我们为什么会被感动？因为，人间有情。正由于人同此心，因此，东坡词会一直传唱下去——"但愿人长久，千里共婵娟"。一如同天上的明月，你我，古今，虽隔千里，犹可共赏。读书之乐，就在于能读出作者的生命，也读进自己的生命里。阅读东坡词，随他走一段风雨路途，看他如何发现生命的光彩，并随他归返心灵的家乡，重新领受人间情意之温馨，从而反照自身，不是很有意义而又快乐的事吗？

目录

上篇

云散月明——东坡的一生

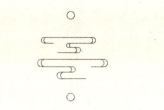

⸬ 楔子

参横斗转欲三更，苦雨终风也解晴。

云散月明谁点缀，天容海色本澄清。

空余鲁叟乘桴意，粗识轩辕奏乐声。

九死南荒吾不恨，兹游奇绝冠平生。

《六月二十日夜渡海》

　　宋哲宗元符三年（1100 年）六月二十日夜，船自海南琼州港缓缓开出，夜色里，港口稀疏的灯火渐行渐远渐渺茫。海浪轻轻拍打着船身，一起一落，仿如鼻息；轻柔的海风徐徐吹来，带着咸味却也吹散了闷湿的暑热——这是个宁静的夜晚，或许将会有一段平稳的航程。面对一望无际的大海，站在船首的老人暗自祈愿……

　　三年前，他自雷州渡海而来，也是六月，经历的却是一场与风涛搏斗的艰苦行程。人在舟中随浪起浪落，时而如从高山直落深谷，忽焉又自深谷抛上高峰——人生首次航行海上，尚未见识水阔天远，却经历了眩怀丧魄。

但是，他终究平安抵达了。

摇摇晃晃地登了岸，昏昏沉沉地踏上这片陌生的土地——六十多岁的人生，四十余年的仕宦生涯，他曾踏上多少陌生的土地？只是这一回，航过海上风涛，年老的身体疲惫不堪……至今他都还记得当时初来乍到的茫然与凄惶：无边无际的天与海隔绝了大陆与海岛，也隔绝了他的梦想、家人和朋友。这样的隔绝什么时候结束，离开孤岛回家的日子什么时候到来？天涯行脚仿佛已走到了尽头，而归路却不知何处。

从琼州港往昌化军贬所的路上，他坐着肩舆（轿子），穿行于海岛的西北山区，身心的疲倦与规律的晃动使他不知不觉地打起了瞌睡。半醒半迷糊间，忽地一阵清风夹带着山中急雨迎面吹来，暑热散去，倦意减半。山路间，他转首北望，但见茫茫大海无边无际。在这家乡万里之外的山巅谷间，他再一次面对了天地的无限辽阔：群山环绕，仰首则有更高的山峰，低头但见深深的幽谷，远方，山之外是碧波万顷……

如果他是庄子书中的大鹏鸟，随风直上云霄九万里，俯瞰这山、这海、这辽阔的景象，感受是否会不同于此际困在岛上山间的自己？

昂翔于九霄云外，广漠天地尽入眼中，绵延青山、万顷碧波恐怕也都成了一处小小的风景，而海南孤岛更只是这小小风景中的一小点！那么，自己思之念之的中原故土呢？那片自己行行重行行的大土地，不也如同广漠天地间的一处孤岛？人生在世，谁不是终生都在孤岛上？甚且，人与鸟兽虫鱼在大鹏眼中恐怕也不过是孤岛上的一粒尘埃呀！飞过平地海洋，飞过崇山峻岭，飞向无涯无际的高空，当视野改变，认知与感受也有了不同——孤岛之于大海，中原之于天地，都不过是大谷仓里的一粒小米！转念之间，他悟到：在这米粒上活动的人类是何其渺小，属于我们的祸福穷达更是微乎如尘，瞬间即逝啊！

"幽怀忽破散，永啸来天风，千山动鳞甲，万谷酣笙钟。"途穷的慨叹才是生命中可怕的困境，远方一望无际的海面又怎能困住自由飞翔的心灵？仿佛上天回应了他的心灵体悟，也可能是心灵的体悟打开了他疲累的眼睛与耳朵。眼前不再只是波涛浩渺，他感受着清风吹来，也看见了千山草木随风波动，仿佛鳞甲；也听见了风过万谷，林间山壑清浊缓急的声籁，有如热闹悦耳的笙钟响起。他想象着这是天上群仙欢宴未终的乐音，突来的急雨则是群仙派遣的使者，洗净他的心，也催促了他的诗兴与诗笔。海南三年就从这海上山间的旅程开始，年老体衰的他再一次迎向人生的困厄：簋陋的居住环境，极度匮乏的物质生活，湿热的海岛天气，远离亲爱的家人（只有小儿子苏过陪侍在侧）与师友的寂寞岁月，九死之余而祸福吉凶依旧难卜的未来……他不知道衰颓的身体能否承受艰困的生活，但他知道坚强的意志力，随缘而居、随遇而安的心境，自我解嘲的幽默感以及对人的温情、对事物的兴味，将使自己的心变成辽阔的天地，包容欢乐与苦难，也将使自己的灵魂展翅如鹏鸟，昂翔天际，不为现实的祸福穷达所拘束。

今晚，琼州海峡风平浪静，夜空如洗，老人的心平和坦然却也不无几分欣喜。重新航行于海上，这一回航向朝北，即将抵达的土地有儿孙等候。长孙楚老已经成年，三年不见，处事应对一定更加成熟了；普儿、淮德两个小孙子大概也都长大许多了吧。如同过去，每当读到儿子、侄子的好作品，他总是满心欢喜，而步入晚年之后，家族里新生的稚嫩生命往往也让他的内心温暖欢娱。年轻的生命洋溢着想当然的信心与理想，稚嫩的生命则呈现了单纯净透的本质与天地间不息的生机——啊！我也曾是如此年轻稚嫩啊！老人微微一笑，想起了年少初入仕途的自己，纯真、任性，满怀理想与入世的热情；四十年光阴倏忽而过，自己的宦途生涯竟是几番转折：新科进士、一州之长、阶下囚、帝王师、玉堂尊贵、海角野老，这高低起伏竟比海上波涛更加猛烈也更难逆料！然而大浪总会平息，再强再猛的风雨也终会放晴，人生的苦难磨炼着他自尊自重的儒者精神，也不断地挑战着他的理想与信念。如今，老迈的他回顾一生，坦然无愧，怡然自得，平和旷达的心境如同眼前的天容海色——风雨过后的夜空分外高远明净，无一丝云絮的天幕深蓝近墨，而不再被云层遮蔽的明月更将这原本清澄的天与海映照得琉璃透亮。"云散月明谁点缀，天容海色本澄清。"诗句在老人的脑海中酝酿，自许的傲骨令他心境平和。他知道数十年来的荣辱得失并未斫伤年少的理想，也无法改变真挚的情感，更不可能动摇他"自反而缩"的勇气！老人已白的须发在风中轻轻飘动，瘦癯的脸上，炯炯有神的是他那自幼清亮的双眼。双眼已看过多少人间风景？双脚已走过多少山川平原？"九死南荒吾不恨，兹游奇绝冠平生。"年幼时和母亲一起读《后汉书》的时光，青少年时代在父亲严格督促下，与弟弟同读史册经典、写作论述的岁月，这些年总在心中想起、梦中浮现。充满热情的青春少年是否早已模糊地意识到，理想的追求往往需要付出代价，而代价是什么呢？是旅途奔波，孤独寂寞，面临死亡的威胁？在这夏夜的海上，老人的内心清亮一如双眼，他清晰记得自幼所学所思，也为自己不曾背离理想与良知而无忧无惧。求仁得仁，夫复何求？反倒是这贬谪南荒的因缘，竟使他有机会搭船过海，一览海上风光；寓居海岛，体验迥异于中土的民情风土。生命的得失如何来算？而忧患喜乐不过就在一念之间。当日四川眉山小城里，读书、玩耍的男孩几曾想过：生命的长江将推拥着他蜿蜒曲折于广漠大地之上，行经半天下，甚而流入海上波涛，却又随浪潮回归中土。每一行经处总有人情与风光，总有自己心灵的抑扬转折，生命在其中逐渐成熟，身体则在其中慢慢老去。永恒不朽的是什么呢？

清澄的月光，清澄的天空，清澄的海色，独立船首的老人身影在浩瀚无垠的天地间，看似渺小，却又无比清晰……

▦ 年少岁月（1036 — 1056 年）

　　宋仁宗景祐三年（1036 年）十二月十九日卯时，四川
眉州眉山县城南纱谷行的一处私宅，传出男婴嘹亮的哭声，
二十八岁的苏洵和夫人既欢喜又有些忐忑地迎接他们期待许
久的儿子。结婚多年，他们先后有过两个女儿、一个儿子，
却都抚养不久即告夭折。去年又得一女，正由奶妈细心照顾
着。而眼前这哭得理直气壮的小家伙倒是精力充沛。"看来
老天终于要给我一个好儿子了！"苏洵走出房门，站在院子
里仰首望天。天已大亮，十二月的清晨朔风冷冽，适才那活
泼的小生命翻搅了他的内心世界："我不再是年轻的小伙子
了！今后我要成为怎样的人呢？日后孩子会如何看待我这
个父亲呢？"他一向桀骜不驯、聪明自负，却也因此荒废了
青春岁月。这几年，逐渐成熟的心智、身边默默承担家务和
外人异样眼光却无一句怨言的夫人，终于使他结束游荡的生
活，回到书房。而第一次应考乡试举人落第，更重挫了他的
傲气。他深自检讨，尽焚旧稿，闭户苦读，立誓读书不够深

入、学问不够成熟，则不写任何文章！他是自傲的，可是他要让这份自傲建立在才识与涵养之上。二十七岁的苏洵翻开了生命的新页，想不到第二年在这新的篇章上，涂抹第一笔亮丽色彩的是他等待多年的儿子！一切都将不一样了，无论是他、这个家还是这新生的孩子。晨风里，苏洵的心逐渐平静坚定，他转身走回书房。

卧室里男孩的哭声已歇，梳洗干净的小身体裹在温暖的襁褓中，母亲程夫人疲累而温柔地看着他。先后失去三个孩子的伤痛藏在内心深处，但个性坚强的她仍然相信，眼前这孩子一定可以平安长大。她望着孩子清亮的双眼："多像夜空的星子啊，说不定他会是个不凡的人物呢！"如星的双眼轻轻合上，小男孩进入了甜甜的梦乡……

这一天，该喜悦的其实不只是苏家。日后每一代的中国人都将爱上这个孩子，都将反复诵读他的诗文词赋，不断诉说他的机智、幽默、自信与旷达，并自他波澜起伏的一生里体悟生活的趣味、生命的意义，进而使自己能有更大的勇气追求理想、相信美好。苏东坡，中国文化长空里最为明亮的恒星，就在这一年将尽的冬日清晨诞生，没有天地异象，没有不凡的举止，迎接他的是父母满怀的喜悦、期待与爱。

两年多之后，宋仁宗宝元二年（1039 年）二月二十日，苏家再添男丁，东坡当了哥哥，母亲则从此未再生育，这个小家庭最终拥有一女二子。然而苏洵看似单薄的子嗣却将成为眉山苏氏家族的骄傲。

眉山距离四川的经济文化中心成都五十公里，气候温和，

风光明丽，是个纯朴、宁静的小城。苏家在此已三百余年，
虽无功名，却也是乡绅人家；虽不富裕，但节俭度日，倒也
衣食无虞。东坡因而有一个快乐单纯的童年。他自幼健康活
泼，头脑明快，读书游戏都非常投入。虽然家中男孩只有他
和弟弟，但两人相差不到三岁，一前一后，跑跑跳跳，年龄
越长越是亲近。再加上伯父家的堂兄弟、外婆家的表兄弟和
街坊邻居的孩子，大伙儿经常成群结伴，往醴泉寺爬树采果
子，登石头山捡拾松果，春夏秋冬各有不同的玩兴与趣味。
而一群男孩也仿佛有用不完的体力、藏不住的好奇心，日日
在这盛产荷花、处处槐柳的小城穿梭奔跑。多年后，已入中
年、远离家乡的东坡仍在诗篇里清晰地回忆起这无忧无虑的
童年时光。

　　聪明的小脑袋、无穷的好奇心也让小东坡对书本的世界
兴致盎然。他大约七岁开始读书，八岁入小学，就读于天庆
观北极院，老师是道士张易简。近百名学生中，他记忆好、
反应快、喜欢思考又勇于表达自己的想法，和另一位同学最
得老师的夸奖。老师有位好友矮道士李伯祥，他一看到小东
坡，就叹赏道："这位郎君是贵人啊！"小男孩记住了这话，
觉得有趣，也纳闷他怎么看出来的。至于"贵人"一词，反
不如随后他听到的另一个词"人杰"，更令他满怀想象。这
个八岁的孩子在学校里对什么都好奇。有人从京师来访，带
了名士石介所写的《庆历圣德诗》抄本，这是一首歌颂当
今朝廷人才济美、对朝局新象充满期待的长诗。老师和来客
边读边论，小东坡也凑了过去，偷偷地看着，默默地诵习，

忍不住就问："诗里所颂扬的十一个人，都是些什么样的人啊？"老师看着眼前这小家伙，笑着说："你只是个小孩子，告诉你，你也不懂！"东坡不服气，立刻抗议："如果这些人是天上仙人，那他们的事我可能无法理解；但如果他们都是和我们一样的人，为什么我会不懂呢？"老师讶异这入学未及一年的学生竟说出了这样的话！于是他开始详细地为孩子解说诗中十一位受人尊重的名士，并且特别告诉他："韩琦、范仲淹、富弼、欧阳修四位先生更是当今天下的人杰！"聪敏的孩子第一次听闻时贤——原来除了书本上有伟大的人物之外，与自己同时代也有令人景仰的人物啊！小小心灵对"人杰"充满了想象与崇拜，而他当然无法料到，日后除了来不及见到范仲淹之外，另外三人都将与他的人生交错，并产生重要的影响。

东坡十岁时，父亲再次离家宦游。已入中年的苏洵苦读多年，自觉于文章义理皆有所得，此番宦游，主要目的就是赴京参加国家为网罗遗贤而举办的特种考试，可惜依旧落榜。考场失利，苏洵逗留京师年余，其后漫游名山，家中事务与儿女教育就都交付给了夫人。

或许是因东坡在张道士那儿的学习已可告一段落，父亲离家后，他也改在家中自学，并由母亲教导陪读。东坡的母亲程夫人出身富裕人家，知书达礼，特别重视两个儿子的人格教育。她常挑选古往今来人事成败的关键问题考问儿子，儿子反应敏锐，往往回答得清楚扼要，而母子俩有时还会一问一答地谈论起古人的是非对错、人生抉择。一日，程夫人教儿子读《后汉书·范滂传》，范滂是东汉名士，学问气节深受时人尊重，他为官正直，查办贪官污吏，铁面无私。但当时宦官弄权，政风败坏，许多正人君子都遭迫害，甚至被杀，范滂也难逃一死。上刑场前他与母亲诀别，请求母亲割不可忍之恩，不要悲伤。范母告诉儿子："能与忠义之士齐名，死亦何恨？美名与长寿富贵怎能两全呢？"范滂领受了母亲最后的教诲，再次拜辞，而范母说出了伤心千古的一段话："吾欲使汝为恶，则恶不可为；使汝为善，则我不为恶！"坚持道德理想的沉重，爱与义的痛苦抉择，在当时已令闻者皆痛哭流涕，而今日，相隔八百余年，在静静的书房里，东坡和母亲也为之动容。程夫人长长地叹了口气，十岁的儿子转头看着她："如果我效法范滂，成为像他那样的人，妈妈，您会同意吗？"程夫人先是讶然，随而双唇一抿，俯身向前，望着那双明亮的眼睛："你能做范滂，难道我不能做范滂的母亲吗？"她的语气坚定，她的眼中流露的是对孩子的赞许与疼惜。"谢谢妈妈！"东坡灿烂地笑着，范滂的故事深深地吸引了他：澄清天下的大志向、打击罪恶时的正气凛然、求仁得仁时面对死亡的无所畏惧，还有，他对母亲的孝顺、母亲对他的支持，东坡想到了这些年读过的经史子集、老师讲述的当代人杰、妈妈读《后汉书》的神情……年少的热情澎湃，年少的心灵起伏波动，早熟的心智隐隐然感受着某种理想、某种力量，甚至是某种可以昂首面对天地的快乐啊！

程夫人看着儿子纯真的笑容，内心百感交集。这些日子里她教他读经史，母子间一问一答，已让她深刻地感受到这个孩子悟性高、思考敏锐，今天她更看到了这孩子面对未来、面对生命的热情——不知险恶、挫败，单纯相信美好道德的热情——她喜欢这样的儿子，如同她一直默默地欣赏丈夫的一身傲骨。只是啊，等待儿子的是怎样的命运呢？他是否能像大鹏展翅飞向广阔的蓝天？

其实，程夫人对幼年东坡的影响并不只在同读史书的过程。她是位临事果敢坚毅，对待生命则仁慈善良的人。苏家庭院种有许多花草树木，引来不少鸟雀栖息、筑巢，东坡兄弟和一群小朋友自然对这些小生命充满了好奇心。程夫人任由他们在院子里嬉闹玩耍观看，但也严格规定：绝对不可捉弄、伤害鸟雀，也不能拿取鸟蛋。于是来此筑巢的鸟儿增多了，而且知道人们不会伤害它们，有些甚至把巢筑在低矮的树枝上。因此孩子们常常就围在鸟窝旁观察幼鸟，找食物喂食给它们，看它们张嘴接食，吱呀乱叫，孩子们也快乐地拍手大笑！宽厚、仁慈、推己及人地疼惜天地间的生命，并在其中共享喜乐，这是程夫人给东坡兄弟俩的生命教育与人格教养。

东坡十二岁时，祖父逝世，父亲自江南奔丧来归，从此，两兄弟正式就学于父亲。第二年，苏洵为两个儿子取了学名：哥哥名轼，字子瞻，一字和仲；弟弟名辙，字子由，一字同叔。他还特别为此写了《名二子说》勉励他们：

轮辐盖轸，皆有职乎车，而轼独若无所为者。虽然，去轼则吾未见其为完车也。轼乎，吾惧汝之不外饰也。天下之车，莫不由辙，而言车之功者，辙不与焉。虽然，车仆马毙，而患不及辙。是辙者，善处乎祸福之间也。辙乎，吾知免矣。

"轼"是车厢前端供扶手的横木，就一辆车之行驶而言，它似乎可有可无，但少了它，车子的结构就不完整了。宦游归来，面对进入青少年期的大儿子，苏洵发现他的聪敏更胜往日，逐渐展露的才华也令人无法漠视，但是他的坦率天真却让做父亲的既喜且忧。因此借由命名，他殷切地提醒儿子：要学习内敛锋芒，"若无所为"，以免惹祸上身。同时他也发现才九岁的幼子性情较为平和朴质，因此鼓励他保持这样的沉稳个性，将来有用于世而不必居其名，那么，相信他应能免于祸患。

"不外饰"的轼与"善处乎祸福之间"的辙是中国历史上最著名也最感人的兄弟，他们一同成长、学习、应考、做官，也一同面对仕途的坎坷、理想的落空和生命的悲喜。他们终其一生是彼此的知音，有一样的信念、相同的梦想，在悲哀中互相安慰，于患难时互相帮忙，时常记挂对方、梦见彼此，更常书信往来、互赠诗文。在子由（辙）的心目中，哥哥才华洋溢、学识渊博，是带给世界光与热的人，也是他一生的兄长与老师。而在哥哥眼中，这个弟弟从小平和沉稳，处事不疾不徐，学识文章都能内敛才华，不给人压力，正是他不及之处。因此，子由不仅是他从小要照顾的小弟弟，也是随时可以提醒他、帮助他的益友。

父亲的命名流露了他对两个儿子的了解，父亲的评断也正好是两兄弟一生命运的准确注脚。但在政治的磨难与生命的曲折中，这对性情相异的兄弟都展现了父母坚毅、刚正、宽厚而不计较得失的特质，他们相辅相成、休戚与共，始终不曾背弃年少时的理想，也一起成就了可敬的士大夫风骨。对苏洵和程夫人而言，这应是他们最大的喜悦与骄傲。

自考场失意归来的苏洵并不曾失去信心，他相信自己的才识学力远在许多人之上，需要等待的只是时机，而现在他最重要的工作则是为儿子打下深厚扎实的学问基础。苏洵是位严格的老师，东坡与弟弟则是聪明上进、勤奋好学的学生。两兄弟随父亲读书之外，也曾在眉山学者刘巨门下读书三四年。从十二岁到二十岁，东坡在家乡幸福地成长，在温暖宽厚的亲情、扎实严格的教育之中，这个对世界充满好奇的少年长大了。他打开了眼睛、耳朵、心灵，阅读、听闻、观察并思考；他亦勤于作业，文章涵括经论、史论、经义、经解、策论等。他的文章具有敏锐的洞察力，驭以旺盛的气势，纵笔所至，议论风发，而立论的精神，则皆归于实用，不唱高调。综合论之，其风格似孟子，论事则如陆贽。苏洵很以儿子为傲，他觉得这孩子已如蓄势待发的名驹，是该让他走出家乡，放足驰骋，有用于世了！

第一位真心赏识这匹千里马的伯乐是张方平。张方平为朝廷重臣，在东坡十九岁时出知益州，驻在成都。他先与苏洵相识，赞赏之余，极力向朝廷保荐。而东坡年满二十即奉父命往谒方平，求教问学。张方平一见东坡，惊为天上麒麟，待以国士，从此奠定终生师友之谊，情逾父子。当时苏洵已有携二子赴京考试的打算，因此先后为两兄弟完成婚事，一则让他们成家以定心性，一则父子离家之后，让程夫人能有媳妇为伴，家事亦能有人分担。现在又加上张方平的肯定劝进，并为苏洵写了推荐信给欧阳修，还资助部分旅费，于是，三苏父子决定赴京应试，东坡的人生新旅程就此展开。

初入仕途（1056—1068年）

　　嘉祐元年（1056年）三月，二十一岁的东坡、十八岁的子由（按：本书年龄皆依循中国传统，出生即为一岁，每过一阴历年加一岁）随着父亲，经由艰险的古栈道离开四川，长途跋涉，终于在五月间抵达京师。父子三人寄住在寺庙里，等待秋天的举人考试。这是科举考试的第一关，东坡兄弟都轻松过了关，取得第二年应考礼部进士科的资格。次年正月，两人同应礼部会试，主考官是当时的文坛宗师，礼部侍郎兼翰林侍读学士欧阳修，考试内容含诗、赋、论各一篇和时务策五道。东坡在场中骋其健笔，发为痛快淋漓的论议，其中《刑赏忠厚之至论》一篇更是令欧阳修既惊且喜，本想将他置于榜首，但因试官所看到的是糊名弥封且重新抄写的卷子，欧阳修怀疑这是门生曾巩的作品，为免考试的公正性受到质疑，他决定只将此考生列为第二名——他怎么也没想到这些文采与见识竟出自一个年轻的眉山小子之手！随后再试春秋对义，东坡就顺利地取得第一。未满二十的子由也不遑多让，同样榜上有名。兄弟俩继续携手前进，下一个挑战是金殿御试。春暖花开的三月，仁宗皇帝亲御崇政殿，通过礼部试的考生在金殿两庑的考场应试。几天后放榜，东坡以第二名赐进士及第，子由也以优异的成绩上榜，赐同进士及第。从前一年的秋天到今年暮春三月，决定东坡兄弟官宦生涯的第一场考试终于完美落幕。

在这场初试啼声即大放异彩的科举考试里，东坡不独展现了他的才识，也表现了他熟读典籍、灵活思考、大胆假设的自信。《刑赏忠厚之至论》引用一段皋陶与尧的对话，借此强化本文论述的观点，主考官之一的梅尧臣阅卷时既赞叹用典精彩，却也暗自不解：为何自己不曾读过此典故？日后当他有机会与这位新科进士见面时，他好奇地提出了疑惑，听到的竟是出乎意料的答案！年轻的进士自信坦然地回答："想当然耳！"史书记载尧宽厚而皋陶执法严，那么面对刑罚有疑虑时，他们两人想必会一主从宽一主从严，因此文章里假设的对话是很合理的推测啊！当欧阳修听闻此事，不禁赞叹道："这年轻人真是善于读书，善于运用知识，他日为文必能独步天下！"他还告诉梅尧臣："读苏轼的文章，总令我惊叹、喜悦，我应该退让一边，好让他出人头地啊！"他甚至在与儿子谈论文章，说到苏轼时，不禁感慨："再过三十年，不会再有人提到我了！"当然，直到今天我们还是会记得欧阳修的好作品，也佩服他卓越的识力，并被他宽广的胸襟、提拔后进的热情所感动；然而，不可否认的，这位他亲自提拔赏识的年轻人，日后的成就的确远远超越了他，成为中国文化与文学长空里最为明亮的巨星。

就在这场兄弟同登进士的喜庆中，噩耗自遥远的家乡传来——他们的母亲程夫人于这一年四月初八仙逝！

程夫人个性坚强，自有见识。对苏洵而言，她是永远的支柱，总是默默地承担大小家务，既能欣赏他的才华也支持他的想法；而对东坡兄弟来说，她是仁慈宽厚的母亲，也是能与他们共读史书、分享见解的老师。几年前，她唯一的女儿八娘嫁与娘家兄弟之子，竟不得翁姑夫婿疼爱，抑郁早死。痛失爱女的苏洵愤而为文指斥岳家，并宣布两家从此不相往来。丧女之痛已是沉重的悲哀，又要面临与娘家至亲的决裂，竟是何其不堪的重击！程夫人静静地接受了这一切，但哀痛的心情显然逐渐侵蚀了她的健康。丈夫带着儿子赴京赶考，她则带着两个年轻媳妇留守家中，不宽裕的家境处处需要费心，劳累的身心最大的期待也许就是儿子金榜题名。怎知才四十多岁的她竟来不及听到这一对儿子杰出的表现便撒手人寰了！

三苏父子匆匆赶回家乡，依循礼法，东坡与弟弟皆须在家守丧二十七个月。

嘉祐四年（1059 年）七月，母丧除服。十月，东坡兄弟偕同妻子再次随同父亲离乡赴京。他们此行先走水路，自眉州入江，经三峡而抵荆州，舟行六十日，经历了三峡之险，也饱览沿途壮阔的景观和三国史迹。这一次不再是功名未卜的赶考书生，二十四岁的东坡已是备受期待的新科进士，见识了外在天地的广阔，对未来、对政治都有着无比的热忱与信心——"故乡飘已远，往意浩无边"，这位初为人父的年轻人仿佛展翅待飞的鹏鸟，昂首望向无垠的蓝天。

苏氏一家在荆州过完年后，转由陆路，于二月到达汴京，租屋定居。第二年，东坡与弟弟为了准备制科考试，两人移居怀远驿专心读书。制科又称制举，是由皇帝特诏为选拔非常人才而举行的特试。应考者须由大臣奏荐，送交五十篇策论，经过严格评鉴，才有资格接受皇帝亲自策问与拔擢。两宋三百年历史只有过二十二次制科，考中者不过四十人，难度之高，可想而知，才高如东坡亦不敢掉以轻心。怀远驿的生活极为清苦，但兄弟一起读书、写作、讨论的乐趣却如同昔日在老家书房。然而秋日的风雨夜里，当东坡读到韦应物的"宁知风雨夜，复此对床眠"时，不禁触景伤情：现在两人努力准备考试，可是一旦做了官，各自宦游四方，恐怕就聚少离多，眉山老家中闲居读书无忧无虑的岁月终究是一去不回了！兄弟俩不禁讨论起前途与理想，遂有了"夜雨对床"的约定：希望日后能及早从仕途退下，或回家乡，或寻一处田园，两家相聚，悠然闲居，对床而卧，共听风雨声。"夜雨对床"的约定成为东坡与子由共同的美丽梦想，支撑他们勇敢地走过仕途的坎坷，是东坡在生命的黑暗岁月里，内心永不熄灭的温暖烛光。

嘉祐六年（1061 年），制科考试于四人中录取三人，东坡获得最高的第三等（两宋制科得第三等的只有吴育、苏轼二人），子由与王介并列第四等。东坡再一次绽放出耀眼的光彩，而子由也备受瞩目，再加上欧阳修对苏洵的文章才识赞扬有加，至此，三苏文名震动京师，流传四方。

东坡的仕宦生涯也就从这一年开始。

朝廷授予他的第一份官职是"大理评事、签书凤翔府判官"。凤翔在陕西，东坡带着妻子和不满三岁的儿子赴任。子由出处未定，又因考虑奉命在京修礼书的父亲孤身一人，便先奏请留京侍父。二十多年来，两兄弟总是形影不离，近几年彼此更是无所不谈的知音，如今首度分离，两人落寞难安的心情可想而知。子由相送直到郑州，而后返身回京，东坡则继续远行。望着弟弟渐行渐远的身影，东坡敏感的心思了解到：今日之别恐怕是此后宦旅生涯里永难歇止的离别的开始……"亦知人生要有别，但恐岁月去飘忽"，理性的他当然知道，生离死别，人生难免；感性的他却很难不进一步想到：别离使人不断地面对空间的变化，而与此同时的却还有时间不断地飘逝！时空变化带来了人生强烈的不安定感，如何在这不安定的忧惧里寻得生命的安顿？如何在追求理想的过程中面对"人生有别""岁月飘忽"的感伤？二十六岁的东坡即将展开他的政治生涯，也踏上了他一生的追寻之旅：追寻儒家用世任事的理想，也追寻个人心灵的依归与生命清朗的境界。

东坡在凤翔府三年。基层官员的政务或忙或闲，有时也不免琐碎，但他是个做事认真负责的人，加上头脑好，反应快，在职务上颇能胜任；又因凤翔与汴京书信往来只需十天，他和弟弟得以每月按时互寄一首诗，谈谈彼此的心情，因此在凤翔的第一年，他虽有时寂寞，却也大体顺遂。不过第二年新太守陈公弼来到，两人相处不佳，带给了东坡极大的烦恼。陈公弼待人律己甚严，疾恶如仇，是位官誉甚佳的倔强老人，而东坡年轻气盛，科场得意，自负才华，总爱据理力争，两人关系紧绷。一日，太守委请东坡为新建的凌虚台写记，东坡交出了一篇好文章，但明眼人都看得出其中有着讥讽之意。没想到不苟言笑的老太守却笑了："我平日严厉待他，是看他年纪轻轻就得大名，担心他骄傲自满，想挫挫他的锐气，让他敬谨处事，没想到他还真的对我不高兴呢！"这位心胸宽大的长者，竟一字不改就请人将文章刻石立碑于凌虚台旁。十多年后，经历过一场攸关生死的大风暴，谪居黄州，不再年轻的东坡与太守幼子陈季常成为至交，为早已过世的太守写了一篇长长的传记，颇自悔悟当年的少不更事，也借此表达了他的深深敬意。

　　凤翔三年任期届满，东坡返京，召试学士院，以最高分的"三等"入选，进入史馆任职。这是需要文才且具清望的职位，又能留在京师侍奉父亲，让子由可以放心地到大名府出任新职——兄弟俩的官途至此可称平顺。

　　然而不幸的是，这一年五月，东坡的夫人王弗竟然病逝，享年二十七岁，留下不满七岁的儿子苏迈。王弗小东坡三岁，两人结婚时，一个十九，一个十六，都正当青春年少。但王弗沉静稳重，东坡坦直活泼，看似相反的个性却正好相辅相成，两人的感情极为深厚。东坡官于凤翔时，王弗一方面对少年成名的丈夫满怀崇拜，一方面也深知他性情率真，待人处事有时不免糊涂，因此，她经常细心地留意丈夫的行事举止，观察来访的客人，事后帮他辨析人情事理，并及时给予他适当的建议与忠告。对年轻初入仕途的东坡而言，这样的夫人是爱妻，也是可以信赖的诤友，他欣赏她的"敏而静"，更佩服地赞美她"有识"。如今这幸福的婚姻竟意外地戛然而止，怎不令东坡痛恸！无怪乎十年后，当他面对政事纷扰有心无力时，会梦见这聪敏体贴的妻子，写下了深情哀婉的词篇——《江城子》（十年生死两茫茫）。

妻子的丧事还没料理妥当，隔年四月，父亲苏洵竟也因病辞世。悲痛的两兄弟护送父亲与王夫人的灵柩还乡，并遵礼在家守丧。丧期既满，三十三岁的东坡于该年冬天再婚，娶的是王弗夫人的堂妹王闰之。闰之小他十二岁，不似堂姐聪敏，却温婉朴实，善于料理家务农事，对待堂姐留下的长子一如自己日后生下的两子，皆疼爱有加。她将陪伴东坡走过二十六年的岁月，与他共渡宦海中的起伏荣辱，让他面对风雨时，身后永远有一个宁静温馨的家。

神宗熙宁元年（1068 年）十二月，东坡兄弟偕同家人再度离乡赴京，祖坟田宅皆委请堂兄弟与邻居好友代为照管。只是这一次离去将是东坡与家乡的永别，从此，他东飘西荡，宦游大半个中国，却再也回不了家乡。而他始料未及的是此去京师，等待他的将是一场激烈的政治风暴，自己后三十年的人生将不得不与之紧紧相系。

⦂⦂⦂新旧党争（1069—1079年）

　　宋承继天下于唐安史、黄巢之乱及五代十国的军人割据之后，长达六十余年的分裂和战争，至此早已令天下民穷财尽，积弱难振。再加上王朝建立之后，外患频仍，始终处在辽夏等的威胁之中，朝廷不得不沿边设置重兵，耗损大量的国家财政于边防经费上；若幸无战事，仍须年付辽夏无穷需索，形成财政上沉重的负担。外患之外，宋在内政上亦有冗官、冗兵、冗费的问题，更使国库入不敷出，日渐空虚。但表面上宋一统天下之后，大江南北确实承平百年，因此朝廷内外逐渐耽于苟安，不乐有为，形成保守的政治风气。长此以往，大宋帝国的命运堪忧，不少欲有所为的士大夫都已感到迫切的危机，东坡兄弟的策论书疏就多有相关的论述主张。就在这样的形势下，二十岁的神宗即位。这位年轻皇帝好学深思，一心一意想要富国强兵，对于当时的保守政风深不以为然，因此一听王安石变风俗、立法度的新论，便有深得我心、契合非常之感。于是，就在东坡重返京师的熙宁二年（1069年）二月，王安石出任参知政事，开始一系列的变法改革。变法之初，朝中重臣对王安石的高远理想颇有寄予厚望者，这些人也颇钦佩他任劳任怨的政治勇气与抱负。不料他自视过高，个性偏执，与人议事论政若有不合，往往骂人不读书，是流俗之见。这种绝对排斥别人、独行其是的态度，使他无法察觉革新措施里的缺失与流弊，更使得许多有德之士远离了他，如竭力提拔他的欧阳修、富弼，与他曾是同辈好友的司马光，曾和他共事的程颢、苏辙，都先后引退或请调离京。于是小人趁虚而入，王安石所用非人，不但新政的缺失不能修正，新政的良法美意也往往因官吏争功或舞弊反倒成了伤害平民百姓的法令。自少仰慕范滂"有澄清天下之志"的东坡，面对这一场排山倒海的政治变革，当然不可能置身事外。他们兄弟都被派为京官，子由更因书疏的言论受到神宗赏识，亲任他为变法决策的最高机构"制置三司条例司"的检详官。但过不了几个月，他就因无法认同所有新法，且坚决反对青苗法，差点获罪于当朝，于是只得求去，不久便随出知陈州的张方平去当学官了。比起早早远离京城暴风圈的弟弟，此时东坡仍不愿放弃改变新法、为民请命的理念。如同他自己所言："我性不忍事，心里有话，如食中有蝇，非吐不可。"对于新法的青苗、保甲、助役、科举等措施，他都有话要说，且论点明确，颇能把握重点，而他出色的文采更增添了语言文字的魅力与说服力。虽然神宗依旧相信新法将带来富国强兵的新局面，王安石依旧专任独断，听不进任何异议，但东坡认为"开放言论，共谋国是"是行政的先决条件，"挺身而出，为民请命"则是知识分子的责任。因此当神宗采纳他的意见，并亲自告诉他"为朕深思治乱"后，他也就知无不言、言无不尽了。他前后两篇《上皇帝书》，长达数千字，极言新法之弊、人民之苦，并痛斥谄谀之人文过饰非，建议皇上应以结人心、厚风俗、存纪纲为首要之道。这些篇章至今读来，论辩之精彩、勇气之十足、忧天下之情切，皆令人叹服，而神宗对东坡的宽容与欣赏同属不易。

不过，一连串反对新法的言论、真真假假的嘲弄之语，难免助长了反对派的气焰，恐怕也要阻碍新政的推行。对此，王安石不免气恼，也因此坚决地反对神宗授予东坡要职。而围绕在安石身边的小人更是开始罗织罪名，希望能除去此眼中钉。纷纷扰扰、风风雨雨中，东坡越来越孤单。弟弟早已远去陈州，而长者如韩琦、张方平、司马光、欧阳修等人，或外放或退休；同侪友人如刘放、曾巩、文同、刘恕等也因反对新法，或补外、或乞归、或被斥退；他们一个接一个离京远去，在一场又一场的饯别宴席上，东坡的身影日趋孤单……终于，也轮到他离开的时候了。

熙宁四年（1071年），新政派的谢景温以不实罪名诬陷他，其后查无实据，却使东坡惊觉：自己再不离开朝廷是非圈，恐将惹祸上身！于是，他主动申请外调，欣赏其才华的神宗决定给他东南第一大都会的美差——杭州通判。

三十六岁的东坡携家带眷，再一次离开京城。回顾十年来的政治生涯，一心以为参加了匡时济世的大事业，没想到却仿佛儿戏一般荒谬！幻灭的悲哀，令他惘然若失。七月，他顺路先到陈州，探望在此的长辈张方平与弟弟一家人。兄弟俩久未见面，当然有说不完的话，这一聚就是七十余日。接着，子由陪同哥哥一家到颍州，同谒恩师欧阳修。欧阳修文章风节，夙负众望，提携后进，不余遗力，却因变法之争而遭门生污蔑，心灰意冷之余，遂以体弱多病为由，自请退休。能够再一次见到这对出色有骨气的兄弟，欧阳修既欢喜又欣慰，而东坡兄弟也用心地陪伴老师二十余天。这是师生最后的欢聚，未及一年，欧阳修便与世长辞。

颍水之畔，东坡再次与弟弟话别。从政以来，兄弟离别已有三次，而这一次最让东坡感到凄凉心酸，因为此去要阔别的不只是亲爱的弟弟子由，还有过去在庙堂之上据理力争的热情和参政的理想。虽然一样不得意，但子由早早离开风暴中心，毛羽未伤；东坡则自嗟临事如病热狂，不能节制进退，现在就像一个喝醉酒的人，摔了一个大跟头，幸而未伤，倒也吓醒了迷梦。《颍州初别子由》诗二首透露了这位自幼及长读书考试总是顺利出色的天才，在现实政治、理想抱负、手足亲情之间，彷徨寂寞的失落心情。

冬日的寒风里，东坡抵达杭州。这个山水秀丽、歌舞繁华的城市将使刚离开京师权力是非圈的东坡心灵暂得休憩，而这位喜爱湖山美景、人间温情的诗人也将使杭州成为中国文学里永恒的美丽城市。

北宋著名的词人柳永如此描述杭州：

重湖叠巘清嘉，有三秋桂子，十里荷花。羌管弄晴，菱歌泛夜，嬉嬉钓叟莲娃。千骑拥高牙，乘醉听箫鼓，吟赏烟霞。
(《望海潮》)

　　这是个兼具自然与人文之美的城市。东坡在此的生活除了
来往辖内各地为琐碎吏务奔波之外，亦常有机会于湖光山色之
间结交僧人雅士，参加各种聚会；再加上前后两任太守陈襄、
杨绘皆雅好词乐，经常举行小宴，而著名词人张先自仕途退下
后，来往于苏杭一带，也成为时相与会的好友。美景佳会，自
然催生了文人笔下许多佳作，东坡也留下了不少美丽的诗篇，
其中为西湖而写的作品，如"水光潋滟晴方好，山色空蒙雨亦
奇。欲把西湖比西子，淡妆浓抹总相宜"等，更成为传诵千古
的西湖绝唱。也是在这样的山水间、乐声里，东坡与词相遇。
醉听箫鼓，吟赏烟霞，透过一次次的聆听、唱和，本是诗文一
流的东坡迅速地掌握了这种新文体，并且由泛泛的写景酬唱逐
渐进展为真挚的遣情入词。于是，宦途失志、离别感伤之情，
以及多年来隐藏心底的时空流转之悲，如今都有了另一个抒发
的出口。杭州，催生了词人东坡，而东坡将为词打开更宽广、
高远的新境界。

　　然而，杭州并非处处荷香柳荫，东坡也不是天天游山玩
水、饮宴酬唱。通判是太守的副手，杭州既为东南第一大都
会，政务自然繁忙，副手必须分担的工作也就不少。杭州三
年，东坡问囚决狱、主持乡试、督导堤岸工程、督察盐事、巡
按属邑、放粮赈灾……经常来往常润道上，有一年除夕甚至只
能在常州城外的船上度过。对于有用世之心的东坡而言，能够

实际地为百姓做点事，也应算是理想的实践。然而这是新政雷厉风行的时期，成为地方官也就代表是新政在地方上的推行者——从反对派变成执行者，东坡面对的是何其难堪荒谬的境地！他只能尽力地多做些有利于民的事，稍微降低新政的灾难，但是站在第一线，他无法漠视人民日益严重的苦难。他一方面明白"眼看时事力难胜"，却又自言"贪恋君恩退未能"，百姓的痛苦永远令他的良知难安，他将满怀的悲愤、忧心、感慨化成了诗篇文字，寄给弟弟，送给朋友，也任其流传。诚如子由日后为撰墓志铭所言："缘诗人之义，托事以讽，庶几有补于国。"如果无法实际参与政策的改良，何不借由自己的好文笔写出政令的荒谬以及民间处处可见的贫困、饥寒和债务？说不定朝廷里有人读到了，进而省察政策之弊，知所改进，那么自己对国家、百姓还是能做点事呢！这些"非吐不可"的诗文被人争相传诵，可是传到了政争越来越激烈的朝廷，它们简直成了新政人物越来越难忍受的芒刺。

东坡在杭三年，任期将满，由于前一年子由移调山东济南掌书记，东坡遂向朝廷请调山东附近的职差，也如愿奉派为密州太守。熙宁七年（1074 年），三十九岁的东坡挥别杭州，同行的家眷增加了两人：一个是抵杭第一年出生的幼子过，一个是王夫人新近买来的小丫鬟，聪明伶俐的十二岁女孩——朝云。日后，朝云将成为东坡的侍妾，与他共患难，是文学史上令人难忘的女子。

密州位于山东半岛东南，是风俗朴陋、人文景观冷清的地方，与杭州相比，实有天渊之别。东坡于冬日到任，立即面临严重的蝗灾，驱蝗救灾之余，又须费心缉盗，缓解此地盗贼横行的问题。繁忙的政务使得原本冀望离济南近些、可以与弟弟时相探问的东坡希望落空。在这荒凉的山城里，他既无文酒谈谑之欢，又乏兄弟聚首之乐，而百姓的困乏、政策的弊端也更增添了他内心的孤寂与忧痛。这一段时期，他一方面有上书朝廷论灾伤、盐税等欲有所为的文章，另一方面也留下了寓有庄子哲思的《超然台记》；而词作《江城子》写他对前妻王弗的无限思念又混杂着青春梦想的失落，《水调歌头》则是他中秋夜对弟弟最深也最动人的思念，重复着人世悲欢离合、天地无常的主调，最终却以"但愿人长久，千里共婵娟"为生命的不完美找到了化解之道——相通的心灵，深挚的情意自可穿越时空，只要彼此常相系念，只要仰首都能看到那一轮相同的明月，生命又怎会只剩下孤独与冷清呢？熙宁九年（1076年）的中秋月在东坡笔下成了中国人永恒的中秋月，温暖着每一个面对悲欢离合的心灵。

熙宁十年（1077年），东坡转任徐州太守。他先赴济南与弟弟一家相聚，但是子由赴京尚未归来。两家欢聚个把月后，兄弟俩才在澶濮之间相见，距离上回分手道别已隔六年！四月，东坡到达徐州，子由同行，并与他共度中秋之后，才带着家人转赴南都新任所。兄弟相聚百余日更加深了东坡羁旅无常之感："此生此夜不长好，明月明年何处看？"然而，沉溺于悲哀并非东坡本色，即使是寂寞，他也要怀着希望来面对。另一首《水调歌头》在这一年的中秋月色里完成，上阕是谢安的遗憾与悲哀，下阕却摹想兄弟同退、相从之乐——温暖的笔调情趣对比出现实的无奈，却也辉映着美丽的梦想。

弟弟离去没几天，八月二十一日徐州大水，浩浩荡荡的洪水如千军万马，随时都可能冲毁城墙，淹没全城。当此关头，东坡沉着果断，以出色的领导能力偕同军民，全力抗洪抢险。洪水围困徐州七十多天，终于退去，百姓欣喜若狂，对于不眠不休、全心全意和他们共渡危难的太守，满怀感激爱戴之情；神宗皇帝也下诏奖谕东坡卓越的表现。而东坡并不满意暂筑的堤防，为了给徐州更坚固的保护，他向朝廷提出修建防洪大堤的计划。在他持续不懈的争取下，第二年八月，大堤竣工，并在堤旁东门上建了一座十丈高的楼台，塈以黄土，命名黄楼，取五行中黄土克水之意。除了将抗洪始末与皇上诏书刻石志于黄楼，东坡并亲自书写子由撰寄的《黄楼赋》，同样刻石志于此。黄楼落成的典礼上，官民同欢。徐州城战胜了天灾，身为太守的东坡实现了减轻人民苦难的政治理念，他的内心踏实、愉快，兀傲不屈的信心又在此期的作品中流露。可是诗人东坡在这一座古城中，面对历史的遗迹、亲友的离合聚散、节令变迁，他的心灵深处依然寂寞，依然挥不去时空之悲，依然难免不朽的困惑：滔滔向前的时间巨流里，谁能成为永恒的主人呢？自负执着的心灵面对无常的现实，遂成就了《永遇乐》的苍茫劲秀，这是东坡徐州词作的代表。

杭州、密州、徐州，将近七年的地方官生涯，东坡展现了他勇于任事的个性以及不错的行政才干，而这样的历练也开阔了他的视野与胸襟。他正迈向更成熟的中年时期，文名正隆，如同欧阳修的预言，已是天下人尊重喜爱的大文学家，隐隐然将成为"文坛盟主";他也是人民爱戴的父母官,不仅陪同百姓面对天灾人祸,更积极地想要改善他们的生活。元丰二年(1079年)三月,朝廷又有新任命,东坡改调湖州知府。在徐州百姓依依不舍的送行下,东坡再次挥别满怀记忆的城市。他先赴南都探望弟弟,四月抵达湖州。新的城市,新的开始,东坡有些疲累却不减为百姓多做点事的热情。只是,一场比徐州大水更为凶猛的灾难即将如巨浪袭来,滔滔水势几乎令他灭顶。

东坡抵达湖州之后,依例呈递《谢上表》以感谢皇上委任湖州的恩泽,没想到这篇表文竟成一场大祸的导火线。当时朝廷的政治环境已经不同于熙宁年间。满怀理想、主导变法的王安石在吕惠卿等人的排挤倾轧下,二度罢相,黯然离京,退居金陵。从此新政的理想烟消云散,党同伐异之风随而兴起。为了巩固既得的权势,防止司马光等保守势力的复苏,新政人物处心积虑,伺机而动,一向才华外露、不自内敛的东坡就成了首要的攻击目标,而《湖州谢上表》里锐角未挫的言语开启了祸端:"知其愚不适时,难以追陪新进;察其老不生事,或能牧养小民。"被刺痛的朝廷"新进"决定展开一连串的"围剿"行动⋯⋯

六月二十七日,权监察御史里行何正臣首先发难,上奏东坡《湖州谢上表》愚弄朝廷、妄自尊大,并指责东坡多年来讥讽朝政,一遇民间有灾变则归咎新法,幸灾乐祸。随后,另一位监察御史里行舒亶也上札子指称东坡的表文恶意讥讽时事,已令忠义之士感到愤慨;他进而呈递东坡在杭州出版的诗集,并一一摘录其中字句，附会为讽刺新法、侮辱朝廷，甚至谤讪君上，请求皇上将东坡交付有司，严加惩处。神宗观望犹豫。接着，国子博士李宜之也上呈奏状，大肆抨击东坡的《灵壁张氏园亭记》，"无尊君之义，亏大忠之节"。最后也是最凶狠的一刀来自御史中丞李定。李定严厉指出东坡有四大可废之罪，且在札子中详述此四大罪时，句句紧扣东坡怨望谤讪的对象都是皇上！御史就是谏官，宋代谏官的地位超然，不但能纠举大臣，也能弹劾执政。而神宗皇帝尚义好名，自然尊重谏官、重视舆论，如今他面对多位台谏的"控状"，岂能等闲视之？于是，他下旨：交付御史台调查处理回报。

七月二十八日，台吏皇甫遵带了两个台卒来到湖州，逮捕东坡到案。皇甫遵态度傲慢，"顷刻之间，拉一太守，如驱犬鸡"。而东坡虽则先一步得知消息，却也不及有何安排。仓促之间，他惶恐就捕，在长子苏迈的陪伴下，出城登舟北上。家人惊慌号泣，郡人前来送行者也都泪如雨下。面对这场巨变，东坡一方面要安抚惊恐的妻子家人，一方面却也难掩心中的疑惧，"壮怀销铄尽，回首尚心惊"，此去茫茫，谁能预卜死生呢？

八月十八日，东坡抵京，入御史台狱。二十日审问开始，主审官是张璪、李定。要入人于罪，需有证据，要兴大狱，需先掌握丰富的资料，何正臣等人在这方面做了相当的准备。他们一方面随状缴进坊间印本，一方面又由御史台行文州郡，搜索苏家并收取境内东坡所遗诗文；而后逐篇勘问，绝不少漏。勘问的过程酷虐难堪，老臣张方平、范镇上疏论救都无下文，而子由乞纳在身官以赎兄罪，哀哀感人的手足之情也无法减轻这场灾祸。东坡孤独地待在狭窄、阴暗的牢狱中，"隔墙闻歌呼，自恨计之失。留诗不忍写，苦泪渍纸笔"。为了年少时的"范滂之志"，为了"致君尧舜"的儒家理想，他付出了多大的代价！与弟弟"夜雨对床"的盟约遥遥无期，而墙外平凡的歌唱笑声更与自己隔绝。狱中的前两个月是东坡心情最凄惶、沉重的时期，他甚至预先写下与子由诀别的诗篇，托付始终善待他的狱卒梁成于不测时转交。诗有两首，其一是对弟弟的无限歉意与深情："是处青山可埋骨，他年夜雨独伤神。与君世世为兄弟，更结来生未了因。"死亡的恐惧或可因无愧而摆落，但至深的亲情却是永远难以割舍的依傍与牵系啊！同样令东坡牵挂的另一份情意是在妻与子身上。诀别诗的第二首有对妻子的系念，也嘱咐了安葬处："百岁神游定何处？桐乡知葬浙江西。"东坡入狱以来，杭、湖一带的百姓感念这位好父母官，为作解厄道场一个多月，祈祷神灵保佑他平安无事。民间的情意令他感动，也支撑着他面对灾难无所悔怨的信心。而这样无悔且自我肯定的心境，在十月二十日为太皇太后所作的挽词中亦流露无遗。事实上，两个月的勘问审理结束后，东坡的心情已渐平静，十一月里，甚至能静心写下《御史台榆槐竹柏四首》，体物深微，托物寓怀，且能说出"谁言霜雪苦，生意殊未足。坐待春风至，飞英覆空屋"，因自省无愧遂能自我宽解的东坡似乎回来了。

东坡的心境改变，案情的发展也有了转机。十月勘问结束，御史台上呈勘状，不但欲置东坡于死地，更主张将收受讯讽文字的张方平、王诜、司马光、范镇等人一并问罪。这时素来赏识东坡才华的神宗犹豫了，而朝中大臣吴充、王安礼、章惇也适时伸出援手，共同的理由是"圣时不杀才士"。再加上太皇太后临终前殷殷叮咛："因为写诗而获罪入狱，恐怕是被小人陷害了吧？只能用诗来为一个人定罪，显然这人也就没什么大过，千万不要冤枉无辜啊！"于是，本来就无意深究此事的神宗决定结案。

元丰二年十二月二十九日，这个轰动全国的"乌台诗案"（御史台又称乌台）终于落幕，全案历时四个月又十二天。东坡贬任黄州团练副使，本州安置，不得签书公事。事前通风报信的驸马王诜被撤销一切职务，子由救兄亦受牵连，同被贬官。其他多位牵扯到本案的大小官员也都受到轻重程度不同的处分。

从人民爱戴的地方首长，一夕之间沦为命在旦夕的阶下囚，百余日之后，却又安然地走出了御史台狱——人生境遇之不可逆料一至于此，昔日黄楼上与民同乐而有无常之慨的东坡，恐怕也不曾想到。然而，就在死亡的恐惧里，他不再只是读《后汉书》的男孩，他真实地走进了范滂的心灵，深刻地了解到执着理想的代价，也在孤独的自省中，重新肯定了自己的理想。诗案以前的东坡，纯真、任性，以天赋的才华结合入世的热情、士人自许的精神，大踏步地闯入现实政治中，骨气傲然却未经严厉考验，光芒四射更难免锐利伤人。诗案期间的东坡，饱尝政治的险恶无情，但也感受到了来自太皇太后、长辈、弟弟、朋友和州郡人民的关爱之情，这些情谊温暖了东坡

的心，使得他在颠仆困危之中，不曾对人世失望。诗案以后的
东坡，将面对废置穷乡、无用于世却又不得言退的困境。黄州
漫漫岁月，等待东坡的是重挫后的寂寞忧惧、生活的困乏难安
与未来的茫茫不可测。

谪居黄州（1080 — 1084 年）

"此灾何必深追咎，窃禄从来岂有因。"结束了百余日的台狱之灾，年终岁暮，重获自由的东坡走在充满年节氛围的汴京街道上，一切恍如隔世。虽然他的自由仍不完整，法令裁定，他必须由御史台派人押送往黄州，不得逗留京师，且将被限制居所，不得擅离黄州。然而，虎口余生，自由的春风迎面吹来，鸟鸣啁啾，东坡的心情也得到了暂时的纾解，"却对酒杯浑似梦，试拈诗笔已如神"，他一口气完成了两首诗。诗写完读过，他不禁掷笔而叹："怎还不知悔改啊！"

元丰三年（1080 年）正月初一，东坡在长子迈的陪从下，随着御史台差役，匆匆离京。此刻他无法沉溺于感伤哀痛之中，因为现实世界里，他还有人生的责任必须承担。这场灾难使得兄弟两家同时面临了播迁的动荡。案发之初，东坡一家二十余口都被送到子由那儿安顿，只是子由儿女多，家庭经济压力一向很大，如今又受牵连，贬官筠州，官小薪俸更微薄，东坡自然不能再加重他的负担。因此他托人约子由在前往黄州路上的陈州相会。兄弟祸后重见，虽有许多感

慨，却也只能聚晤三日，商议家计安排，并劳烦子由到筠州
之前，亲送兄嫂侄儿到黄州。东坡见到弟弟在清贫困顿中依
然面色清润、两眼有神，颇感欣慰，而子由亦不忘劝说老哥：
力戒口舌，慎重笔墨——互相劝戒宽慰，彼此加油打气，在
政治斗争的荒漠里，这一对兄弟永远是对方生命里丰沛清澈
的甘泉。

元丰三年二月一日，东坡父子抵达黄州。

黄州在今湖北境内，长江之畔，州治黄冈，即为东坡谪居
之所。这里与中原、京畿相距遥远，也远离繁荣富庶的扬州、
杭州，是一处偏僻清寂的地方，连州治黄冈都是景象萧条。东
坡初来乍到，只能先借住定惠院。由于他虽名为团练副使，却
只是虚衔，不能签书公事，因此向知州报到之后，也就无事可
做了。此时家人未到，安顿无着落，他孤独地面对这陌生的荒
城。"饥寒未至且安居，忧患已空犹梦怕。"既试图随缘自适，
却又余悸犹存。他闭门睡觉，只想摆脱一切是非；他随意闲
逛，是散心，是无聊，也是无所适从的不安；而"时时策杖至
江上，望云涛渺然"，更深刻地流露了此时茫然的心境。"长
江滚滚空自流，白发纷纷宁少借"，当年"扁舟泝巴峡"，满
怀理想地投入政治的洪流之中，何曾想到这船毁人伤的悲痛？
黄州的第一年，当他在春风里漫步来到定惠院东的土山边，竟
于满山杂花中不期而遇一株盛开的海棠时，泪水缓缓流下——
海棠原是西蜀名卉，因何无端落入这江城瘴地，与杂花共处，
无人珍视？《海棠诗》是东坡名作，咏叹的不独是海棠，一字
一句抒写的更是他天涯流落、无人了解的寂寞与悲凉。

然而，东坡并不想纵容自己在无止尽的悲哀之中。黄州第一年，他较为闭塞隔绝的生活固然是贬宦所致，却多少也是他有意无意间的选择。经历"乌台诗案"之后，面对不知何时终了的逐客生涯，他需要一段安静的时空，调适疲倦的身心，反省昔日的思想行为，并思考此后安身立命的据点。这一年东坡闭门独处、访寺焚香默坐的时间最多，不论是家眷未来或已到，他都经常去城南安国寺沐浴静坐。基本上，东坡淑世济民的热情、自尊自重的傲骨，渊源于传统的儒家教育；但是由于家学、天性以及宋代文人的倾向，佛老思想也一直潜伏在他的心中。现在入世的儒家思想既然受到重创，出世的佛老精神正好担负起洗涤心灵、化解痛苦的责任。而东坡向往的是佛老精神中"静而达"的境界，希望透过深自省察的功夫，体悟悲哀痛苦之本源，进而超越得失祸福，恢复意志真正的自由，于是美恶哀乐全在自我，外界的穷达贵贱怎能影响个人的心境呢？不过，人生的魔障层层相叠，静而达的境界实难一蹴即成。这一年，东坡不只遭遇政治的打击，还身受亲人死亡的悲哀：子由丧女、哺育东坡并与他同住的乳母过世、至亲的堂兄也逝去。接二连三的死讯在谪居的岁月里听来，格外惊心，也为东坡带来极大的痛苦，使他于安国寺的静坐之外，又入天庆观道堂闭关四十九日，以平缓心中的波澜。五月，子由护送嫂嫂一家来到黄州，而东坡借由鄂州太守的协助，终于为全家找到了安身场所——临皋亭。临皋亭在长江畔，住屋不大，苏家二十余口住得有些拥挤。但亭外视野辽阔，亭下八十余步便是大江，滔滔江水日夜奔流，武昌连绵的青山遥遥相对，风景极为清朗明媚，对东坡而言，不失为适意的居处。兼且劫难之后，一家又能团聚，重享天伦之乐，无疑也会慢慢宽解东坡的心境。

元丰四年（1081年），东坡逐渐适应黄州生活。自言"上可以陪玉皇大帝，下可以陪卑田院乞儿"的他，以明朗、真诚的态度结交了多位当地朋友，有士绅，有市井小民，他们朴实的敬意和关爱皆有助于抚平东坡内在起伏激荡的痛苦。新朋友渐成熟识，老朋友或偶然重逢，交情更甚往日，如陈季常；或专程来访，见证了人间真情，甚至提供实质的帮助，如马梦得。东坡不善积蓄，为官多年，依旧两袖清风，如今谪放，更是没了俸禄，只剩一份微薄的食物配给。第一年靠着一点积蓄节俭度日，也就勉强撑过，但随后如何糊口，却是不得不面对的难题。马梦得虽穷，却适时帮上了大忙。他向当地政府申请到一块废弃的营地，让东坡开垦为农地，自耕自种，改善日渐困窘的生活。这块营地位于东门外，是冈峦起伏之间一方数十亩大的平地。由于地在城东，东坡不禁想到自己喜爱的唐代诗人白居易（乐天）谪居忠州时，有《东坡种花二首》《步东坡》诗，于是，他就为这块农地命名为"东坡"，自号"东坡居士"。"东坡"，成了日后无数喜爱他的读者对他的爱称，人们呼唤此名如同呼唤身边的好友。

挽起衣袖，东坡就在这满目瓦砾的荒地上，开始了他躬耕田野的黄州生涯。虽然垦辟工作颇为辛苦，农作收成也往往受到天候变化影响，有时不尽理想，但能靠自己的双手耕作谋生，舒缓经济压力，他的内心已感满足，更对好友、邻里热情的协助，满怀感激。而《东坡八首》诗中预想收获的喜悦，遐想果树长成的美景，则流露了他受创的灵魂深处依然乐观的本质。

元丰五年（1082年）是东坡黄州岁月里重要的一年。

四十七岁的他废居在此已两年，生活依然贫困，但妻子奴婢皆能安于此，一家人读书工作，温馨地相互扶持。而东坡耕地附近，他自建的雪堂也在二月大雪中落成。虽只是简单的建筑，却让他多了起居休憩的场所，还可以招呼远道来访的朋友暂住。对需要借由阅读、写作、书画、沉思以调整自我且热爱朋友的东坡而言，雪堂是个重要的地方。

这一年，他的心境最为复杂多变。走过单纯的畏罪心理，超越个人的得失祸福，他在自我默省之中，体悟过往之非，也重新肯定"尊主泽民"的儒家理想——他的理想无罪，但是未经深思的热情却不免伤人伤己，而外露的光芒固然锐利多彩，又何尝没有流于浮浅之时？得罪并非无因，然而，若论安身立命处，则他仰不愧于天，俯不怍于地，自觉坦荡无疑，只是理想的肯定却也显现了他依然强烈的用世之心，于是生命徒然落空的悲哀席卷而来！写于这年寒食的《寒食雨二首》，悲怆沉痛，是生命在时间的无情压迫下最无助的呐喊、呻吟：青春的梦想凋零如同春花，青春的岁月也在不知不觉中一去不回，而贬斥闲置的生涯，求进不得，思归难成，更将有限的年华抛向一片空白！"也拟哭途穷，死灰吹不起。"东坡的作品结语从未悲痛若此，东坡的心境也极少掉入这样的深渊。可是，也许唯有把最底层、最晦暗的气体吐尽，心灵才能再一次迎进清新的风、明亮的阳光。《寒食雨二首》之后，东坡的心境渐趋平和，面对生命无常、人生如梦的永恒课题，他为后人留下了不朽的篇章，有诗词，有文赋，呈现了他的多种情绪：对时间的敏感、生命的无奈，以及对田园生活的向往，伴随着洒落悲哀的旷达。直到现在，许多中国人面对人生的风雨困顿，总会不期然地想起他此时的作品：《定风波》、《哨徧》、《念奴娇》、《临江仙》以及前后《赤壁赋》。

赤壁，在黄州稍西处，又名赤鼻山，因山麓陡入江中，形成断崖壁立，而其石色如丹，因此得名，并非昔往周瑜大败曹操的赤壁。东坡初到黄州，就常和儿子迈夜游此处，日后更常划着小船独游或偕友人同行——前后《赤壁赋》所记就是三四人同行的夜游。赤壁兼具山水之胜，江面上风露浩然、烟波渺茫，绛赤色的崖壁在夜色中，冷峻森峭，同时展现了大自然的清远悠然与深沉难测；再加上误为周曹大战地点的历史传说，更使这一片水声山色回荡着时往事移的沧桑。历史乃人事，山水是自然，而东坡就在其中体悟了自然的无尽无私、人事的有限渺小——《赤壁赋》《念奴娇》抒写的正是东坡面对赤壁的沉思。对东坡而言，赤壁不只是名胜，它更是大自然提供给东坡反身观照的"镜子"。

元丰五年以后，东坡走出了"乌台诗案"的阴影。他的心境平和旷达，他的生活清静闲适，简单的房舍、饮食、风光，都在他的眼中笔下散发出美丽动人的光彩。而躬耕东坡之上，也令他开始向往陶渊明的境界。不过，他对陶渊明的深入了解与体会，则有待晚年谪居岭南、海南时。

神宗皇帝似乎从没忘掉东坡，这些年他不时留意着东坡的消息，四年多了，他决定重新给他机会。元丰七年（1084 年）三月，神宗亲下手诏：东坡量移汝州。汝州比黄州繁荣，且靠近汴京，对贬谪之人而言，这无疑暗示惩罚即将结束；而量移之后，往往紧接着就是"任便居所"——自由选择居住地——罪官的身份自此消失。因此，量移和任便居所往往是再行起用的准备，是政治生命重新开始的起点。对仍有用世之心的东坡来说，"自黄移汝"当然是好消息，可是近五年的时光，黄州的山水田野、乡民士绅陪伴他渡过了生命的困境，他也相对地付出了真挚的情谊。如今，在理想与田园闲情之间，东坡必须有所选择，如同他当年割舍乡情，踏上仕途一般。再一次告别熟悉的地方，再一次踏上未知的旅程，东坡的心中充满人生无常的感慨，然而旷达的胸怀帮助他洒落悲哀：雪堂赤壁固然令人留恋，汝州的洛水清波不也是值得一看的好风光？随缘自适，生命自有多种美丽！

四月初夏，在一大群朋友的送行下，东坡一家依依不舍地离开黄州。此后，他再也没机会回来，东坡、雪堂、赤壁都只能梦中重游。然而，这荒凉的江城却因他而有了不朽的名声。

▒▒ 重返汴京（1084 — 1089 年）

　　离开黄州，东坡无须立刻前往汝州，于是他为久受禁锢的自己安排了一系列行程：先与好友参寥和尚同游庐山，再赴筠州看望子由，接着一家人乘船沿着长江东行来到金陵。时已入夏，天热船闷，王夫人首先病倒，东坡亦有不适，却没想到最后一病不起的是出生于黄州，未满十月的幼子！东坡在黄州时纳朝云为妾，这小男婴即是朝云所生。年近半百，遽尔丧子，旷达如东坡亦不胜悲痛，而年轻的朝云更是痛不欲生。

　　同样痛失爱子的是王安石。多年前面对新政的失败、所用非人而遭受的背叛以及长子的早逝，这位倔强、孤傲的政治理想家心灰意冷，黯然引退，孤独地隐居在金陵已七八年。东坡决定去拜访他。安石长东坡十五岁，个性才情各不相同，政治观点更是南辕北辙。两人当日语言文字互不相让，但为国为民的心却是一样。而今，一个是退职宰相，一个罪官身份未除，都是青春已逝、理想落空的人，金陵重逢，竟是多少感慨！然而抛开政治的喧嚣混乱，自负的王安石欣赏这位晚辈的才气、学问、品格；而经过台狱之灾和黄州五年的反省之后，东坡既深自悔悟思虑不周的年少轻狂，也逐渐理解部分新政的可取之处，更敬重这位长者执持理想、奋然向前的勇气。金陵相从多日，他们谈文论史，才发现彼此的心灵竟是如此接近！东坡诗云："从公已觉十年迟。"安石则长叹："不知更几百年，方有如此人物！"当时朝廷政局依然难测，东坡有意寻个清静地方安家隐退，安石便极力劝说定居金陵作伴。可惜附近一带看田买田皆未成，只能作罢。东坡继续在江淮间飘荡，一方面向朝廷请求准予常州居住，一方面积极地找寻安家的田园。最后，他总算在常州宜兴买下了合意的田产，而朝廷也在元丰八年（1085 年）二月批准他以团练副使的身份"常州居住"。东坡无限欢喜，满心期待从此可以悠闲度日，终老于好山好水之间。

然而，命运的安排往往出乎人的意料。

东坡退居田野的梦想才展开，复官的消息却传来。这一年三月，正当盛年的神宗突然因病驾崩，十岁的哲宗继位，暂由祖母宣仁太后垂帘听政。太后召回望重士林却已引退十五年的司马光为相，并逐步起复旧臣，广纳直言，这无疑宣告：新法改革终止，国家政策将恢复旧制。大宋王朝的政局又将是一番新局面，东坡依然无法置身事外。五月，他带着家人抵达宜兴，准备在这里安享余生。十多天后，朝廷诏命来了：复官朝奉郎，派任登州知州。东坡陷入挣扎：耕读传家，与弟弟优游于山林之间，才是他最向往的生活，可是，致君尧舜、拯物济时，却是他身为知识分子不能割舍的责任、不能放弃的理想啊！他终于再度踏上仕途，再次走入政治的风雨晴阳之中。

东坡于十月中到达登州。五天后新的任命就来了，他升任礼部郎中，诏还京师。距离乌台诗狱获罪被遣送离京，转眼已近六年，五十岁的东坡再次来到繁华的京城。不是应试的书生，不是待罪的官员，这一次，等待他的是显赫的官职、至高的荣誉和重责大任。从元丰八年五月到元祐元年（1086年）九月，十七个月里，东坡从七品朝奉郎升六品礼部郎中、起居舍人，而后是四品中书舍人，最后成了正三品翰林学士知制诰——这样快速的升迁并不多见，也足以见出宣仁太后对他的重视。面对这令人目不暇给的富贵功名，东坡不曾失去自己的本色。过往的起伏波折，黄州四年多的反省与感悟，今日的东坡对知识分子的责任有更深入的思考，对旧制新政的问题也有更踏实理性的看法，而对荣辱成败更多了一份达观超然的胸襟。

司马光执政后，一方面大刀阔斧地调整人事，一方面逐步废止新政。昔日新政大将陆续遭到外放、贬谪，尤其韩缜、吕惠卿、李定、张璪等反复无常、唯权力是图的奸邪小人，更被视作欲重振朝纲、澄清天下必先去之的毒瘤。东坡于此不假辞色，而子由此时亦已回京担任谏官，同样积极地弹劾这些人。但对于新政各项措施之存废，东坡的态度是"校量利害，参用所长"——新法也有良法，旧制不无缺失，重要的是选择对国家百姓最合适的政策。这是他当了多年地方官，实际了解百姓疾苦、民间现况之后的体悟。相较于熙宁初年那个畅言高论、辩才无碍却没多少实务经验的书生，现在的东坡希望能以更宽广的视野和心胸来面对国家变革的新局面。他反感过去王安石独断地推行新政，否定一切旧章法；同样地，他也反感现在盲目地否定新法，独断地推翻一切与新政相关的政策。于是，东坡与司马光之间不免就有了摩擦，尤其是针对免役法存废一事。比起旧日的差役法，王安石的免役法确实比较优良，因此当日曾是激烈反对者的东坡，在地方上亲经历练之后，也修正了自己的观点。他积极地往见司马光，详尽地说明自己的观察与实务经验，然而司马光坚持己见。东坡仍不死心，第二天又到政事堂论辩，司马光难免不悦，但还是有风度地听完了东坡的意见。可惜虽然另有几位大臣亦主张保留免役法，不过，论道德文章、公忠体国，司马光确实令人敬仰，但其顽固程度实不下于王安石。因此，当他成见既深，心意已定，谁也无法改变。连带的研讨役法的机构也是一言堂，身为其中一员的东坡根本孤掌难鸣，干脆退出。这些争论、请辞，让东坡得罪了"相门"。

东坡另外得罪的是门生众多、不苟言笑、喜言仁义道德的程颐。东坡是个心灵自由的人，看不惯程颐虚伪矫情又爱以权威自居的模样，往往在言语、脸色上就流露出来，几度让程颐在公开场合难堪，因此他也成了程门弟子的头号敌人。

元祐元年九月，司马光与世长辞，旧党一派人物少了足以令众人信服的领导者，渐渐分裂为三：一是以司马门生故旧为主的官僚集团，人数众多，人称"朔派"；一是以程颐为首、理学家为主的"洛派"，权势不大，人数也不多；一是以东坡为首，加上几位籍属西南的朝士，实难称党派，却也硬被冠上"蜀派"之名。司马光的去世造成权力竞争的紧张态势，而东坡既为文坛盟主，又深得太后倚重，且不独为翰林学士，还兼官侍读，教导年仅十二岁的哲宗，那么，他就极有可能是接任宰相的人选。但是他"独立不倚，知无不言"、捍卫贤人政治的个性，却令势力庞大的官僚体系无法忍受，他们决定结伙排除这纵横难驭的野马。于是先有程颐门生为报复师门所受的羞辱而展开的"洛蜀之争"，随后朔派更趁势群起攻之。表面来看，都是由不同政见的论辩开始，最后却往往偏离了争论的方向。东坡不胜疲累也不无戒惧，他已察觉自己面对的是权力的斗争，多言随时惹祸。但身为朝中大臣，岂能眼睁睁地看着危及邦国百姓的政策与作为而默然无言呢？只是，他越来越孤立。虽然弟弟就在身边，与他并肩作战，踏入仕途以来，这是他们第一次同在一处做官，两家可以时相往来，可是，他们兄弟一起得罪的人可真不少！今日朝廷纷纷扰扰多与之相关，而言官对他的围攻，更让他仿佛身陷泥沼，不得清静也难有作为。他决心离去，放弃眼前令人羡慕的职位与生活，请求外放。太后一再慰留，他则四上奏章言明心意。元祐四年（1089 年）三月，太后终于准了他的请求，让他以龙图阁学士管辖浙西路并出任杭州太守。临行，朝廷又给予他执政大臣的荣宠，诏赐官袍金带、良驹银鞍等。

四月，东坡离京，结束了三年多的京华生涯。就物质生活言，这是他经济最宽裕、家人生活最平顺无忧的岁月。而就精神生活言，虽然冷酷无情的政争令他疲累，不能以才识报国的现实状况让他黯然，但天伦欢聚，兄弟两家和乐幸福，更有许多老少朋友谈诗论画，对爱家爱朋友的东坡而言，这的确是他生命里的黄金岁月。

▦四任知州（1089 — 1094 年）

　　暌违十五年，东坡又来到了杭州。杭州美丽清雅一如昔
日，杭州人民对他的敬爱也没有改变。当他身陷台狱时，他们
虔诚地设道场，为他解厄祈福；当他谪居黄州时，这里的故人
还相约凑钱，一年两次派人前往问候，送去特产：茶叶、荔
枝、螺酱。因此，重来杭州，东坡满怀喜悦，不只是由于他爱
这里的湖光山色，也因为杭州人的深厚情意令他有归乡之感。
既然朝政不可为，那就重新当个好父母官，实实在在地为百姓
做事吧！况且他此次重来可不是小小通判，而是以龙图阁大学
士的身份管辖浙西七州兼知杭州，因此能为百姓做的事也就多
了。

　　东坡七月到任，立刻面临着那年春雨成灾，夏却干旱严
重，两次稻作全遭损害，明年春夏之交恐有饥馑盗贼之忧的问
题。他迅速了解辖属各州状况，积极筹粮赈灾、平抑米价，并
屡屡上书朝廷争取资源，希望能做好次年的防患措施。此外，
他又想到，解决水的问题是拯救干旱的根本，也是疏通货运、

平抑物价的好办法。于是，他寻访官员、耆老意见，浚治杭州两条运河，使客货船运顺利通行；并建成杭州的供水系统，包含导流、蓄水、修浚提供饮水的六井，使居民此后饮用、洗濯、救火皆可无虞。然而，六井的水源在西湖，运河的通畅也与西湖有关，杭州城的美丽更与西湖休戚与共，但如今西湖却淤塞严重、水面日减。东坡决定进行西湖的开浚改造工程，这将是他最具代表性的政绩，也是他送给杭州人民最可贵的礼物。

元祐五年（1090 年）四月，他一方面上《乞开杭州西湖状》，向朝廷争取经费与协助，一方面动用本州节余款项，先行开工。这是一项大工程，东坡在三位各有专精的地方官员协助下，深思熟虑，精心擘画，解决了许多困难。而自湖底挖出的湖草淤泥在湖的西侧筑成一道长堤，沟通西湖南北，方便行人；并在堤上跨筑六座桥梁，沟通里湖、外湖；又于湖中种植荷花、堤上种植杨柳，更添西湖妩媚之姿。这座长堤在东坡离开杭州之后，才被命名为"苏公堤"（苏堤），以纪念他改造西湖之功。十六年前，东坡以他的文采增添了西湖的风采，十六年后，他果敢用心的规划，更赋予西湖永恒的美丽。而他与西湖的遇合，他为西湖写下的无数诗篇，也让杭州西湖成为中国人心目中最浪漫迷人的湖泊。

水利工程之外，东坡需要费心的事务仍然很多，如该年三月，杭州疫病流行，他拨出节余公款，再自捐私款黄金五十两，设置病坊，三年内医逾千人，造福许多贫苦百姓。他还有个更大的计划，是钱塘江水利航运工程。勘查、规划都已完成，却没想到朝廷以翰林学士承旨召他还京。

元祐六年（1091年）三月，东坡离杭北上，特意绕道苏、湖、常州一带水患严重地区，实地了解问题所在，冀望身在朝廷时更能帮忙解决问题。不过，官僚权力的争斗方兴未艾，东坡的计划终被束诸高阁。而朝廷诸公多有忌他者，并不欢迎他回到中枢，东坡亦心知肚明。且近一年来，子由因太后的信任倚重，不断升迁，已居尚书右丞的高位，今后若兄弟同朝执政，岂不更令人忌恨？因此，东坡连上三状请求继续外任，子由也接连四次上书请求外放。兄弟二人争先让出庙堂高位给对方，这份手足之情对比当时争权夺利的政坛，令人感动，也令人唏嘘。

还朝不到三个月，东坡所受到的攻击却排山倒海而至，太后不得不从其所请，让他再以龙图阁学士出知颍州。颍州正是欧阳修当过太守、晚年隐退之处，东坡兄弟当年探视老师就曾来过。能随老师的脚步，担任颍州太守，东坡颇感欢喜；不过，漫游西湖（颍州西湖，欧阳修甚爱此湖，晚年隐退之所就在邻近）、泛舟颍水，却不免让他想起恩师，想起人生朝露、身不由己的悲哀。所幸此地政务清闲，重要的同事又多为旧识，因此在这里七个月的生活，可算是恬适愉快。较大的忙碌烦心事应是本年冬天颍州遇到严重的雪灾，令他忧心难眠，幸而顺利赈济灾民，使他宽心不少。

元祐七年（1092年）二月，任期未满半年，东坡又奉命移守扬州。自颍到扬，他仍然一路访视民情，并就所见，勤于上书朝廷，为民请命，虽未必都能得到回应，但他总是锲而不舍。担任朝官的东坡往往陷在永无休止的权力斗争中，担任地方长官的东坡反而更能展现自己的行政能力，实际地亲民爱民、造福百姓。然而，不到四年，他移守三处，外加回京一次，生涯似乎总在旅途上。而繁忙的吏务、颟顸的官僚体系也令他心力交瘁。五十七岁的东坡累了。这一年，他在扬州官舍陆续完成《和陶饮酒二十首》，是日后他和陶诗一百多首的开始。东坡爱读陶诗大约始自黄州时期，而开始深入陶渊明心灵，会得陶意，应在五十岁之后。尤其在颍州时，常与欧阳修三子欧阳棐论陶，遂使他豁然与渊明神会。陶渊明独立不惧、旁若无人的率真精神，感情热烈、赋性豪迈、带着游侠气质的个性，深深地吸引了性情相近的东坡，视他为异代知己。而陶渊明面对"道丧士失己"的时代，竟能贫不受辱，随遇而安，进退自如，更让为世情牵绊，备受现实政治压迫，正力求解脱的东坡不胜钦佩。日后，渊明委时任运的精神将支持东坡渡过更严重的灾难。

扬州到任没几个月，东坡又得走了。他以兵部尚书兼侍读再度还朝，陪侍十八岁刚完婚的哲宗举行郊祀之礼后，原本请求再次外放，却被太后坚持留下，且赋予端明殿学士兼翰林侍读学士、守礼部尚书的责任。这样的殊荣令他诚惶诚恐，虽再三恳辞却不可得。这一年，子由也位居门下侍郎，兄弟同在高位，不免令他们的政敌感到极大的威胁。

危机潜伏，隐隐然一场政治的狂风暴雨正在酝酿。

元祐八年（1093 年），东坡一家度过了繁华热闹的京城新春，没想到这也是他与夫人在汴京的最后一个春节。王夫人于八月病逝，得年四十六。她抚育东坡的长子，并为他生下两个儿子，与他共同渡过了艰难贫困，也分享了他的荣华富贵。她是东坡生命里温暖稳定的支柱，骤然离去，对五十八岁的东坡是极大的打击。尤其这几年，东坡努力地想走下政治舞台，偕同出身农家的老妻归隐田园，如今田耕归来，又有谁守候在家门呢？

丧偶的悲痛未了，九月，停罢新政恢复旧法、信任且重用东坡兄弟的宣仁太后也走了。哲宗亲政，政治的风暴迫在眉睫。哲宗是个心胸狭隘、性情乖戾的年轻人，十八九岁又是容易对权威反感的叛逆年岁。长久以来，他既厌烦祖母的严厉管教，又不满执政大臣只知请示太后，忽略他的存在。他满怀怨怼，过去敢怒不敢言，现在决定将这积压多年的怨气迁怒于太后重用的大臣，迁怒于元祐旧党人物！

由于东坡之前已一再请求外任边郡，因此太后刚过世，他就奉诏出守定州。行前往别子由，在深秋冷雨中不免戚戚：政局变化的趋势明显可见，灾祸只怕难免。我今先行，子由大概也难久居于此，而茫茫前路又将通往何处？"夜雨对床"之约，恐怕只是梦想，闯过这场风浪，老兄弟俩能否依然健朗？

怀着沉重的心情，东坡于初冬十月来到北方的边防重镇。这回他要挑战的是治军与防务。定州七个月，他没有让自己陷在颓唐忧惧之中。他以强硬的态度整顿败坏的军纪，以体恤的心思修盖残破的营房；而三房子媳孙儿都随行同住，也让他得享天伦之乐。可是，远离中枢，并不能远离灾难，命运将以铺天盖地的巨浪和风雨袭击东坡。

流放生涯（1094－1100 年）

　　元祐九年（1094 年）四月，年号改称绍圣，于是，天下皆知：哲宗决定要绍述神宗时代的新政了。元祐旧臣纷纷罢退，章惇等新党人士一个个回到朝廷。这一次，所谓新党执政，目标并非继续王安石未完成的变法革新志业，而是在重新掌权后，竭尽心力打击、报复政敌——元祐党人。从绍圣元年到四年短短几年间，以章惇为首的新政权结合了皇上的怨愤、一己的仇恨，大规模地贬斥元祐大臣，即使如司马光等去世的旧党领袖也难逃劫难，一一被追夺赠官、谥号，甚至毁掉墓园石碑，至于仍在政坛的元祐大臣则多被贬放到岭南等边远地区。

　　早在改元前不久，子由已因直言进谏而贬官汝州，现在，御史的弹劾来到东坡身上。罪名还是旧调重弹——"毁谤先帝"，罪状则出在他代拟的圣诏文字。闰四月，第一道诏命：取消端明、翰林两学士，降左朝奉郎任英州知州。未几，第二道诏命又到：官位再降一级，仍知英州。定州在河北，英州在广东，这是必须跋涉千里的艰辛路程，年近六十的东坡坦然地接受了这一切——时势如此，谁也难以逆转滔天逆流，且把用世之心放下，则天地悠阔，何处不可往，何地不可居？不过，漫长的旅程才刚开始，第三道诏命又到：仍知英州，但不得依年资升迁。十几天内，谪命三改，朝局之乱，可以想见。只是，所有的变化无非就是官职由大变小，对已绝意仕进的东坡，这些都已不具意义。倒是天气入暑，若要从陆路到岭南，恐怕老东坡将难以承受这一路的暑热与遥遥长路。幸亏哲宗还能顾念东坡曾是教他多年的老师，批准了东坡的请求：坐船南下。

此时，子由已在汝州，东坡特地绕道前去告别。兄弟相聚三四天，商议之后，子由交给苏迈七千缗，让他带领一大半的家眷住到宜兴，往后靠那里的一点田产，应可度日，也免东坡后顾之忧。于是，在次子、三子、朝云等人的陪伴下，东坡登船南行。

朝廷之上，章惇拜相，元祐诸臣几乎都已贬谪在外，报复行动却尚未停止，仇恨的烈焰继续燃烧，东坡心里明白：祸患恐怕不止于此！他带着家人在水波间赶路，沿途迎接他的是亲朋故旧：有人来话别，有人同行游山水，有人只为送一份礼物、一份温情、一些有形无形的帮助。这些亲情友情如沿途的好山好水，宽慰他天涯行路的寂寞，也让他在漫天暑热中，保留了清凉的心境。"暴雨过云聊一快，未妨明月却当空。"当船行过当年韩愈贬谪潮州的水路时，他纪行写景，仍不失英迈自许之气。

但现实的政治风暴终究还不到停止的时候。

六月，第四道诏命又来了：贬宁远军节度副使，惠州安置，不得签书公事。京华富贵、四任知州，仿佛黄粱一梦，十年梦醒，他竟然犹在黄州情境，仍是一个没有实权、由当地看管的罪官！几经思量，前途吉凶未卜，带着一大家子万里投荒，对儿孙也不公平，一向爱家的东坡决定独往惠州。但孩子们强烈反对，最后商定：次子苏迨带着二、三房家眷回宜兴，三子苏过则陪侍父亲到惠州，而朝云也坚持随行照顾起居饮食。

绍圣元年九月，东坡度过大庾岭。这是古代到广东的必经之路。度过大庾岭代表告别中原，进入南国炎荒。走在大庾岭的山巅，秋日云天高爽，山风自发间拂过，草木气息、虫鸣鸟叫、溪涧水声皆仿如流过心灵的清泉，洗去了颠簸南来的仆仆风尘，也涤净了宦海浮沉宠辱皆惊的疲惫身心。朗朗天地间，东坡子然一身，感受到了自己的孤独，却也释然于此生无愧的行止——浩然天地间，惟我独也正。他决心要把过往一切抛在岭北，把五十九年身心所受的污染，于此一念间洗濯尽净，然后以一身清净去到那陌生的城市——惠州。于是，前人所谓蛮荒，在东坡眼中却是一新耳目的南国风光。他一路寻山访寺，写诗题字，对这屡屡给他艰辛考验的现实世界，仍然保有一份欣赏的闲情。

十月初二，东坡到达惠州，结束了长达六个月的飘荡劳顿旅程。在此之前，子由已再贬官筠州，汴京风声鹤唳，罗织元祐大臣的罪网逐次展开，而东坡正是第一个远谪岭外的官员。

虽然惠州的物质环境更不如黄州，东坡也已年老体衰，要适应迥异于中原的岭南水土，实为艰辛，而朝廷政局险恶，哲宗不是欣赏东坡的神宗，章惇更非王安石，东坡能否生还中原，谁也难料。不过，正因已非年少，东坡的学养胸襟与体悟随着生命的起伏转折，有了更为宽广的境界；而十年来，无论在朝为官，出守地方，他总是上书论政，直言是非曲直，赈灾解困，竭尽所能，不论是对国家或百姓，他确实尽力了，不曾辜负上天给的机会、君王太后信任的托付，也可以无愧于自己的理想。因此，比起当年废居黄州，他坦然无愧，淡然以对，孤独寂寞难免，却不复有时光虚耗、理想落空的忧惧。

此时的东坡以"随缘委命""随缘而乐"的人生态度，在困窘的生活里依然寻得许多乐趣。

他写信给子由，谈自己发明的烤羊脊骨：没人要的羊脊骨用水煮过，泡酒撒盐，再烤到微焦，然后就可慢慢享受由骨缝间剔出的零星碎肉，此中美味可比蟹螯呢！信末还不忘开个玩笑：这个吃法要是传开来，恐怕狗都要不高兴啦！他品尝岭南特产荔枝，则赞叹如此美味，真值得为之长做岭南人；而他自种蔬菜，夜半闻雨，想到菜叶将得到滋润，也就无比欢欣。在他的眼中笔下，温暖的惠州百花鲜艳，名山古刹别有可观，总令他流连忘返。而流连之际，则又时有解悟——一日，他徒步上山，山径陡峭，走到半路，脚力不济，想在路边休息，却又忍不住仰望远处的目的地松风亭，忧虑自己走走停停如何才能到得了。叹气犹疑许久，忽然就想开了：为什么非要到达某个地方呢？旅途中有什么理由不能暂停脚步？有什么地方是不能休息的呢？现实世界的出入行止、人生理想的追寻之旅，何须执着于必然的目标呢？抛弃了执着心，生命也就能随遇而安了。于是，东坡说自己"如挂钩之鱼，忽得解脱"！

而关心别人的苦难，自然也就更不可能让自己坐困于个人的苦难之中。来到惠州的东坡只是横遭贬谪的罪官、贫穷的外乡人，但一见到百姓所苦所困者，他还是投注满怀热情，认真地想帮忙解决。春耕时，他见到农民辛苦插秧，想起谪居黄州曾见武昌农民使用"秧马"，是极为便捷省力的改良农具。于是，他作《秧马歌》，详述形制、操作及效用，广寄熟识的州内官员。博罗县令采纳了，亲自和农民实验改良，确实减轻了插秧之苦，又提升了工作效率。此外，解决、改善百姓的交通与饮水问题，一向是东坡当地方官时极为着力处，现在没有实权了，他依旧关注。为了替惠州城造两座新桥，他没多少积蓄，就把朝服中最尊贵的犀带捐出，又帮太守募款，连子由的太太都因此捐出昔日宫中的赏赐。正好巡视到此的广南提刑程之才是他的表兄兼亡姊夫婿，自然也受托帮了忙。两桥完成之日，百姓欢欣鼓舞，东坡亦自得于这份助人的喜乐中。而听到罗浮道士说起广州人民饮水之苦，他立刻写信给新到任的太守，提出自己请教道士后拟出的供水计划。日后供水系统完成，他虽无法目睹，但听到广州穷百姓有清爽的淡水可喝，他也跟着高兴了起来。其他如捐钱提倡造义冢，收埋郊野的枯骨；瘴疾流行时，搜购药材，合药施舍，等等，都让这位"不得签书公事"的罪官，照样为百姓忙得不亦乐乎。

黄州时期，东坡主要借着自然山水、史书以及佛老思想来省思洗涤自我的心灵，从而走出现实的挫败阴影。惠州时期，年逾六十的老东坡已自有一份旷达的生命境界，面对这场晚年的大难，他有不一样的自处之道。一方面他仍以积极任事的态度，持续地关心百姓，相信只要用心，不在其位亦能谋其政；而在为民谋福的过程中，他乐民所乐，肯定了自我的价值，也拥有了宽坦的心境。另一方面，他还为自己找到了心灵的知己与导师——陶渊明。陶诗里的字字句句尽是今日东坡的心情、向往的生活与人生境界，借由"尽和陶诗"，他与陶渊明对话，也与自己对话。在这个过程中，他见到了自己的足与不足，也自其中体悟了皈依自然、回归田园的真精神。

达观、幽默、对世事充满好奇、对世人充满关怀的东坡总是拥有真挚的友谊：有人千里迢迢来到惠州看他，有人写来温馨动人的信函，门生故旧多有因他同遭贬谪罢废的，却依然与他书信不断；而在当地，官吏以尊敬的心拜访他，人民以敬爱欢喜的心与他往来。至于家人，虽然大部分儿孙无法再像往日住在一起，但陪伴身边的小儿子苏过性情似他，翰墨文章亦颇有家风，且能干孝顺，安贫乐道，令东坡无比欣慰。而在这简陋的家中，另一个陪伴他、照顾他的是朝云。这个十二岁踏入苏家，长大后成为东坡侍妾的女孩，美丽、开朗、聪慧。失去爱子的打击曾令她痛不欲生，后来借由学佛才救治了她内心的创伤。她经历了苏家的盛衰荣辱，坚强地随着东坡跋涉千里来到陌生的南荒。照料东坡、处理家务之余，她念经习字，无怨无悔。绍圣三年（1096 年）春天，朝云生日，东坡特地邀请几家熟人来为她庆生，表达了对她的感谢与疼惜。孰料这年夏天，一场瘟疫竟夺走了她三十四岁的生命！东坡哀痛地安葬朝云于丰湖栖禅寺东南松林中。这一年秋天，他的诗中常有凄凉寂寞之悲，原本是遣闷行游之处的丰湖，如今却成了他不忍前往的伤心地。

人生聚散总是悲喜交替，朝云走了，苏迈则即将带着自己与小弟的家眷来到。自从朝廷公布"元祐臣僚，一律不赦"，东坡就断了北归的想法，决心长做岭南人。因此，绍圣三年二月间，他以微薄的积蓄买下了白鹤峰上一块空地，自行规划、买木料、找工匠，用心地营造新居，准备接儿孙来住。绍圣四年（1097年）春天，新居落成，不久，儿孙子媳都来了。白鹤峰上，笑语盈室，家人欢聚，热闹非常，虽然经济有些拮据，但想到从此可以在自己的房子里含饴弄孙、寻常度日，东坡内心亦感欣然。怎知这简单的愿望还是落空，他在白鹤峰怡然自得的家居生活只维持了两个多月，而后，仓皇抛掷，除梦里再也不曾归来。

绍圣四年四月，朝廷第五道诏命来到：东坡责受琼州别驾，昌化军安置，即刻启程！

琼州就是海南岛，虽属大宋国土，却远离中原文明，居民以黎人为主，只有少数汉人住在北海岸，在当时可谓最边远险恶的蛮荒之地。垂垂老矣犹贬谪至此，东坡自忖应无生还希望，但他倒也看得开。他只用一日便将后事详细交代了长子，并要他带着家人继续住在白鹤峰，依旧由苏过陪着父亲到海南。要到海南，东坡必须由广州搭船上溯西江到梧州，再南行至雷州半岛渡海。苏迈带着三个儿子送老人家到广州江边，临行，子孙莫不痛哭，仿佛诀别。到了梧州，东坡才听说子由也被贬到雷州了，前不久经过此地，现在大约走到藤州。于是，他急忙以诗代信，请人送去给子由，要他在藤州稍候。相隔近四年，这对手足情深的兄弟终于又见面了。

两人就近在路边小店进食，店家端来的汤饼极为难吃，子由勉强吃了几口就放下筷子，东坡却已把他那一份大口吃完，笑着对弟弟说："你要慢慢品尝吗？"弟弟欢喜见到哥哥胃口还是很好，哥哥则想提醒弟弟：食物只是用来填饱肚子，美味值得细细品尝，不好吃的就囫囵吞下吧！

从藤州到雷州，兄弟俩结伴而行，同卧于水程山驿之间，仿如当年离蜀赴京。只是那时俱是青春年少，意气风发，如今却都白发苍苍，走在贬谪南荒的道途上。由于到达雷州之后，东坡就需出海，不能久留，因此他们只能拖延路上的行程，争取更多相聚的时间。两个老人走走停停，竟花了近一个月的时间才走完这不算长的旅途。

终于还是到了必须说再见的时候了。子由匆匆安顿好雷州的家，就亲自陪哥哥过徐闻到位于海岸边的递角场，等船过海。行前一夜，东坡因旅途劳顿，多年的痔疾又发作，痛苦不堪，无法入眠。子由也陪着一夜没睡，为他诵读陶渊明止酒诗，劝他戒酒，或能稍减痔疾之苦。东坡有感而作《和陶止酒》诗，接受弟弟的劝告，也以此诗当作赠别。绍圣四年六月十一日，兄弟俩在海边依依惜别，从此云海相隔。虽然东坡还能有余裕安慰弟弟：至少圣恩允许我们隔海相望啊！但谁也没想到，昨夜是他们最后一次对床而卧，今晨的道别将成永诀！

云散月明（1100 — 1101 年）

经过一夜一日的航行，元符三年（1101 年）六月二十一日晚上，东坡的船只逐渐靠近递角场海岸。回首云海深处，居住了三年的海南岛已在天涯之外……

那座海上孤岛原是东坡自忖此生最后的归宿。三年来，他已渐渐习惯此地的生活，食芋饮水，著书为乐，闲来则四处游逛，逗逗乡野间的孩子，结交了好几位当地的老少朋友，心里几乎就当这儿是故乡啊！就外在物质生活而言，岛上的日子确实辛苦。东坡父子初到昌化贬所，先是借住在破破烂烂的官舍里，隔年又被朝廷派来的官员以"流人不得借住官屋"为由，将他们赶出。父子露宿桃榔林下数日，东坡才以最后的积蓄买地造屋。简陋的茅屋其实主要依赖当地书生百姓送来物资，协助盖成。以其位于桃榔林中，命名为"桃榔庵"。住得简陋，吃得也简陋，东坡自言和儿子两人就像苦行僧。他消瘦了许多，而听说雷州的弟弟也一样，就写了首诗和他开玩笑，说两人再这样瘦下去，就能变成清瘦的神仙，可以骑着黄鹤回家乡了！他还写下《谪居三适》组诗，畅言日常生活中的三种乐趣：且起理发（早上起床梳理头发）、午窗坐睡（午间窗下闲坐小睡）、夜卧濯足（晚上睡前洗净双脚）——总在百般艰困中，为自己找到可堪一喜的情事，在寻常生活里发现不寻常的趣味，这是东坡永远富足的内在心灵世界，也正是东坡能安然度过海外蛮荒岁月的主因。

重新踏上与中原土地相连的大陆，六十五岁的东坡身体不免疲乏，然而心情却有着回家的喜悦、无愧的坦然。他的新派令是"廉州安置，不得签书公事"。而先前在雷州的子由前一年已谪迁循州，现在则与他同时获赦，改赴岳州。由于法令不准越境相会，兄弟二人竟错过了见面的机会。与东坡在雷州见面的是门生秦观。秦观亦因获赦，将离开雷州。他与东坡师生情感极好，不料此次相会竟是最后一面。不久，秦观就因中暑卒于藤州。他的死讯传来，令东坡悲恸不已。此时东坡已在北返的路上了。

朝廷政局因哲宗驾崩又是一番新局。继位的徽宗是哲宗的弟弟，初立暂由向太后听政，于是大赦天下，元祐大臣终于停止了流放的命运。东坡得以自海南归来，正是这个原因。而当他抵达廉州贬所，宽宥、补偿甚至追复元祐大臣荣誉的朝命持续颁布。已经去到江西的子由先获准自由选择居所，于是带着太太和幼子一家，他回到了自己在河南颍昌（许昌）的庄园。至于东坡，诏命要他以团练副使的官职到永州。永州在湖南长沙一带，东坡终于要北归了！

九月来到广州，道途奔波，又为秦观之丧感伤，东坡病倒了。所幸并非大病，且不久后，苏迈、苏迨带同家人来会，一家人东分西散已近七年，如今又能团聚一处，老人的心情开朗不少，回顾这岭南之行，竟如一梦，而今倒像梦中醒来！有家人陪伴，接下来的行程虽仍不免奔波之苦，却不再孤独寂寞。尤其十一月中又收到讯息：东坡官复朝奉郎，提举成都府玉局观，任便居住——他可以享有一份七品官的俸禄，又可以自由选择居住地。这真是令人高兴的消息，因为代表东坡不必远赴湖南。毕竟他已是六旬老翁，一身疲惫，渴望能尽快地安定下来。

建中靖国元年（1101年）正月，东坡再一次来到大庾岭上。岭上小店走出一位老翁，恭贺他："今日北归，真是天佑善人！"东坡笑了，谢过他，还在店里的墙壁上题了一首绝句，末两句说："问翁大庾岭头住，曾见南迁几个回？"文句间有着几分自傲。大庾岭在唐宋时代是政治上重要的分水岭，由北而南，一旦越过，往往就代表政治生命的结束，通常也很难有北还的机会。如今东坡由南而北将再次跨过大庾岭——岭南七年，包括了海岛三年，他以无比的勇气与自信，光明磊落地闯过了生死之关；不怨天，不尤人，他以豁达的胸襟和温厚的情意，摆落了忧惧、怨恨、颓唐、失望；借由内化的学识和深刻的省思，他拥有了心灵的自由。

"梦里似曾迁海外，醉中不觉到江南。"苏学士回来了！从岭南到江南，处处都有朋友等候着东坡，来书问候或相约见面，甚至结伴同行一段旅程。而沿途州县官员多有敬重他的，更是热情款待。更热情的是百姓，有人记得他的恩泽，有人崇拜他的正直敢言，有人赞叹他的才情胸襟，更多人深深喜爱他的诗文书画。因此，他一路行来，游山玩水，访寺寻庙，身边总不乏俗世好友、方外僧道，感受的尽是温暖情意。有趣的是大家似乎都记得苏学士的温厚、亲和、随兴。一些想求他墨宝的人总会预先探听他行游之所，然后在该处安置桌椅，放上好纸好墨好笔，站立一旁等候。东坡到来，笑笑，拿起笔来便随兴挥洒，写好了，就随手付予求者，往往他写得尽兴，而求字的人也都满意而归。到了常州，喜欢他、仰慕他的人更多了。他的船顺着运河航行，两岸挤满了当地百姓追随前进，争睹这位当代名士的风采。当时无论士林民间，都有不少人期待且相信东坡兄弟将再膺重任。

可是，东坡累了，也老了。虽然他的心灵仍能自由飞翔，他的人格精神仍如长空明月，但他的身体终究不敌岁月侵蚀，更何况海南荒岛的艰困生活对这位六十余岁的老者，实在是严苛的考验。而随后的北归旅程，他带着三房子媳孙儿，跋涉千里，漂泊道途经年，对健康的伤害更大。再者，对于当时的政治形势，东坡也已敏锐地察觉建中靖国不同于元祐时期，元祐诸臣重返朝廷只是一时，更大的风暴随时来到！这样的政治旋涡令人戒惧，身陷其中更无理想可言。老东坡如今只想"闭户治田养性"，实现他归隐田园的心愿。

他一方面计划向朝廷申请退休，一方面则为引退养老的地点踌躇再三。十多年前他已在常州宜兴买了田产，谪居惠州时，苏迈、苏迨就安家于此。所以选择常州，定居于他一向喜欢的江南山水间，确为首选。但是，子由已先归居颍昌，他在那儿也有庄园，并看好一块土地拟辟为苏家墓园。他一再托人带来书信，殷殷期盼哥哥也能搬去同住，兄弟俩于垂暮之年能实现他们年少的梦想：同归林下，夜雨对床。东坡几番思索，不免为难。由于颍昌靠近汴京，居住在此，离政治中心太近，恐怕会生出许多麻烦。然而，兄弟间深浓的情感还是令他在犹疑之中决定归居颍昌。不料尚未成行，却先传来向太后崩逝，朝廷又生变局，忌恨攻击之事已渐浮现。东坡当机立断，写信告诉弟弟：决定住在常州，远离北方是非圈；而对于兄弟不能相聚，共度晚年，他则归于天意，虽有遗憾，却亦释然。

南来北往，东飘西荡，走过政坛的盛衰荣辱，行经天下的繁华美地、穷荒僻野，东坡终于有机会安定下来了，有机会像陶渊明一样：守拙归园田。他的船启程向常州，全家既疲累又欢欣——终于踏上了回家的路！

船到仪真，已是五月底，东坡在此有事耽搁，必须停留一段时间。此时江南气候炎热，而东坡一家就住在船上，白天骄阳似火，船舱仿佛烤箱，入夜则水面上的暑气蒸发，船舱内更是郁闷湿热。东坡每晚几乎都热得无法成眠，半夜犹在船舱外乘凉；且为了解热，他似乎也喝了太多冷饮。六月初三午夜，他突然猛泻肚子，折腾了一整晚，疲惫不堪。其后几天，病情时好时坏，不只腹泻，胃部也闷胀，食欲不振，难以入眠，身体变得十分衰弱。而这一带河水又极为污浊，使船舱更加闷臭，于是东坡要船家移船闸门外通风处，希望能因"活水快风，一洗病滞"。然而，病情还是没有好转。东坡隐隐然有了预感，这次得病恐非寻常旅途劳顿或中暑而已。他写信给子由，嘱托后事：葬我于嵩山下你所选定的墓园，由你为我写墓志铭。

六月十五日，东坡在常州百姓夹岸围观欢迎下，抵达了这趟漫长的舟船旅程的终点。他的体气稍有恢复，一家人迁入好友钱世雄代租的房子。略作安顿之后，东坡便上表请求退休，获准以本官致仕——他误入尘网、宦海浮沉的日子终于结束！但他治田养性、耕读传家的梦想却依然落空……

他大部分时间仍卧病在床，钱世雄每天都来陪他谈笑论往，共看岭外几年间的诗文。有时说得兴起，东坡就会露出笑容，钱世雄发现：纵然历经许多忧患，这位病中老人笑起来，仍然"眉宇间秀爽之气，照映坐人"。自七月初五至十三日一周间，他的病况日渐轻减，精神也好了很多，甚至可以起床写写字。没想到十四日晚上，病情又急速恶化，一夜高烧不退，牙龈出血，天亮时才略微缓和。东坡素喜研究药理，认为自己应是热毒，服药无用，决定只用人参、茯苓、麦门冬煮成浓汁代茶饮用，培养元气来抵抗热毒。十八日，他自知病已难好，特别叮咛三个儿子："我一生不曾作恶，死后一定不会下地狱。所以到时候慎勿哭泣，让我无牵无挂、安然化去。"他的病情越来越严重，但他的心情却越来越平静。他在杭州的老友维琳方丈专程前来探望，并留下陪他。二十五日，他病情加剧，手书与之道别，坦然写下："死生亦细故尔，无足道者。"生命的旅程在哪里结束，我们无法也无须知道，重要的是一路行来，俯仰无愧，不曾虚耗此生，那么，如何生、如何死，又何足挂心呢？

二十八日，东坡进入弥留状态，他的听觉、视觉渐渐模糊，但神明丝毫不乱。维琳在他耳边大声提醒："勿忘西方！"东坡缓缓低语："西方不是不存在，但也不是用力想着就能到。"钱世雄也靠近他的耳畔喊道："到现在这个时刻就更要努力想着啊！"东坡的回答微弱而坚定："着力即差！"如同他说文章"但常行于所当行，常止于不可不止"，对东坡而言，生命亦复如是，而世间万物，甚至西方极乐世界也都应顺其自然而至，是强求不得的啊！

宋徽宗建中靖国元年七月二十八日，在儿孙的陪伴下，东坡平静安详地离开人世，享年六十六岁。次年闰六月二十日，遵照其生前遗言，子由与三位侄儿迎灵柩至汝州，安葬于郏城县钧台乡上瑞里嵩阳之小峨眉山麓（今河南郏县茨芭乡苏坟村东南隅），背靠嵩山，面对汝水，即子由与哥哥商议后选定的苏家墓园。东坡继室王闰之夫人亦合葬于此。子由并遵遗命亲撰墓志铭。

东坡病逝的消息很快地传遍天下。亲朋故旧在不同的地方以不同的方式表达内心的哀思。他曾担任地方官的州县百姓更是奔走相告，嗟叹流泪；最伤心的是江浙一带人民，"相与哭于市"，无限哀戚；就连秦陇楚越间，凡是他生前曾到过的地方，大家都觉得与之有一份情缘，莫不痛惜哀悼。而士林之震惊更甚，许多士人邀约同道，私祭于家；京师太学生则不顾政治干碍，数百人齐聚僧舍，举行饭僧之会，痛悼这位才华横溢、温厚旷达却又刚毅不屈的儒者典范。

崇宁元年（1102 年）夏五月，东坡尚未安葬，二次党祸就开始了。一连串的迫害逐步展开，党籍碑立起，元祐党人及其子弟门生几无幸免，许多人文集被禁毁，尤其东坡文集、奏议、墨迹、碑铭、书版等全遭下令毁弃。然而，毁不掉、禁不了的是士人百姓的崇敬与喜爱。偷偷地，人们继续阅读东坡、谈说东坡。北宋末年，金兵围城，竟也指名索取东坡文集。至宋室南迁，朝廷不只恢复东坡生前名位，孝宗更因敬其为人，爱其诗文，赐谥文忠，崇赠太师，并下诏重刊东坡全集，御笔亲撰序赞。

"云散月明谁点缀，天容海色本澄清。"九百多年来，朝代几经更迭，人世多少荣衰，在亘古的时间长河里，东坡六十六岁的人生短暂渺小如飞溅起的一滴水珠。然而，自由的心灵、开阔的胸襟、热情的生命态度、旷达的人生体悟、自反而缩的儒家精神、温厚坦然的人格特质，却使这短暂的人生成为历史长空里永恒的明月。他杰出的才情所留下的篇章，无论诗词文赋或书法绘画，千百年来始终令我们动容。因为，自其中我们读到了与自己相同的喜悦与悲伤，读到了自己熟悉的失落、忧惧和彷徨，进而也见到了一个不妥协的生命，一个不断努力提升自我的心灵，一个屡经风雨依然澄澈清朗的世界。于是，我们在幸福愉悦时读他，感受自然、生活、人情的美好，欣赏他灵魂的欢欣和心智的乐趣；我们更在失意挫折时读他，跟随他真诚地探索自我，学习他豁达地看待苦难，在他的陪伴下，走过生命的黑暗时期。

风雨终将停止，云层也会散去，只要我们愿意抬起头来，天蓝如洗，月明如镜，而东坡永远都在。

（林玟玲撰述，刘少雄审订）

下篇

指出向上一路——东坡的词

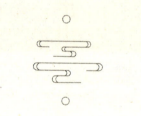

东坡词中的世界

一、东坡词是宋词的奇葩

东坡文如海，诗如泉涌，词则如涓涓细流，或山石间之涌湍，或缓或急，不拘一格，亦自多变化。

东坡的文学世界，多元而丰富，无论诗文词赋皆具体展现了他的才华、学问、性情和襟抱，气象宏阔，意趣超妙，充满着诗情与哲思，极富兴发感动的力量。在苦难中表现了旷达的怀抱，于规律里转化出创新的妙理，是东坡人格之所以受人尊敬、他的文学之所以有高远意境的重要因素。东坡文学的成就，除了得天独厚的天才妙悟外，又得力于渊博的学识、开阔的胸襟，以及面对生命认真而诚挚的态度。他的诗词文，亦婉亦豪，或庄或谐，出入于情理之间，行止自如，姿态横生。如同水的形貌，随物赋形，曲折多变，或为溪涧江河，或为湖泊海洋，但都源于丰沛的生命水源。

"词至东坡，倾荡磊落，如诗，如文，如天地奇观。"南宋刘辰翁在《辛稼轩词序》中如是说。

东坡词,是宋词的奇葩,也是东坡文学中最动人心弦的一体。东坡以其才情、学问为词,融入了诗的技法与意境,扩大并提升了词的内容与境界,使词体得以脱离小道末技,进而取得与诗文同等的地位,成为文人抒情写志之新体裁,不但影响南渡词坛,并开南宋辛弃疾一派,合称"苏辛",允称词史巨宗。东坡词,逸怀浩气,表现为清丽舒徐的笔调,无论是写现实的挫折、无常的感慨、归耕的闲情、怀古的幽思或夫妻兄弟朋友之情,言志述怀,都可以看见东坡的真性情、真感受,而其悲喜情怀的转折变化,实牵系着东坡一生的立身行事。换言之,东坡词已不是一般供人传唱的歌词,而是可以表现抒情自我的文体,烙印着东坡的生涯体验,自成一段特殊而深刻的生命历程。

东坡词如秋夜的星光、月色,既遥远又亲近。我们以愉悦的心情展读东坡词,徜徉于《水调歌头》《江城子》《永遇乐》《定风波》《念奴娇》等作品里,如晤故人,自能心领神会,除了可以看见天才驾驭技巧的艺术表现,更可贴近东坡的内在世界,亲切感受一个伟大心灵的跃动,以丰富我们的生命境界,让我们知晓如何在人情世界中寻得心灵的安顿。

二、词的美感在其独特的情韵

阅读东坡词之前,我们先要认识词。词是怎样的一种文体,它有哪些特色?

词是依附唐宋以来新兴曲调从而创作的新体诗，是音乐与文学紧密结合的特种艺术形式。词初起时，乃倚声制作，由歌女弹唱。它的内容，写景多不出闺阁庭园，言情则不外伤春怨别，遂表现为一种精微细致、含蓄委婉、富于阴柔之美的特质。

词乃配合音乐填写，而音乐的感染性极强。与绘画建筑之为空间艺术相对，音乐属时间的艺术。中国的诗歌，由《诗经》到乐府，由诗到曲，皆与音乐有着密切的关系。而文人诗赋，从屈原《离骚》开始，即表现出相当深沉的时间意识。如何面对时空变化，找到人生的定位，赋生命以意义，一直是文学里关心的课题："汩余若将不及兮，恐年岁之不吾与。……日月忽其不淹兮，春与秋其代序。"中国文学的情意世界，交织着"时间推移、空间遥隔、死生契阔"的感思，作家多有时空易变、难以自主的焦虑，在他们写作的字里行间经常流露伤时叹逝的悲感。这些情意内容，见于各文类，但表现的方式则各有不同，形成多样的抒情美感。王国维《人间词话》说："词之为体，要眇宜修，能言诗之所不能言，而不能尽言诗之所能言。"诗，除抒情外，还可叙事，说理和议论，而词则以言情见长，而所言者多为男女情事，个人身世之感、时空流转之叹。词以妍雅精致之笔触，配以拗怒柔婉的乐律，开阖转折间，时空之感悠远深长，缠绵委婉，最能发挥中国文辞的抒情特性。

作家填词，往往在妍丽的笔调下，蕴含着真挚动人的情怀——词的世界，是一个有情的世界。词原为配合歌舞而作，文人词也有不少娱宾遣兴，应景酬唱，带有游戏性质，不避俗艳之作。不过，一般情词，像相思怨别、感时怀旧等题材，无论是为他人填制，交付歌唱，或是自我抒怀，陶写性灵，依旧是最为大家所喜爱、最具文学价值的。以下所论，即以文人的抒情词为主。

词的抒情性，主要是以时空与人事对照为主轴，在情景今昔、变与不变的对比安排下，缘于人间情爱之专注执着和对时光流逝的无穷感叹，美人迟暮、年华虚度、往事不堪、理想成空等情思遂变成词的主题。而词的体制，如乐律章节之重复节奏、文辞句法的平衡对称，更强化了这种婉转低回、留连反复的情感韵味，极富催化感染的作用。

因此而知，词是一种融合着美丽与哀愁的文体，具有独特的情韵。词的情韵，就是一种冉冉韶光意识与悠悠音韵节奏结合而成的情感韵律，回环往复，通常是以吟咏"好景不常、人生易逝"之哀感和"此情不渝"的精神为主旋律。换言之，词谱写了一种情思与韵律纠结盘旋的情感节奏，这节奏主要是相对情境交错激荡而形成的——外在时空对照人间情事，一方面是变化的体认，一方面是不变的执着，两相对应，拉扯互动，便产生了抑扬顿挫、起伏不已的动能，性情因此而摇荡，音声随之而激昂，遂谱成一曲曲婉转动人的情词。

词，作为一种歌词，多写"常人之境界"。以尚雅而不远俗、重文辞也谐乐律为本色。词本属歌唱的文辞，在坊肆歌楼、文人雅集间传唱，因此它有着都市俗情的风貌和娱乐的功能，形式内容有普及化的倾向，以明白易懂为原则，重视文辞乐韵的感染力和冲击力，故"入于人者至深，而行于世也尤广"。虽然日后文人化了，一般合乐的歌词，文字可更锻炼，曲式可多变化，但依旧维持与设定层级的听众、读者的互动基础，词普遍所写的是彼此关心的人间题材。

歌唱的临场感存在着参与者即时交流互动的机制，基于倾听的需要，词配合着乐韵，吟唱出一种如当面向人诉说的抒情语调，语意回环递进，如美妙的旋律，于当下淋漓尽致地呈现和演绎。而就在乐曲进行的当下，被强烈感染的氛围中，过去、未来之体验都被纳入，一切如在目前。词的这种共时性的传递方式所形成的抒情诉说的特质，以"现在""当下化"作为词"内在时间结构的表现重点"之特色，一直都保留在文人词的创作中。

词本来就是依循着乐律来创作的，理应有相类似的结构。音乐本身运用节奏、旋律的向前推进的力量，架构组织各种重复、对比的要素，层递发展，表现为一种连续进行、整体一致而又充满动力的形式，在声音高低、长短、强弱的变化中传达出强烈的直观的情绪。将音乐结构形成的曲式，和文辞组合而成的抒情形式相结合，自然融汇成一更动人心弦、更具感染力的文体。

因此，词自有一套有别于诗文的叙写模式。如音乐结构的"运动特征"，它的构篇采用层递开展、逐步衍进的方式，前句与后句相接，韵与韵之间脉络连贯，如是由远而近，由景及情，由外而内，情节转折起落，自然合乎生理及心理的节奏，不做突兀的转折，而叙述中的时空不时交叠着想象中的时空（此处或彼处，过去或未来），产生共鸣，也带出反差，最后所有种种都汇合于当事人心里，激起更深切的感受，完成一段"开始—运动—终止"的过程。词家尤重结句，而词之境界高低，须看收篇，不是没有理由的，因为那是乐章终止处，乃情意结束的地方，要做最好的收尾，余音荡漾，引人遐思。如柳永的"衣带渐宽终不悔，为伊消得人憔悴"，东坡的"但愿人长久，千里共婵娟"，秦观的"两情若是久长时，又岂在朝朝暮暮"，辛弃疾的"蓦然回首，那人却在，灯火阑珊处"，李清照的"知否，知否，应是绿肥红瘦"，都是令人激赏的收篇警句。

作为配合乐曲的词，在口语与书面文辞之间，形成雅俗不一、豪婉相异的格调。大致来说，愈近于口语或散文化的词，语意愈明畅；而以诗笔、赋笔为词，则较清奇密丽，情志深远。一般文人词，多以近体诗的格律形式，配合胡夷里巷传唱的乐曲而填作，极富声情之美。因此，它可以说是一种介乎"诗""乐"之间的文体。词的情韵近"乐"，则容易盘旋在回环往复的节奏中，随之抑扬转折，辞情黏腻，语意缠绵。词的情韵近"诗"，则能于词情外兼诗之意、理、趣，易臻清丽、高远、豪宕的意境。而无论词所使用的语言，是口语、散文、诗歌或赋体，它的体用、体式、体制毕竟与诗、文、赋不同，即使题材内容相近，它所呈现的姿态、话语的模式，就是不一样。词的美感，自有它独特的情韵。

三、宋人多情及词中的跌宕之姿

词人所代表的是一种细腻、敏感的生命形态，追忆往事，流连光景，对于男女相思之情、风物年华之变化，词人多出之以轻灵细致的笔触，写入哀感，赋以真情，最能动人心魂，予人隐约凄迷之感。

欧阳修说："人生自是有情痴，此恨不关风与月。"柳永说："多情自古伤离别。"李清照说："此情无计可消除，才下眉头，却上心头。"这种种情迷痴执，不论男女，古今都一样。词，长于言情，而宋朝是以词为代表文学，那么宋人多情便不言而喻。我们在词的世界里，看到作家歌咏着种种男女之情、夫妻兄弟朋友之爱，及家国之思、故乡之念，并深切感受到人情世界中普遍存在的悲欢离合、盛衰哀乐的情怀。但词作为一种独特的文体，绝少直接言说政治社会事况，多借男女情事、咏物写景、春情秋思、怀古悼往等内容题材，表达时空流转之悲、伤怀念远之感、闲而不适之情、生命无常之慨，而词中更不时可体会作家面对这种种情事的方式与态度，及其形成的生命情调及意境，或抒发其凄婉之情、壮慨之怀、郁勃之气，或陶写遣玩之意、闲雅之趣，或表现为执着的热诚、豪宕的意兴、旷达的怀抱，皆可见作家依违迎拒的创作心态、跌宕起伏的情思。

如何面对人伦世界中的情，始终都是人间难以回避的课题。宋人以优美动人的笔触言愁说恨，着实令人沉醉。东坡说："多情应笑我，早生华发。"多情，难免带来烦恼，但也只有情能让生命展现光彩，不至于枯萎，并能见证生命的意义。词人有所感，能写作，"入乎其内"，表示愿意接受情爱及其所带来的悲喜感受，虽纠结难解，日夜沉吟，深陷其中，也不失为一种认真执着的表现。如能不甘受限，有所担当，意欲反扑哀愁，欲飞还敛之际，时而唤起强烈的生命意志，亦自是一种令人激赏的豪情。另一方面，如不勇敢面对，深刻体悟，如何"出乎其外"，最终能在人情世界中得到安顿，无怨无愧，成就旷达的人生意境？宋人多情，也长于思辨，在词的世界里，他们所抒写的情，所呈现的意境，有多样的姿态，在出入之间，展现出各种跌宕的情思，充满着兴发感动的力量。我们细读两宋名家词，既能感受他们真挚的情，也能从中体会宋文化的特性。

宋代自建立统一政权以来，即处于相当艰难的境地，内部积贫难疗，对外积弱不振，不若汉唐之富强。然而国势贫弱的宋，却是秦汉统一王朝之后，年祚最长的朝代。两宋周边环伺的都非等闲民族，先后是辽、金两大强敌，最后面对的则是横扫欧亚的蒙古。北宋为金所灭，宋室南渡，虽失去半壁江山，但也支撑了颇长的时间。钱穆《国史大纲》说："在蒙古骑兵所向无敌的展扩中，只有宋朝是他们所遇到的中间惟一最强韧的大敌。"可见宋绝非不堪一击的弱国，仍有它顽强的一面。这种民族精神，也反映在宋代整个文化当中。郑骞《词曲的特质》说："宋朝的一切，都足以代表中国文化的阴柔方面，不只词之一端……柔并不一味的软绵绵，而要有一种韧性。"宋词代表中国文化阴柔的一面，但所谓阴柔不是一味的缠绵软弱，而是要有一种坚定的生命力，可称之为"韧性"。词有韧性，才能成为文学之一体。这种韧性，来自认真热诚的生命意态，不屈不挠的精神，抒发为文自有一种格调、一种骨气。词虽写感伤之情，但名家之作普遍都不卑下，反而笔力沉健，抑扬有致，正因有这韧性在，宋词里所表现那种执着的信念——即使岁月多变，人事难料，但此情不渝——正呼应了宋人"知其不可为而为之"的积极入世情怀。如同春天的生命，像野草一般，柔中带刚，总有着无穷的生机。

宋人为词，能发之于深挚的情感、沉着的意态，出之以清俊的笔调、绮丽的词藻，将"美丽与哀愁"融为一体，是抒情文学蕴藉动人的最佳表现。而宋人的阴柔与韧性，形成生命中一种不断拉扯的动力，配合长短参差的句式，起伏变化的语调，使词之为体，辞情顿挫有致，多了一种婉转曲折的韵味——宋词之美，就美在有这跌宕之姿。

四、东坡填词缘起及其创作意识

东坡的写作历程，是先诗而后词。东坡"词心"是在何时开始萌动的呢？从各种内外因素来看，应发端于他对时空流转特别有体会之时。东坡诗中很早便有这种经验，尤以仁宗嘉祐六年（1061 年）签判凤翔所作《辛丑十一月十九日既与子由别于郑州西门之外马上赋诗一篇寄之》一首，最为代表。东坡二十六岁初任官职，首度与弟苏辙（子由）分离。诗中最后六句，最能道出分别时哀伤的心境：

亦知人生要有别，但恐岁月去飘忽。寒灯相对记畴昔，夜
雨何时听萧瑟。君知此意不可忘，慎勿苦爱高官职。

东坡希望能实践儒家用世的理想，也衷心期盼早日退休后
能与子由过着闲居的生活，可是在这过程中却得忍受长期的分
离。东坡在理智上当然知道"人生有别"，从过去的离蜀赴京、
母丧家乡，到现在的与弟分袂，一次一次的经验让他确信，生
离死别，人生难免；而一年又将尽，年华亦渐长，他在情绪上
则更忧虑"岁月飘忽"。因为意识到时间无情的飘逝，更加深
了空间契阔之感。在人生的变动中，东坡自有他坚守的信念：
手足之情与早退之盟是生命的指归与定力，难怪他终生念兹在
兹。如是，东坡在人世间出入进退，形成他情思起伏跌宕的一
生。如何在"人生有别""岁月飘忽"的感伤中，觅得心灵的
依归，在时空变幻里寻得生命的安顿，是东坡一生的课题，此
后他的文学充分反映了这段上下求索的历程。这是东坡生命底
层的忧患意识，源自天生的一份直觉，如夜空之深沉而寂寞，
不易纾解。凭借他天生的才情，后天的努力，自有超旷的体
悟，表现为潇洒朗逸之姿；但有时亦会因失志流转，不免掉入
伤悲的境地，发为低回幽咽之音。可以这么说，东坡同具诗心
与词心，至于为文选体是出之以诗或见之于词，这要看他当时
的生涯历验，时空环境，他的情怀意志是往高处去还是往低处
沉了。

东坡从此时签判凤翔到离京赴杭之前的七八年间，一则忙

于公事，"奋厉有当世志"的用心仍强烈，虽偶有伤感之怀，诗文适足以表达，实无填词的环境与心境；由凤翔还京师，又遭逢妻、父亡故，然后与弟辙护丧归蜀，服丧期间，诗文已减产，更不用说尝试词的创作了。神宗熙宁二年（1069 年），东坡三十四岁，还朝，时王安石参知政事，逐步推行新法。东坡在京两年余，朝廷政局正是风翻浪涌之势，士大夫在进退之间面临抉择。朝中老臣富弼、张方平、范镇、欧阳修先后离去，东坡的好友或补外、或乞归、或被斥退，子由也随张方平到陈州为学官。东坡孤军力抗，一直忍让到熙宁四年（1071 年），不得已，才请求外放。他退离政治的是非圈较晚，与新党人物的冲突也较多，因而内心的挣扎、无奈、失望之感更为深刻。那时在京师的时间里，东坡为着理想，力挽狂澜，全副心力都投注在雄辩滔滔的策论和奏议的写作上，除了若干送别篇章，再无更多诗作，遑论倚声填词。

东坡于熙宁四年七月离京，赴陈州，与弟相聚，留七十余日，九月，子由送东坡至颍州，同谒恩师欧阳修，盘桓二十余天。从政以来，兄弟离别已有三次：昔日郑州西门之别，前者子由外放之别，今日颍水船头之别。东坡与子由兄弟情深，且东坡生性喜聚不喜散，眼见又要分手，此去何时再见？凄然漂泊之感，依依惜别之情，溢于言表。这次分离特别心酸，因为要阔别的不只是亲爱的弟弟，还有过去那份做事的热情和参政的理想。明知时事艰难，力不从心，但也不能不考虑现实，更无法轻易放弃心中的一份信念，如是在"眼看时事力难任，贪恋君恩退未能"的情况下，东坡带着矛盾而又自我压抑的情绪

来到杭州。东坡于熙宁四年十一月到杭任通判，次年七月欧
阳修卒，东坡闻讣，哭于孤山惠勤之室。熙宁七年（1074 年）
四月，王安石罢知江宁府，朝廷政局已是风雨欲来之势。在杭
三年间，送往迎来，行县赈灾，经历许多生离死别、人间愁苦
的事，东坡的感受特别深刻。

　　针对事的本身，或叙或议，东坡可以继续用诗来表达；至
于宦途失志，离别感伤之情，多年以来隐藏于心底的时空流转
的深悲，此时恰好可以借长短句的韵律间接或直接抒发，东坡
因此多了一道纾解郁闷的出口。东坡本身其实并不排斥感官娱
乐以及浅斟低唱的文艺形式。而且，杭州湖山之美、文人雅
聚、歌舞宴乐、酬唱送别的环境，可以说是引发他填词意兴
的重要因素。然而，东坡若无填词的心境，就不会那么容易
由泛泛的应歌写景转为个人真情的自然流露。换句话说，诗
人的锐感，生涯的体验，培植了东坡幽微的情思，词心逐渐
萌芽，而杭州的歌乐环境正好提供了沃土，激发其茁壮成长。
本来是应歌酬唱，但随着乐韵的回旋跌宕，导引出他内在的
悠悠情思，从此愈写愈投入，自然选体创作，但究竟是词缘
情起，或是情因体生，两者似已融合，不易区分，而后自觉
意识渐强，情感抒发的能量变大，化为不同的面貌展现，其
实本源则一。东坡早期词的题材虽有多种，大抵不离"人生
有别""岁月飘忽"的主轴，其间东坡有所陷溺，也能自省，
情理之间转折出许多动人的意韵，成就了早期词的风貌，日
后东坡如何能入其内而出其外，深化情感，提升意境，就看他
真诚面对生命的态度了。

东坡刚踏入词坛之际，柳永的绮艳慢词仍风靡天下，而另一方面士人仍继续填写他们的清雅小词。面对这两个词的世界，在雅郑之间，东坡如何依附士大夫的传统，又怎样回应柳永的挑战？东坡以词抒写情志，不同于一般词人于歌筵舞榭按谱填词的态度与方式。他有意识地拓宽了词的写作范围，词不但用以抒情，还可议论说理，并且融入了诗的技法和意境。时人对东坡"破体"的表现，不能完全接受，如陈师道批评他："以诗为词，如教坊雷大使之舞，虽极天下之工，要非本色。"晁补之说："东坡词，人谓多不谐音律，然居士词横放杰出，自是曲子中缚不住者。"显见大家仍坚守词应合律、词体别具婉约含蓄之特质的基本理念，对东坡振笔为词，写放旷之情，犹不免抱着怀疑的态度。不过，东坡早已了然于胸，他对自己能写出别是一体的词作颇感自豪。《与鲜于子骏》说："近却颇作小词，虽无柳七郎风味，亦自是一家。呵呵！数日前，猎于郊外，所获颇多，作得一阕。令东州壮士抵掌顿足而歌之，吹笛击鼓以为节，颇壮观也。"所谓"柳七郎风味"，是指应歌写情，表现为一种"铺叙委婉""绸缪宛转"而"靡曼近俗"的词风。东坡所作打猎一阕，应是写于密州时期的《江城子·密州出猎》。所谓"亦自是一家"，东坡有心要在当日流行的词风以外开拓新境的口气，不言而喻。《江城子·密州出猎》只是其中一首。如果参看同时前后的词篇，会发现东坡确已找到属于自己的声音，突破了词为艳科的藩篱，并创造出个人的风格与品味来。东坡由尝试作词到有自成一家的信心，后来又在境界上有进一步的提升与拓展，这是一段随着生涯演进的创作历程，而东坡词中诗化的程度当然亦受创作环境及心境变化的影响而有所不同。像《永遇乐·彭城夜宿燕子楼》之清丽舒徐、《念奴娇·赤壁怀古》之豪宕悲慨、《定风波·三月三日沙湖道中遇雨》所表露的坦荡之怀、《八声甘州·寄参寥子》所臻至的超旷之境，都是密州后词境更开拓的表现。

　　曾慥《高斋诗话》有一则记录东坡批评秦观的话，说："'销魂当此际'，非柳七语乎？"这段话很难证实其真伪，不过，照理东坡应不会欣赏这类软媚之作。"销魂"一句，乃出自秦观的名篇《满庭芳》（山抹微云）。周济《宋四家词选》评此词曰："将身世之感，打并入艳情。"这种写作手法，与柳永之写羁旅行役，由萧瑟之秋景写到儿女相思怨别之情，颇有异曲同工之妙。少游善写男女之情，闲雅有情思，凄婉而动人，最能表现词婉约幽微之韵致。不过，少游词造语虽工，但抒写儿女柔情，与东坡不同调，致遭"规讽"，是可以理解的。与东坡相较，少游词多被评为气格不高。《王直方诗话》云："东坡尝以所作小词示无咎、文潜，曰：'何如少游？'二人皆对云：'少游诗似小词，先生小词似诗。'"少游的诗敲点匀净，常常落于纤巧，故后人批评他的诗是"妇人语""女郎诗"；少游的诗既婀娜似女性，而其小词如诗一般，则其风格自不出清丽和婉。秦词专主情致，虽亦能借艳体抒发一己之怀，还可目之为"诗化"的表现，但就其伤春怨别之情和婉约幽微之致而言，秦词仍保留了词之作为艳歌的一种富于女性阴柔之美的特质，未能追随东坡所开拓之意境迈进，反而牵于俗尚，重回《花间》《尊前》的传统。东坡与少游，一刚一柔，一创一因，他们的气格自是不同。东坡以"以诗为词"的创作态度"化俗为雅",他不独借此在柳永、秦观词之外别开疆域,同时也冲出了唐宋以来雅词的藩篱,别创一种高远清雅之境。

五、东坡"以诗为词"的意义

词至东坡,在本质上产生了一大变化。东坡之所以能移风易俗,变"谑浪游戏"之体,为抒情言志的长短句,"指出向上一路","使人登高望远",这与他的出身、才学及创作心态有莫大的关系。在中国文学批评传统里,人格与文格往往被认为是互有关联的。人格决定词格之高下,而词格的高低,则影响词体的尊卑。郑骞先生说:

> 柳词的风格,正是他个人性情生活的反映。他的性情不一定是轻佻儇薄,他的生活则完全是放浪颓靡。抱着流落不偶的沉哀,整年的看舞听歌,浅斟低唱,即便有些逸怀浩气也消磨净尽了。苏则无论江湖廊庙,到处受人尊敬,无形中养成卓荦不群的自尊心,与高雅的品格风度,再加上天资学问,当然与柳不能同日而语。这种差别,表现到他们的作品上就形成了苏词柳词的异点;而后人给予柳词的评价也就低于苏词。(《柳永苏轼与词的发展》)

东坡从未以词人自居,他始终保持大学士、大诗人的高雅品位,不故意避俗,但也能游行自在,而不凝滞于此。东坡用真情与至诚的态度写作词篇，他对词体的看法自然不同于流俗。所谓"出新意于法度之中，寄妙理于豪放之外"，东坡这种不主故常，于法外求变的创新精神，当然也贯彻于词的写作中。正因为他这种"吾道一以贯之"的精神，遂能将词提升至诗一般的境界，写入了一己的高尚情操与真实情感，词体便能因人而贵，得以晋身诗歌之林。

东坡以诗为词，不可讳言，刚开始时受到本色派的质疑，曾引起一番讨论，但南渡以后的词坛，受到时世的影响，大家对东坡词便有了不一样的认识及评价。当时，以诗的观点作词论词已是普遍的现象。东坡作为一般士子景仰的人物，他的词作别具指标性的作用。以诗入词，或以诗之余力为词，这些说法后来演变成"诗余"的概念，一时大为流行。称词为诗余，在南宋是有其积极意义的，因为将词与诗拉上关系，无疑也提高了词的地位，使它不再局限于歌儿舞女的艺坛，更纳入了文人的创作范围，而更重要的一点是这种说法宽解了文人原先视词为小道的心理，正式承认了此体的价值，从此词的发展便更为蓬勃，于是乃有辛弃疾、吴文英等致力追求新意境的专业词人出现。所谓"指出向上一路，新天下耳目，弄笔者始知自振"（王灼《碧鸡漫志》），这几句话最能揭露东坡词的意义。

东坡"以诗为词"真正的意义，不仅仅是"寓以诗人句法"，使词"精壮顿挫"而已，更重要的是内容题材的扩大、精神意境的提升。用诗的句法、句式入词，或以脱胎换骨的手法融化前人诗句，或如诗一般地使事用典，都能增加词的艺术效果，使词质更为凝练、词句更加妍美、词意更形丰富。这些技巧，皆为东坡词所活用。不过，由于他追慕的主要是一种高雅清远的意境，因此比较倾向于宋诗妙远的手法，比婉约典雅派词家有较灵活生动的句法、自然圆融的构篇。其中，口语化、散文化句子的灵活使用，泯除了平仄押韵的规律痕迹，使文气自然流畅，词情易于抒发，名篇如《定风波》（莫听穿林打叶声）、《洞仙歌》（冰肌玉骨）、《满庭芳》（归去来兮），皆能于既定的格律中，营造出东坡文学一贯的如行云流水般的特质。这可不是一般文人所能达到的境地。严格来说，这些文辞技巧若抽离它的内容意境谈论，总有所不足，而且意义也不大。我们谈论东坡"以诗为词"的实质意义，其实包括了合不合律、有无词情以及词人如何创造高远意境等问题。

李清照《词论》批评东坡词是："句读不葺之诗尔，又往往不谐音律。"前人对东坡词之不谐音律颇有微词，然而东坡词却非完全不能付诸歌喉，在他的书信词序中曾多次提及他填词以就音律付歌者传唱之事实。陆游为东坡辩解说："公非不能歌，但豪放不喜裁剪以就声律耳。"这与之前晁补之说东坡词"横放杰出，自是曲子中缚不住者"可互相呼应。二者虽有褒赏之意，但从其语气中可发现他们的心里似乎仍横梗着一些传统的观念。无可讳言，东坡填词时有不甚谐协乐律之处，这与周邦彦、姜夔等典雅统派词确实不能相比。东坡词毕竟是"变调"。假如我们抛开本色论的立场，试从东坡本人的创作观点出发，自然会了解：东坡以诗为词，打

通词体的人为规范，一以情性为本，以臻高雅之境，则必然
会导致远离词的乐音世界。词作为一种音乐文学，它的乐律
属性自有其适合表达之情怀。词体普遍采用近体诗的格律形
式，律诗的"律"本有美学上的要求，使诗歌的音声达到一
种平衡对称之美，即透过平仄声调的交错对应，形成一种紧
密的组织，有着明显的相反相成的特性。而音乐亦强调重
叠、反复，形成回环往复的节奏。词，这一新兴文体，乃结
合了近体诗和当时流行音乐的形式，因此语意词情对比的感
觉特别强烈。在体制上，平仄对称、对句运用、上下片构
篇，形成了词体独特的对比结构；而相应于这种形式，词多
以时空与人事对照为主轴，回荡在情景相生、抚今追昔、叹
往伤逝的情调中。王灼《碧鸡漫志》形容当时流行的俗乐为
"繁声淫奏"，且比较古今歌唱情形说："古人善歌得名，不择
男女……今人独重女音，不复问能否。而士大夫所作歌词，
亦尚婉媚，古意尽矣。"词本管弦冶荡之音，容易牵引情绪，
使人陷溺于旖旎、幽怨、伤感的情怀里，而词既与乐合，则
可近雅却又不能远俗，人在如此氛围中，日久浸淫，自叹自
怜，恐怕也会消磨了壮怀逸志。东坡"自是一家"的醒觉，
就是要从这一阴柔细致的世界中走出，不耽于音声，不陷入
悲情，这是"以诗为词"值得注意的一个层面。

　　词的正体，婉转合乐、旖旎近情，而以诗、雅为尚的东坡
又如何处理情感的问题呢？这是词学中又一个常被讨论的题
目。东坡摆脱浮艳，自创新天地，仿佛不及柔情。然而，所谓
不为情所役，是指不耽溺于儿女私情，绝非无情。东坡词确是

他的情性的表现，有兄弟之爱、夫妻之情、朋友之谊、家乡之思、生涯之叹，写来真挚、深刻而动人。这并不是说东坡完全不作媚词，词中绝无绮艳之语。东坡有少部分的作品，也写出了儿女情态，但皆不涉闺帏淫亵之事，也无浅陋鄙俗之语，比起柳永艳词，格调自是不同。

抒写儿女柔情，确非东坡所长。然而，人世间其他哀乐情事，东坡又如何面对、怎样表达？我们读东坡词会发现他很少有过度伤悲之作，"情中有思"是其主调。亦即，东坡词绝少陷溺于情绪的愁苦郁结之中，他能正视人间的悲喜情怀，入而能出，表达为一种旷达的胸襟。诚如郑骞先生解释王国维《人间词话》之"东坡之词旷"一语说："旷者，能摆脱之谓……能摆脱故能潇洒……胸襟旷达的人，遇事总是从窄往宽里想，写起文学作品来也是如此。"东坡词不黏滞于物情，每遇着伤感之事，多能提笔振起，以景代情，化愁怀于清远的意境中。东坡词如清风明月，给人清泠、辽阔、沉静之感。东坡特别爱写月夜之景，如对月怀弟子由，东坡写道："但愿人长久，千里共婵娟。"（《水调歌头》）别宴归来，东坡依依之情，却写在"夜阑风静欲归时，惟有一江明月碧琉璃"（《虞美人·有美堂赠述古》）的景语中；赤壁怀古，东坡多情地缅怀历史陈迹，顿生"人生如梦"之叹，最后以"一尊还酹江月"（《念奴娇》），将悲慨之情融入清阔自然的景色里；春夜漫游，醉眠芳草，田野的景象是"照野弥弥浅浪，横空隐隐层霄"（《西江月》），这是东坡于解脱后的一份逍遥自得之情的表现。词境即心境，东坡词里的明月清风，正是他灵明超旷之心境的投影。东坡说："一点浩然气，千里快哉风。"(《水调歌头·黄州快哉亭赠张偓佺》)坦荡无碍的心怀，发而为词，自然予人畅快淋漓之感。这些都是雅词，也都是一片清境。

宋词以清为美。南唐宋初以来，文人以"乐府新词"，"娱宾遣兴"，这种风气，看似与《花间》无异，但他们所"遣"之"兴"，却多了一种帝室高官的晏安生活陶冶出来的闲情雅致。以词"吟咏情性"，自然是一种抒情诗的表现方式：所谓"思深辞丽"，不只有婉丽的文辞，更有深远的思致，已显现出雅的精神、清逸的才思来。清，不黏滞于物，无鄙俗之气，它以雅为基础，比雅又多了一种高远的神态，乃属诗的意境。"清"与"雅"，乃宋文化特有的美学特质，在诗词，在书画，甚至士大夫的日常生活中都充满着这种清远高雅的趣味。而将"清"境注入词篇，是东坡"以诗为词"的表现后明确奠立的美感取向。东坡将词体由坊间俗乐的属性带到文人雅致的层次，乃属词体本质性的衍变，自然形成，其势实难违逆。在文人主导的词学环境里，词的雅化、诗化已然渗入词篇，结为一体，成为创作的精神指标，价值衡量的标杆了。因此，可以说东坡"以诗为词"的概念不只推动了豪放词的发展，事实上更深远地影响了婉约、典雅词派的理念。当中，词之经由诗化、雅化而形成的"清"之为美的概念，是一重要的环节。宋末张炎撰《词源》，倡"清空"之说，特别以姜夔白石词为典范，而白石亦是宋诗名家，他的词也如东坡一样融入了诗的特质，变东坡之清旷而呈清空之境。

六、东坡词的启发

　　叶嘉莹在《说杜甫赠李白诗一首》一文中较论东坡与李白，区分了"人而仙"和"仙而人"之差异，颇能道出东坡生命意境的特色。东坡虽然亦有坡仙之称，但如果与有谪仙之称的太白相比，则东坡之称仙乃是人而仙者，所以他的"人"的烦恼，反而正可凭借几分"仙"气得到解脱。而李白却是仙而人者，以太白天才之恣纵不羁，原非此庸懦鄙俗之人世所可容有。贺知章把他比作谪仙，也许原意只是就其飞扬飘逸的一面加以赞美，却于无意中正好说中了这一绝世天才的沉哀。李白说："俱怀逸兴壮思飞，欲上青天揽明月。"无视客观条件的限制，如此毫无保留，狂放恣肆的表现，换来的却是"抽刀断水水更流，举杯消愁愁更愁"的悲痛。相对于此，东坡在《水调歌头》写中秋夜怀想弟弟的词里，由明月触发的离恨转化为超旷的精神，却可看到他以理导情的努力。"我欲乘风归去，又恐琼楼玉宇，高处不胜寒。起舞弄清影，何似在人间。"人间纵有许多苦恼，人却无法离世逃避。如能由衷地接受现实，在限制中真切领会自由的真谛，便可乐在其中，化人间为天堂。面对人间离别，东坡意会到与其陷溺其中，不如正面积极地借情纾解："但愿人长久，千里共婵娟。"今夜人虽千里，只要彼此无恙，抬头共看明月，那美丽的月光就是人间情谊的见证。转念一想，把一己的离恨化作彼此之关切，这份温厚的体贴之情便能让我们跨越时空，相互都得到慰藉。东坡就此带领读者走出了词的闺帏世界，突破自伤自怜的格局，迎向更宽阔的情感天地。

东坡善于体情，故能填词，这是不争的事实。东坡填词乃源自"人生有别，岁月飘忽"之感，强烈的时空意识是东坡词的主要特色，但真正的关键是东坡"多情"。词的抒情特质，主要就是以时空人事对照为主轴，在今昔对比的情境下，缘于人间情爱的执着和对时光流逝的感叹，羁旅之感、忧生之叹、失志流转之悲等种种情思遂变成文人词的重要主题。东坡词在这些方面有很深刻的体验。东坡《念奴娇》说："多情应笑我，早生华发。"这"多情"应是他反省过去半辈子如此焦虑不安、那么困顿潦倒的重要原因。因为多情，便生许多眷恋与执着，带给身心无尽的创伤。但若然无情，东坡就不能成就更完整的人生、更成熟圆融的生命意境。情，有其令人陷溺的一面，但它也是救赎的力量；人生不至于冷漠、荒凉，要靠人情的滋润。东坡所有的词篇，见证了他出入于情的真切体验。东坡学问，多切人事，而其词因事缘情，即景述怀，既属个人真情至性之表现，也有普遍的人间意义。所谓"也无风雨也无晴""人间有味是清欢""此心安处是吾乡"，这些都不是抽象的概念，也非哲理思辨所得的意境，而是东坡从实际生活中体证的心得。

东坡于词能"入乎其内，出乎其外"，故感慨深、眼界大、意境高。东坡重情，能真诚地面对一己的情伤，勇于担负人情的责任，故能入其内；而凭借他的性情、学问、襟抱，达观的态度，自有超旷的体悟，故能出其外。东坡"以诗为词""以理导情"，就是能由"词—情"的体性走向"诗—理"的意境发展，"指出向上一路"，充分展现了"旷"的精神。由"今昔对照下的感悟"到"由窄往宽处看人生"，东坡既拓宽了词情，同时也解放了文体，这样的面对生命的态度，这样的勇于创作的精神，带给我们许多启发。

东坡变前人的因歌填词，为自我抒情的方式，自然脱俗，创新意境，这与他的人品之高、用情之真、为文态度之诚有莫大的关系。东坡词清朗俊逸，高出人表，当然是他人格的整体表现。不过，仍须注意的是，东坡词于雅俗之间，所以能别立清丽之境，这关系到一种创作心态的问题。词之出身卑微，词人面对此体时多有欲拒还迎的复杂情绪，而各种理论的提出，亦多为词家自我找寻慰藉的一种方式，所谓尊体，也往往是托辞，借以抚平心理的不安而已。东坡从不忌讳填词，也不刻意为之，兴到笔来，随缘写作，不受局限，遂能出入于文情世界，写作出不一样的内容，体悟出不一样的意境。东坡带给我们一个清新的启示：文体没有界限，人心无限宽广。

据宋代彭乘《墨客挥犀》载："子瞻尝自言平生有三不如人，谓着棋、吃酒、唱曲也。"东坡是否说过这样的话，无从考证。不过，从现有资料来看，东坡确实非"妙解音律"如周邦彦、柳永之流。因此，对东坡来说，要协律填词，应非易事。后人多欣赏他不主故常的豪情和勇于探索的精神，但往往忽略了他破体为文的真正意义。东坡"以诗为词""不谐音律""不及情"，难道不能反过来让我们更清楚地体认词之为体的真正特质？东坡以词所抒之情，毕竟与以诗所表达的不同。词所抒之情，如只是一般的伤时感逝、相思怨别，题材亦未免过于浅狭。东坡以词抒写各种情思，虽未必能完全协律，却也不是随意铺述，他也是切合乐韵传情的模式叙写的。因此，他的词比他的诗更动人，更富感染的效果。换言之，东坡突破词体在形式内容上的限制，不是正可刺激大家思考词作为一种独特的抒情文体，除了外在因素之外，内里应具备怎样的基本特质吗？东坡一向喜欢挑战固有的规范。他在诗、赋方面，推陈出新，勇于探索文体界域的底线而不逾矩，早已见证了他充分掌握文学通变的妙理，自由创作的精神。在词之写作上亦复如是，东坡《书吴道子画后》说："出新意于法度之中，寄妙理于豪放之外。"任何一种体制，不至于僵化，就必须在破立之间、依违之际翻转出活力，才能显现意义。我们更须体认，只有孰悉既有的体制，才能别出心裁，赋予新意；所谓勇于突破，不主故常，并非一空依傍，任意妄为，而是将有形之"法度"化作无形之"妙理"——在神不在貌，创新的精义在此。东坡以此精神入词，一方面仍能保持词体的基本特性，一方面又能使其臻于高远的意境；他没有完全破体，反而为词带来活络的生机。于此，东坡带给了词坛一个启示：知道文体限制之所在，才能开发自由创作的空间。所谓自由，唯有在限制中体验，才有真实的意义。

词的世界，本是局促幽闭的，其所呈现的时空相对狭小而短促——"写景不出庭台楼阁，言情不外伤春怨别"。在近乎静止的世界中，人被动地接受命运，更感时间推移的压力。词所表现的美是一种阴柔的美，阴柔中也有着韧性，但毕竟过于收敛含蓄，气象难免局促。东坡如何由《沁园春》"世路无穷，劳生有限，似此区区长鲜欢"的人生局限，走向《定风波》"归去，也无风雨也无晴"的忧乐两忘，最后寻得"此心安处"的生命归宿？东坡词突破藩篱，走向辽阔的天地，领受更复杂的人生际遇，无疑加深了生命的体验，并为其赋予更丰富的内涵。从词的闺帏世界中走出，便意味着改变了幽闭的时空感，纵身于一开放、未知的世界，而在这崭新的世界能勇敢迈进的人，眼界始大，感慨遂深；如认真面对、勇于反省者，则更能洞察生命底蕴，激发智慧火光，在茫然的生涯中寻得定力与方向。换言之，词普遍耽溺于哀伤情调，东坡却能超越相对的悲喜情怀，开拓更高远的人生意境，关键在于东坡是在行动中体察生命意义、发现真理。在人生的旅途中，行行重行行，每踏出一步，便拓宽了一点空间，增强了时间的体验，而在更深广的时空中，思想便有更大的伸展领域。尼采说："只有行走得来的思想才有价值。"东坡词情之深且旷，是他认真面对生命，踏实地行走于情感天地中所体证、领悟出来的。

▦悦读东坡词

　　欣赏东坡词，采用分期阅读的方式，最能知道他写作的缘由，从而知悉东坡作为词人，如何出入情理之间、诗乐之际，为自己谱写一曲一曲的长歌短调，高低起伏的旋律，是在怎样的时世与心境下、人情你我交感互应中，唱吟的生命乐章。东坡词的风格，随年龄而有变化，大抵以通判杭州为第一期，任密、徐、湖三州太守时为第二期，贬谪黄州为第三期，去黄以后为第四期。东坡词风由生疏到逐渐成形，由应歌赠别到自我抒怀，由依附词调到表现诗情，文体由窄往宽处写，意境由豪婉到清旷，确是一段伴随着生涯而衍变的过程，历历可见。我们跟着东坡走这段词情之旅，随缘悲喜，自可感受到一个伟大心灵的跃动，而在其文辞多变、情意跌宕间，更可体会他不变的信念——以情作依归，并不断尝试于时空流变中觅得心灵的安顿。这心迹在其他未编年的词作中，其实，亦约略可寻。

一、此生飘荡何时歇——杭州时期

宋神宗熙宁四年（1071年），三十六岁的东坡在朝廷因与王安石不合，请求外放，六月通判杭州。当时，杭州是上州，地位重要，最高长官为知州，另设通判一职以为副贰，协助推动政务，亦负监督之责。三年的杭州生活，让东坡能在山水秀丽的繁华都市中，远离纷乱的政治干扰，心情稍稍获得平静，并能踏实地从事地方工作，不时往返常、润一带，为解民困而奔波，公务余暇则于山水间寻幽探胜，参加各种文娱聚会，抒发遣玩之心情。但游赏之余，随着岁月迁移，生涯流转之感顿生，而在欢宴离席、频繁往返中，欣慨交心的情绪不自觉地随着婉转回荡的乐音流泻而出。杭州本是歌舞繁华之地，酒筵雅集间自然少不了倚声填词，东坡身旁的长官朋友亦多好此道，他也常被邀请酬唱。东坡就在这样的环境、这样的心境中，正式开始作词。

杭州的风光与杭州的人情，和东坡词情的兴发有相当密切的关系。"湖山信是东南美"，杭州山水之美，让东坡不时想起故乡："已泛平湖思濯锦，更见横翠忆峨嵋。"在《法惠寺横翠阁》诗中写道，他泛舟西湖便想到家乡的濯锦江，看见吴山的横翠阁更忆起四川的峨眉山。而且东坡认为，如果前世不曾来此地，怎会有久别重逢之感？"前生我已到杭州，到处长如到旧游。"多年在外，此时的东坡，真有栖居在这美丽山水中的心愿："我本无家更安住，故乡无此好湖山。"然而杭州虽美，却非家乡，有时触景伤情，更生欲归无期的感慨。东坡思

乡之情，于词中亦多有抒发。除了拟把杭州作眉州外，东坡更
喜欢此地人情。一般士子仰慕东坡大名，时相过从，方外之士
折服东坡才思，亦多交接，此外，东坡更在乎志同道合之相
契。杭州的政治氛围与汴京不同，此地仿如反对派的大本营，
前后任太守陈襄、杨绘是因批评新法而被迫离开朝廷辗转来到
杭州的，而邻近州县亦多同道中人；杭州等地都是他们暂时栖
身之所，彼此相濡以沫。平时同游唱和，互相慰勉，可见情
谊；一旦离别，前路茫茫，则倍觉哀伤。东坡重情，这个时期
作了很多送别词，都充满特别深刻的伤离意绪。

　　东坡杭州词的主要题材有四项：写景、酬赠、送别、思
乡。整体来看，由泛泛的应景酬唱发展到真挚的遣情入词，
技巧虽未臻成熟，但已见东坡诗化词风之雏形。在杭三年的
填词经历，以熙宁七年（1074 年）最为关键。前此所写纪游
写景的少数作品中，虽可看出东坡驾驭歌词的能力，构篇颇
自然，语调亦谐畅，意境也清新，但个人情意之表达却不够
深刻，少了些动人的韵致。熙宁七年，作品激增，而且多属
送别主题，包括送人远行和自别朋侪。送行留别不同于一般
的题赠酬唱，因为聚散离合的情形不同，何况相别的是亦师
亦友的陈襄、杨绘，还有三年来朝夕与共的杭州山水。别情
尚不止此也，东坡于是年行县途中，无端引起家乡之思，而
在人生无着的感叹中，更增对杭州之忆想，这种矛盾无奈的
心情都见之于词。

　　东坡杭州词中的思乡愁绪与忆杭情结，充满着天涯漂
泊、失志流转的哀感："一纸乡书来万里。问我何年，真个成

归计。"(《蝶恋花·京口得乡书》)"此生飘荡何时歇。家在西南，常作东南别。"(《醉落魄·离京口作》)东坡移情于杭，说："蜀客到江南，长忆吴山好。吴蜀风流自古同，归去应须早。还与去年人，共藉西湖草。莫惜尊前仔细看，应是容颜老。"(《卜算子·自京口还钱塘道中寄述古太守》)此地与家乡好像没有不同，勉强让自己可以找到慰藉，但他也深知终究也得离去，而且时间不断推移，心里更感不安。此词在东坡词中不算是上乘之作，但它触及故乡之思、羁旅之情、朋友之谊、年华流逝之叹，正是东坡早期词的重要内容。

　　阅读东坡早期作品，可以明显看见他由以词协乐到以诗为词、写景酬唱到遣情抒怀的历程。换言之，词的抒情面貌，在东坡手中已明确地从"为他"之作改变为"写我"之篇，赋予了词更个性化的风格特质，这在词史上是十分重要的事。可以这样说，柳永创作长调在形式体制上推动了词的发展，东坡直抒胸臆则在内容意境上促进了词的衍变。除了题材内容的开拓，东坡词在个人情意的表达上做了多样的尝试，展现出多种面貌，丰富了词的抒情效能。东坡"泪"是一个值得注意的题目。面对生离死别和思乡情怀，东坡在这几年间充分借词显露出他真切的情绪，由拟人之泪，写到一己的泪。譬如送别故人，东坡先是间接陈述："翠娥羞黛怯人看。掩霜纨，泪偷弹。"(《江城子·孤山竹阁送述古》)"佳人千点泪，洒向长河水。不用敛双娥，路人啼更多。"(《菩萨蛮·西湖送述古》)等到友人真的离去了，却又压抑不住情绪，泪水不禁决堤："今夜残灯斜照处，荧荧。秋雨晴时泪不

晴。"（《南乡子·送述古》）而在途中收到乡书，无法作个归
计的当下，东坡情到激越处，直抒道："回首送春拼一醉，东
风吹破千行泪。"泪在字句间自然流泻，可以看到东坡词中
的真诚态度。

词体发展至此又岂是娱宾遣兴的小道末技？它已有如诗
一般的抒情功能。东坡填词较慢起步，他一开始即能掌握要
领。如同平常写作诗文，东坡亦充分意识到他填词的目的，是
为他人写作抑或抒自我之情；抒写方式，是自言自语、向人倾
诉或是模拟他人口吻。因预设对象不同，东坡采用相应的写作
方式，便有不同的声情语调、不一样的风格体貌。这时期尤以
酬赠前后任长官陈襄和杨绘的词，所导引的清丽词风及豪宕气
格，最值得注意。

杭州词代表作：

一、写景：《行香子·过七里濑》，《江城子·湖上与张先
同赋》，《浪淘沙·探春》，《南歌子·观潮》。

二、酬赠：《行香子·丹阳寄述古》，《卜算子·自京口还
钱塘道中寄述古太守》，《虞美人·有美堂赠述古》。

三、送别：《昭君怨·金山送柳子玉》，《诉衷情·送述古
迓元素》，《江城子·孤山竹阁送述古》，《菩萨蛮·西湖送述
古》，《南乡子·送述古》，《定风波·送杨元素》，《浣溪沙·自
杭移密守，席上别元素，时重阳前一日》，《南乡子·和杨元
素时移守密州》。附：《少年游·润州作代人寄远》。

四、思乡：《醉落魄·离京口作》，《蝶恋花·京口得乡
书》。

选读作品

江城子

湖上与张先同赋，时闻弹筝。

凤凰山下雨初晴。水风清，晚霞明。一朵芙蕖，开过尚盈盈。何处飞来双白鹭，如有意，慕娉婷。

忽闻江上弄哀筝。苦含情，遣谁听。烟敛云收，依约是湘灵。欲待曲终寻问取，人不见，数峰青。

东坡开始填词，即如作诗一般，命题写作，不只是协乐而已。之前的词通常只有词牌（词调），很少像东坡加上"词题"或"词序"的。"湖上与张先同赋，时闻弹筝"一题，清楚交代了写作的情况。张先，字子野，乌程（浙江吴兴）人，诗格清丽，尤长于歌词，与柳永齐名。晚年以都官郎中致仕，优游于杭州、湖州之间，啸歌自得，至老不衰，年八十余，视听犹精健。此词作于宋神宗熙宁六年（1073年）六七月间，东坡杭州通判任上。东坡在杭州初试词笔，时与张先唱酬。这首《江城子》是与张先同游西湖时所作，可惜张先所赋词篇没有流传下来。东坡本人很喜欢这个词调，以后不少名篇如悼念亡妻之"十年生死两茫茫"、写密州打猎之"老夫聊发少年狂"、效法陶渊明斜川诗意之"梦中了了醉中醒"等，都用《江城子》一调来填写。

这首词相传有个故事。张邦基《墨庄漫录》记载："东坡

在杭州，一日游西湖，坐孤山竹阁前临湖亭上。时二客皆有
服，预焉。久之，湖心有一彩舟渐止亭前。靓妆数人，中有一
人尤丽，方鼓筝，年且三十余，风韵娴雅，绰有态度。二客竞
目送之。曲未终，翩然而逝。公戏作长短句。"有人以为此词
用"双白鹭"比作戴孝的两位客人，以"开过尚盈盈"之荷花
指年过三十犹有风姿之丽人，幽默有趣。可是，这样的解说牵
强附会，殊不足取。说当时戴孝之人参与宴游，且有目送佳人
之举，也颇不合常理。东坡虽爱开玩笑，但不至于用开过的荷
花情状形容风韵犹存之妇人，如果是这样则未免太轻薄了。东
坡此词的设喻，应是化用杜牧《晚晴赋》之意："复引舟于深
湾，忽八九之红蕖。姹然如妇，敛然如女；堕蕊翲颜，似见放
弃。白鹭潜来兮，邀风标之公子。窥此美人兮，如慕悦其容
媚。"白鹭之飞近红蕖，如公子之钦慕美人，这情节与东坡此
词所描述的几乎是一样的。

东坡刚开始填词，往往运用上下片分写不同情景的模式。
此词的题目似已预告词文的前后内容：上片写湖上之景，下
片写听闻弹筝之事；一视觉，一听觉，两片分别处理。后来
在密州作《水调歌头》也用类似的方式，上片写"中秋欢饮
达旦"的情事，下片叙"兼怀子由"的心境。

东坡爱写雨后与月夜之景，此词上片即写西湖雨后放晴
的景色。词的开头，先铺垫江面清风、天边晚霞的背景，然
后以一朵荷花突出画面，再以一双白鹭鸶衬托荷花开过后
犹有动人姿态之余韵，写来甚有情味。词之写作往往就是
采取这种由远而近、由外而内的渲染手法，句与句之间有

着绵密的关系，彼此呼应。结拍，"慕娉婷"一语，既将荷花拟作美人，更引出下文弹筝之女子，由虚笔到实写，衔接相当自然。

下片写筝曲之动听，有令人恍若置身仙境之感。当词中人凝神于一朵花之时，忽听得湖上传来乐声，而这乐声正是弹奏者的心曲，婉转悠扬，蕴含深挚的情意，不知是为谁而弹奏呢？弹筝人应有倾诉的对象。没想到，接下去不说人，而是扩大渲染，说自然景物也大为感动：烟霭为之敛容，云彩为之收色。此曲动人之效果可以想见。然则，这若非湘水女神之乐韵，又会是谁？想等到乐曲结束后再去探问——"欲待曲终寻问取"，究竟是人是仙？结笔却道不见其人，但见数峰青青，一切似又复归于平静。在如微波般起伏变化的情节中，化实为虚，似有还无，写来幽邈迷离，空灵脱俗。

综览全篇，由山景起，再以山景结，描述雨过山青间之荷色与筝声，前后呼应，情深意远，别具诗之韵致。东坡早期词，即可看出他以诗入词的特色，手法已相当自然。其后姜夔（白石）的写景词，清虚妙远，亦多用此法。

【注解】

凤凰山：在杭县城南。《方舆纪要》："山岩耸透迤，左瞰大江，如凤凰欲飞，故名。"

芙蕖：即荷花。

盈盈：仪态美好貌。

娉婷：形容女子姿态轻巧美好，亦指美女，此乃将荷花拟作美人。

苦含情：言其深含情意。苦，极甚之辞。

遣谁听：谓此乐曲不知弹奏给谁来聆赏呢。遣，即今语"叫""让""给"也。

依约：隐约，仿佛之意。

湘灵：《水经·湘水注》："帝舜二妃，娥皇、女英，帝尧之二女也。从舜南征三苗不返，道死沅湘之间，后世谓之湘灵。"《楚辞·远游》："使湘灵鼓瑟兮，令海若舞冯夷。"

"欲待"三句：化用唐代钱起《湘灵鼓瑟》诗事，以状当时情景。《唐诗纪事》卷三十"钱起"条记载：天宝十年（751 年），钱起宿于江畔旅舍，夜里闻庭中有人吟诗曰："曲终人不见，江上数峰青。"起来查看，却不见人影。第二年，赴长安应试，有一道诗题是"湘灵鼓瑟"，钱起即据前所闻用为末二句；诗云："善鼓琴和瑟，常闻帝子灵。冯夷空自舞，楚客不堪听。苦调凄金石，清音入杳冥。苍梧来怨慕，白芷动芳馨。流水传湘浦，悲风过洞庭。曲终人不见，江上数峰青。"

虞美人

有美堂赠述古

湖山信是东南美，一望弥千里。使君能得几回来，便使尊前醉倒更徘徊。

沙河塘里灯初上，水调谁家唱。夜阑风静欲归时，惟有一江明月碧琉璃。

宋神宗熙宁七年七月，杭州知州陈襄将离任，移守南都（今河南商丘）。临行前，在有美堂宴请僚属，东坡也在座。

据《本事集》所载，夜深时，月光如练，陈襄前后顾望，沙河塘正在有美堂下，慨然有感，遂请东坡为之赋词，东坡即席而就，写下了这首《虞美人》。

离别总令人感伤，何况东坡是多情的人，面对亦师亦友的长官陈襄即将离去，他惜别的情怀自然流泻在一字一句之中。不过，东坡一向很少直接言情，往往采用的是"借景寓情""对面写情""拟人述情"等委婉含蓄的手法。这首词虽是即席赋写，却非一般应酬之作，因为东坡与陈襄同是反对王安石变法而来到杭州的，两年多的共事，培养出更深厚的情谊，陈襄在离筵上"慨然有感"，而东坡的心情也岂能平静？东坡将这份深挚的情意，用清雅的笔调，写入自然悠远的景致中。因此，我们读东坡这首词，看到外在景物的描绘，其实都是作者内在心情的投影。王国维《人间词话》说："一切景语皆情语。"词，很少纯粹写景，它所处理的往往是世间人情。作者以情为文，不做直接的铺陈，而用借景言情的手法，无非是以相关的景物烘托、渲染某种氛围和感觉，使词中的情意与之交融凝聚，形成一种特殊的、含蓄的美感。

词的上片就有美堂的名称发端，谓东南的湖山确实是最美的，放眼望去，绵延千里。先点出宴会之所在，然后就景而述惜别之情。如此秀丽的景色，有着我们共同的记忆，而在这即将离别之际，更让人怀想不已。东坡说：使君此去，不知何时能再回来？既然重聚难期，那么此刻就更应珍惜，即使醉倒筵席上，也要流连不返。

一般来说，词上下片的设计，多采取由景及情的方式，就是说慢慢酝酿气氛，逐渐推进，由远而近，由外而内，最后才说出心里的情意。然而，东坡此词于上片似已完成此步骤。他没有明白说尽，仅仅借饮酒和徘徊的意态表达了恋恋不舍的心情。至下片，东坡似有意收敛起那激切的情绪，着意放笔书写外在的景物，但在静默的体察中却也深化了那离愁的况味。

过片承上流连之意而来，由华灯初上，写到夜阑宴罢。从有美堂远看山下的沙河塘，灯火黄昏之际，颇觉凄清，而此时又不知何处传来《水调》的哀歌，则更添愁怨。《水调歌头》，相传是隋炀帝开汴河时令人编制的歌曲，编者取材于河工的劳歌，因此它的声韵相当悲切。传至唐代，玄宗听后，伤时悼往，亦凄然落泪。这两句以灯火歌声点染，烘托了惜别的氛围。末句以夜阑风静，人将归去，见"一江明月碧琉璃"的美景作结，这既具体补充了上文的湖山之美，更借水月交辉的景象，写出了一种静美空阔的意境，一种清远寂寞的情致；句句景语，都是情语。

杜牧《扬州》诗说："谁家唱水调，明月满扬州。"同样以悲歌、明月渲染凄清的感受，但不如东坡此词之深挚动人。此词从白天写到深夜，从喧哗写到宁静，整首词的意脉，借时间的延宕，空间的推展，娓娓道来，更增徘徊不尽之感。

【注解】

有美堂：在杭州城内吴山最高处。嘉祐二年（1057 年），梅挚出守杭州，宋仁宗赐诗有"地有吴山美，东南第一州"之句；梅挚到杭后，在吴山最高处建堂，即取诗意名曰"有美堂"。欧阳修曾为之作《有美堂记》。

述古：陈襄，字述古，神宗时任谏官，反对王安石变法。神宗曾向陈襄访问可用之人，襄举司马光、苏轼以对。这引起王安石的不满，被命出知陈州。熙宁五年（1072 年），改知杭州。

"湖山"句：谓有美堂上所看见的东南一带的湖光山色的确很美，一望无际，千里辽阔景观尽入眼底。信，诚然、确实。

使君：古时太守的别称。太守、知州，官职相近，故宋代诗文多以太守或使君称地方知州。这里是指陈襄。

便使：即使。

尊前：借指宴会。尊，酒器。

沙河塘：在杭州城南，通钱塘江，宋时为杭州热闹繁华之区，歌馆、书场多集于此。

水调：曲调名，原为唐代大曲（由若干乐段组成的大型乐曲）。此指《水调歌头》。东坡《南歌子》："谁家水调唱歌头。"所谓"歌头"，是大曲组成乐段"散序、中序、破"三部分之"中序"的第一支曲。

夜阑：夜深。阑，尽也。

琉璃：即玻璃。这里用以形容在明月照耀下的平静江面，如碧绿色的玻璃，澄澈晶莹。

南乡子

送述古

回首乱山横，不见居人只见城。谁似临平山上塔，亭亭。迎客西来送客行。

归路晚风清，一枕初寒梦不成。今夜残灯斜照处，荧荧。
秋雨晴时泪不晴。

东坡远离汴京，来到杭州。杭州山水之美，让他有似曾
相识、重回故乡之感，他在诗中赞叹道："前生我已到杭州，
到处长如到旧游。""我本无家更安住，故乡无此好湖山。"
这可以看出东坡多年在外、心想安定的愿望。除了移情作
用，拟把杭州作眉州外，东坡更喜欢这里的人情。杭州的政
治气氛不同于汴京，这里好像是反对派的地盘，东坡通判任
上的两位知州陈襄、杨绘都是因批评新法而被迫离开朝廷辗
转来到杭州的，而邻近州县亦多同道中人；杭州等地对他们
来说，都是暂时栖身之所，彼此相濡以沫。平时同游唱和，
互相慰勉，可见情谊；一旦离别，则倍觉哀伤，顿生天涯沦
落之感。东坡重情，因此这时期的送别词之所以既多且佳，
是可以理解的。

熙宁七年七月，东坡敬重的长官与好友陈襄接到新的派
令，改知南都（河南商丘），东坡写了六首词送别故人，这首
《南乡子》作于八月中旬，是其中最后的一首。

东坡送陈襄至临平，此地一别，后会难期，心中的离愁
不易化解。上片写出城送别的情景。东坡说：我一路相送，
与你来到临平，回首远处，乱山环绕，隐约间只看到远远的
城郭，早已看不见城中居民了。这两句呈现了颇为苍茫、空
漠的景象——山之乱，暗喻人面对离别时混乱的心绪；见城
而不见人，一派冷清，也反映了与人远隔的落寞心境。这比

欧阳詹诗中所写的"高城已不见,况复城中人",情意更为曲折深挚。这城曾是陈襄管辖之地,现在还可依稀看见,但转身一去后,便只能成追忆了。山城寂寂,人情依依,但东坡却没正面写相送之情,而以临平山上塔来映衬。此塔亭亭耸立于山上,见证了人间离合,却始终不为所动。但人能够这样吗?故云"谁似"。东坡用激问的语态,暗暗表达了自己内心难以解脱的深悲,毕竟人非古塔,塔无情,人却有情,面对送往迎来之事,就不能无动于衷。此词上片以自然景色、人造建筑之漠然,对照人情的无奈,作者似压抑着情绪,尽量做客观化、表面性的描述,不就自己送别述古之事直接流露心声。然而,当东坡写道"迎客西来送客行",难道不会唤起他客中送客的悲感?

之前几首送别述古的词,都用间接的手法言情,但到写作此词,已无再见时日了,好像到了临界点,那些压抑的情绪,在此词下片描写送别回来后的情境时,便充分发泄了出来。"归路晚风清,一枕初寒梦不成",面对凄清的景象,带着落寞的心情,也因此终夜难以入眠。独对微弱的灯光,一直到天亮,"秋雨晴时泪不晴",整夜的雨都停了,但泪水却流也流不尽。作者用夸饰、类比的手法,写出了惜别的深情。

这首词以塔的无情反衬人的多情,以幽微的残灯烘托凄然的心境,以雨停对照泪不止,由景及情,委婉动人,表达了友情的深笃诚挚。更值得注意的是,东坡词很少直接言情,而在这首词中却激发出"泪"来,这可说是东坡词的一大突破。况周颐《蕙风词话》说："至真之情，由性灵肺腑中流出。"东坡借词体写出了一己的哀愁，也为自己的抒情文学掀开了新的一页。从此，东坡词不只是应合场景写作的歌词，更是可直抒胸臆的抒情诗了。

【注解】

"不见"句：欧阳詹《初发太原·途中寄所思》："高城已不见，况复城中人。"谓城、人皆不见。此谓见城不见人，稍做变化。一说居人，典出《诗经·郑风·叔于田》："叔于田，巷无居人。岂无居人，不如叔也，洵美且仁。"此借以美喻陈襄。

临平山：山名，在杭州余杭郡东北五十四里处，上有塔，下临湖。宋人离别之作，常以此塔作为送别的标志。

亭亭：耸立的样子。

荧荧：形容灯光微弱。

南乡子

和杨元素，时移守密州。

东武望余杭，云海天涯两渺茫。何日功成名遂了，还乡。醉笑陪公三万场。

不用诉离觞，痛饮从来别有肠。今夜送归灯火冷，河塘。堕泪羊公却姓杨。

与不同的对象诉说离情，会有不同的表达方式。

东坡于熙宁七年九月改知密州（山东诸城）。离杭前，当时的知州杨绘作词相送，东坡就写了这首《南乡子》唱和。

词的上片写别后相思，约日后还乡再聚，都从设想落笔，将时间拉远、空间延伸，似可借未来的追忆、相订的期约，纾解当下离别之苦。可是种种设想，毕竟存有许多茫然未定的因素，反而更增惆怅。"东武望余杭，云海天涯两渺茫。"东坡写此去一别后，由密州回望杭州，各在云海一端，天涯相隔，渺不可及，既写出了空间辽阔的景象，也象征着不能跨越的距离，流露出相望不相亲的感叹，有着如杜甫诗"明日隔山岳，世事两茫茫"（《赠卫八处士》）那种人事难料的迷惘之感。今后种种实难逆料，唯有指望未来功成名就，荣归故里，以日日相伴醉酒谈笑，弥补久别的遗憾了。东坡和元素是同乡，平日以方言对话，分外亲切，想及将来，自有返乡的共识，但前提是"功成名遂了"。东坡与元素都有积极入世的态度，可是在如此恶劣的政治环境中，如何能实践理想？所谓功成名就，会否遥不可及？"何日"两字，寄寓深沉，有着无限感叹。什么时候能成就功名，退休返乡？如果这理想无法达成，则便意味着"醉笑陪公三万场"这件事也会落空，现在所说的只不过是一种精神的自我慰藉而已。将这郁结不安的情绪，拉回离筵上的现实，更叫人珍惜当下。"不用诉离觞，痛饮从来别有肠。"是说离别之酒，不应推辞，也别担心饮醉，因为痛饮的人都是在肌体之外另有肠子容纳这酒意的。然而，东坡一向不善饮酒，这里却用"痛饮"一词，显见他压抑不了心中悲切的情绪。"痛饮狂歌空度日"，是杜甫形容李白失意的状态，东坡一生则绝少"痛饮"之事。而这里之所以发为激越举措，关键也许就在"别有肠"三字。一般的伤离念远，不至于此，然而在这当中如更纠结着一生理想终究难成的忧虑、政治斗争带来的苦恼和外任州郡的流离之感，则伤心人别有怀抱，所谓"痛饮从来别有肠"的言外之意，便不言而喻了。最后写酒后送归之事，更见两人惺惺相惜之情。离别之际，外景虽冷，但人情却温馨："今夜送归灯火冷，河塘。堕泪羊公却姓杨。"归时已晚，沙河塘上灯火清冷，烘托了此刻凄清的心境。眼前这多情送我又令人民感念的好长官，刚好就是和羊祜"同姓"（谐音）的杨元素呢——东坡被送，此处不说己身感受，反而用戏语直道主人元素的送别之情，若非至亲密友、人世知己，实难写得此情此语。东坡巧妙用典，既形容元素因送别而落泪，也表达了对友人的赞誉。西晋的羊祜是一位德高望重的名臣，他镇守襄阳十年，为灭吴做准备，生前虽未能完成大业，却因以仁爱为本，深得当地人民的爱戴，在他去世之后建碑来纪念他，凡路经岘山看见这石碑的人莫不为之堕泪。东坡借羊祜事戏赞杨元素，而羊祜施德政于民，不也正是东坡等人作为地方官的共同心愿吗？

我们试比较东坡在词中面对前后任太守的态度。陈襄曾荐东坡于朝廷。东坡与述古有师友之情谊，多敬重之意，反映在杭州词中的是深切委婉的情思，借景言情，化淡淡的离愁为清远之境。杨绘，为人忠直，与东坡多了一份乡谊。东坡写给元素的词所表达的情感较爽朗热诚，更能在其中看到东坡深刻的功名之念、故乡之情和人世沧桑之感，用语也较自然直切。两种人情对待的关系，发而为文，形成了两种不同的风格——前者导引出东坡清丽的词风，后者引发了东坡豪宕的气格，日后东坡之有清、豪之境，盖缘于此。

【注解】

杨元素：杨绘（1027—1088年），字元素，四川绵竹人。神宗朝为御史中丞，因反对新法，出知亳州，历应天府，熙宁七年接替陈襄知杭州。

东武：今山东诸城，宋代密州治所，为汉代琅玡郡东武县。隋开皇十八年（598年）改为诸城县。此用旧称指密州。

余杭：指杭州。隋置杭州始治余杭，寻移治钱塘，改曰余杭郡。唐置杭州，又改余杭郡。北宋为杭州余杭郡。

三万场：谓人生百年，一日一醉，得三万六千场。此举其成数言。李白《襄阳歌》："百年三万六千日，一日须倾三百杯。"

不用诉离觞：谓离筵上不要推辞饮酒。诉，辞酒之义。按：韦庄有《离筵诉酒》诗，张相《诗词曲语辞汇释》云："诉酒者，辞酒也。又《菩萨蛮》词：'须愁春漏短，莫诉金杯满。'"离觞，饯别之酒。觞，酒杯，代指酒。

别有肠：《五国故事》记南闽王王延羲与群臣饮，皆退，只有翰林学士周维岳在座。延羲问左右："惟岳身躯甚小，而饮能如许酒？"左右对云："臣闻酒有别肠，非可以肌体而论之。"此处借指别有心情。

河塘：即沙河塘。

"堕泪"句：羊公，即羊祜，西晋人。为人忠厚，勤于公事。晋武帝欲灭吴，以祜为都督荆州诸军事，驻襄阳（今属湖北）。爱游岘山。羊公有政声，卒后，"襄阳百姓于岘山祜平生游憩之所建碑立庙，岁时飨祭焉。望其碑者莫不流涕，杜预因名堕泪碑"。（见《晋书·羊祜传》）此句以襄阳人民所怀念而为之堕泪的羊祜之"羊"与杨绘之"杨"同音，戏赞杨绘深得民心，其离任后，杭州人民应怀念不已。

醉落魄

离京口作

轻云微月，二更酒醒船初发。孤城回望苍烟合。记得歌时，不记归时节。

巾偏扇坠藤床滑，觉来幽梦无人说。此生飘荡何时歇。家在西南，常作东南别。

东坡来到杭州，好像回到故乡一般，对此地的湖光山色感到分外亲切。然而，在通判任上，为了公务等事时常往返于邻近州县，不断送往迎来，倍增江湖流落之感。熙宁七年，东坡赴润、常一带赈饥。正月，过丹阳到达润州（即京口，今江苏镇江）。除公事外，东坡在这里盘桓期间探访了许多友人。至春后，润州事毕，又转赴常州。这首词就是在离开京口时所作，写船发酒醒后的生涯感叹，有着一种苦涩的况味。

平常一次两次的别离，如果很快便能回到自己熟悉的世界，不会激起过多的情绪。可是，一次又一次的聚散，想安定下来却又总是停不下来，东飘西荡，那种种别离所带来的人生不安的感受会更深刻，令人更感无奈。生命好似秋天的蓬草一般，连根拔起，随风飘散，不知最后飞到哪里。"此生飘荡何时歇"，这是东坡离开家乡后这些年来的真实体验。

词的上片写离开京口的情景。船刚出发，东坡从酒醉中醒来，天上云彩轻薄，月色微明，已是二更时候了。回望京口，只见这座孤城笼罩在深浓的烟雾中。如同东坡此刻迷蒙彷徨的心境。酒醒梦觉，意识一片模糊。他记得离开镇江之前，朋友饯别，大家歌唱的欢乐气氛。至于什么时候喝醉了，什么时候被送上船，他却一点都记不得了。欧阳修《蝶恋花》说："宿酒醒来，不记归时节。多少衷肠犹未说，珠帘夜夜朦胧月。"也写醉后忘归的情景，但不如东坡那样的深刻沉痛。只记得相聚的欢乐，不记得离别的哀伤；所谓不记得，不是因为酒醉而记不清楚，不然，之前的事也应一并忘记，这显然是心理作用，故意逃避哀伤的感受，而选择记得欢乐的情事，则是弥补心灵空虚、暂时寻得安顿的一种方式。不过，愈是沉醉于乐事，更见离愁之深重。而故意将它忘记，不表示哀伤就不存在，它只是埋藏在心底，愈积愈深。

下片写醒后的醉态，以及因此次离别而触发的生涯漂泊之感。酒醉刚醒，头巾歪在一边，扇子坠落舱板，人瘫在藤床上，无法控制好身子，反觉藤床特别滑溜。原本可以借梦忘怀现实世界的，但现在连梦也不能安住。"觉来幽梦无人说"，这幽渺的梦境是怎样的内容？既然身旁无人可说，或者说了别人也不懂，那就干脆沉默，独自体会那"别是一般滋味在心头"（李煜词句）的感受了。这样无端生出的孤寂感，加上人在船上，摇晃摆动的感觉，遂触发了他"此生飘荡何时歇"的悲凉感叹——这一生难道就像蓬草一般到处飘荡？这样漂泊不定的生活什么时候才能结束？东坡的悲慨，累积了许多年，此时一并发泄了出来。"家在西南，常作东南别。"东坡是四川人，四川在西南方，自从离家以后，似乎便结束了安稳的生活，此后经常在东南方的江浙一带往返，每到一处与朋友见面不久就要告别，这种离合聚散的生活，短暂匆促，难以自主，如果一生都如此，到处奔波，怎不令人凄惶？而西南方的家乡，便变得更遥不可及了。

　　家，是让人心安的原乡，但长期漂泊在外的人，不断地客中送客、别中有别，更增无家之感，心神便不得安宁，身体仿若游魂一般，终日如梦如醉——东坡取《醉落魄》一调为词，所谓"落魄江湖载酒行"（杜牧诗句），不正反映了此时飘荡落魄的心境？东坡此词，笔调颇为直切，情思却是曲折，读来令人低回不已。

【注解】

京口：即今江苏镇江市。京口是六朝长江下游军事重镇。东汉建安年间，孙权治此，称为京城；及迁建业，改名京口。

"巾偏"句：谓头巾歪了，扇子掉了，藤床感觉特别滑溜。形容在摇晃的行船上醉后入睡的情形。

"家在西南"二句：东坡家在四川眉州，而官于杭州，已是远别故乡了，而居杭期间，又因事往来于常州、润州、苏州等地，迁徙不定，则是别中有别。眉州在西南，杭州在东南，故云。

少年游

润州作，代人寄远。

去年相送，余杭门外，飞雪似杨花。今年春尽，杨花似雪，犹不见还家。

对酒卷帘邀明月，风露透窗纱。恰似姮娥怜双燕，分明照，画梁斜。

熙宁六年十一月，东坡由杭州赴润州赈饥，出余杭门。本篇作于熙宁七年。序称"代人寄远"，乃仿照传统诗歌的"代拟"体，借模拟闺妇思念远方行人之口吻，述说自己行役在外想念在杭亲友的心情，或许所代之人就是东坡的妻子，假想她的心情而作此词，这种将心比心的叙写方式可看出东坡温柔体贴的一面。

上片以写女子盼情郎还家，表达了冬去春来、人犹未归的感慨。论者多指出东坡这里系仿用《诗经·小雅·采薇》篇中"昔我往矣，杨柳依依；今我来思，雨雪霏霏"的句法，但用意不同。其实，此段今昔对照的手法更像范云、何逊《范广州宅联句》一诗中的构思——"洛阳城东西，长作经年别。昔去雪如花，今来花似雪。"不过，此词是思妇的口吻，与前诗之以行者之心情着笔也不大相同。作者很巧妙地采冬天的飞雪、春日的杨花两种景物的类喻与交替，具体呈现了时间的推移与离思之蔓延。飞雪与杨花，因为都有轻柔、洁白的质性，所以能互相借喻。由冬及春，似乎都没什么变化，外在的景物不论是雪花或杨花，仿佛都是迷迷蒙蒙、纷纷乱乱的一片；但在这看似不变的景象中，季节已不知不觉地暗中偷换。杨花是柳絮，往往与离愁相关。去年在余杭门外送别，飘飘飞雪恰似杨花点点，天地间仿佛充满着离愁别绪，令人触景伤情。今年春天将要过去，杨花似飞雪，还不见亲人回家。门外柳絮飘绵，似曾相识，更增物是人非之感。而且情人不归，女子孤寂的世界便无春日的温馨，反而如在雪中一般的冰冷——所谓"杨花似雪"，意在言外，读者需细细品味。

下片也用间接的方式叙写思妇孤寂的心境。独饮无味，邀月作伴，风露透过窗纱，送来阵阵凉意。但恼人的是邀来的月光却置自己于不顾，只明亮地照耀着屋梁上的巢穴，特别怜惜那双燕子。月中的嫦娥本身也是孤独的，为什么不与一样是孤独的我相互怜爱，反而照着那双宿双栖的燕子？用双燕反衬思妇的孤单寂寞，是诗词中常用的手法。此词写邀月为伴，月却怜双燕而不怜己，情节更曲折，写孤寂更深一层。而月照双燕，容易使人生妒，但何尝不会令人羡慕，更增相思、相望更相亲之情？

中国读书人向来很少写夫妻间的情感，而写夫妻思念之情，最为人乐道的是杜甫的《月夜》诗。它之所以特别感人，是因为诗人不从个人的角度表达自己思念妻儿的心情，却从对面写来，娓娓述说妻子的孤单寂寞和殷殷期盼，更见作者思念之切，体情之深："今夜鄜州月，闺中只独看。遥怜小儿女，未解忆长安。香雾云鬟湿，清辉玉臂寒。何时倚虚幌，双照泪痕干。"而东坡此词，拟写思妇别后相思之情，虽不能确指是代妻写作，但东坡当时的实际经验与词中的情境相似，令人不禁怀疑东坡是以"拟人述情"的方式委婉曲折地写出了自己思念妻子之情，如同杜诗一样，因为迟迟未返，心中难免牵挂，更感无法于良夜相伴而有所愧歉。即使这首词作非关本人情事，东坡以男性的角度，真切地写出了闺妇形影相吊之凄怨，自可见证作者温柔体贴的同理心。

【注解】

润州：州名，治所在丹徒，今镇江。辖境相当于今江苏镇江市、丹徒、丹阳、句容、金坛等地。

代人寄远：古代女子寄诗给在外的丈夫，叫作寄远。所谓代人，或是托辞。

余杭门：杭州城北门之一。

杨花：即柳絮。

姮娥：即嫦娥，此指月亮。

画梁：雕有花纹的屋梁。

二、古今如梦，何曾梦觉——密徐湖时期

东坡离开杭州歌舞欢乐、与朋友频繁互动的写作环境，他填词的境况便有所不同。密州、徐州等地，已非昔日的繁华都市，酒筵歌席的盛况大不如前。面对年华渐老，政治形势险恶，施行地方政务时有力不从心之感，东坡在寂寥中行吟歌咏，少了些人为的乐律约束，多了些个人的情绪抒发，他的词

手法更自如，内容更丰富，意境更有开创性。此期作品，注入
了诗的特质，自成一家；兼豪放与婉约，既深情又清旷；抒怀
感事如见其人，赠妓酬唱别有风味，掀开了东坡文学新的一
页，乃其词之成熟阶段。贯彻这时期东坡词的，有一深沉的时
空忧患意识——"人生有别""岁月飘忽"。面对这样的时空
之感，东坡入乎其内，出乎其外，我们读他此时的作品往往可
以见到他以理导情、自我纾解的一番努力。因此，观察东坡这
一段创作历程，可以深刻体会一种抒情文体与作家内在生命
的紧密关系：东坡因词而识情、悟理，词亦因东坡而体尊、境
阔。以下略依时序，介绍东坡词风的发展：

（一）由杭赴密——以词"抒情""言志"所形成的清
婉与雄豪词风

东坡于熙宁七年（1074 年）秋末离杭，十二月到密州任。
由杭赴密途中，先后会见了湖州、苏州、润州、扬州、海州等
地的旧雨新知，他们多数是因不满新法而补外的；东坡一站走
过一站，客中送客，聚散匆匆，倍增宦游漂泊之感。东坡由杭
赴密词，道出了"行役之苦况，家国之痛感，仕途之浮沉，人
生之悲凉"（引薛瑞生语）。而岁月飘忽之感尤其浓烈，此时
的词出现了许多"老""病"之叹。不过，当东坡情感掉入悲
伤的泥沼，他理智的机制会自动做调和疏导，不致沉陷不返。
这当中有两首词值得留意：一是《沁园春·赴密州早行马上寄
子由》，一是《永遇乐·长忆别时》。两首皆为长调，是东坡
早期词难得出现的体制。刚好一仍前面所述的两种风格拓展，
一言志，一抒情；一表现为雄豪，一表现为清婉；前者文笔挥

洒，铺叙、描写、议论交错运用，于词中直抒襟抱理想，后者细腻，人我兼写、今昔映照，娓娓道出婉约的深情。

（二）密州时期——由豪婉到清旷

豪、婉词风的确立——上述两种情、志的表现，到密州后仍有发展。夏敬观《手批东坡词》曾分辨东坡的两种风格，说："东坡词如春花散空，不着迹象，使柳枝歌之，正如天风海涛之曲，中多幽咽怨断之音，此其上乘也。若夫激昂排宕，不可一世之概，陈无己所谓'如教坊雷大使之舞，虽极天下之工，要非本色'，乃其第二乘也。""清婉"与"激昂"的词风，大抵是在密州时期正式形成。东坡此时写了两首《江城子》词，分别展现了两种风貌。

东坡初到密州，正是年终岁末。密州，位于山东半岛西南，治所诸城。子由形容此处是"风俗朴陋，四方宾客不至"的地方。一向爱朋友、乐山水的东坡，骤然面对困窘的环境，心情难免低落。熙宁八年（1075年）元宵佳节，东坡写下了到密州后的第一首词《蝶恋花·密州上元》，对照杭州灯节"明月如霜，照见人如画。帐底吹笙香吐麝，更无一点尘随马"的景象，此处则是"火冷灯稀霜露下，昏昏雪意云随野"的低迷、阴暗的意境，"寂寞山城人老也"的感慨尤其深切；偏处山城，人老不中用，东坡此时所体会的寂寞是相当深沉的。顺着这份情绪，东坡于五日后写出了悼念亡妻之作《江城子·乙卯正月二十日夜记梦》。生离的伤痛，东坡已长期领受，如今又添上死别之思，则更加无底。其实，在这词里正纠结着夫妻之情与故乡之思，它哀悼的是一份徒然失落的青春岁月和理想。另一首《江城子·密州出猎》，风格则大异其趣。此词由射虎打猎写到抗敌保边，抒发老而能用的壮怀，语意十分激昂。前首之哀伤婉凄，后首的清劲豪迈，皆非平和的声籁，两者其实都隐藏着时光流逝的焦虑感，或流露出"尘满面，鬓如霜"的无奈感叹，或表现为"鬓微霜，又何妨"的对抗意气。东坡实在无法长期处于这两极的状态，此后不久，他尝试以较客观、理性的态度纾解因时间变化、空间距离产生的感伤情绪。

清旷词风的形成——东坡密州词有两首《望江南·超然台作》，因景生情，并有意识地要做出"超然物外"的表现："休对故人思故国，且将薪火试新茶。诗酒趁年华。"也能从农村生活中，享受闲逸的野趣，和感受到春去夏来的蓬勃生机："微雨过，何处不催耕。百舌无言桃李尽，柘林深处鹁鸪鸣。春色属芜菁。"此时，东坡已将词由闺帏世界扩展到自然风光和田野生活的书写，语调也变哀婉为清宕。到写作《水调歌头·丙辰中秋欢饮达旦大醉作此篇兼怀子由》一词时，东坡先是认知人的局限，无法长住于孤冷的世界，转而接受尘世间的欢乐："起舞弄清影，何似在人间。"接着更能以理导情，超脱世间事物的相对性，肯定人间情谊既真实又恒久的意义："但愿人长久，千里共婵娟。"能从离恨之愁苦怨怼中转为温馨美丽的祝愿，指出向上一路，东坡词已初步展现出清旷的意境。

（三）徐州词的新境界

东坡于熙宁十年（1077 年），移守徐州。徐州在今江苏西北，以彭城为行政中心。徐州词大抵延续密州时期的风格，但因兄弟既相逢又相别，地方救灾恤患之事缠身，情绪更为波动，感慨特别深刻，词中多了些苍茫空漠之感。

首先出现在徐州词中的是兄弟之情。六年不见，东坡居然有机会与子由相从百余日，直到在徐州过中秋后，子由才赶赴南都新职任。多年期盼兄弟同度中秋，但此夜的东坡却有着十分复杂的情绪，相逢的欢乐相对地更加深了天涯漂泊、生命无常之感。东坡赋《阳关曲》道："此生此夜不长好，明月明年何处看。"语调显得无奈又悲伤。没想到子由的反应更为激烈，平常不填词的他，竟然借《水调歌头》一调写出他与兄长重逢之喜悦及离别的哀伤，最后则说出了永难再遇的深忧："但恐同王粲，相对永登楼。"东坡此时即意识到作为兄长的他不能任由这种情绪扩散，因此他追和子由的词，明确表达"以不早退为戒，以退而相从之乐为慰"，试图用更理性的方式化解离愁。东坡词境的转变，词情的跌宕，可见他真诚面对人生、出入其间的一番努力。

子由离去后不久，徐州水患，东坡亲率军民筑堤，成功保全了这一座古城。然而，辛劳过后，环伺彭城楼台，俯仰古今，对照自己新建的黄楼，东坡顿然生出无常的感叹："水绕彭城楼，山围戏马台。古来豪杰地，千载有余哀……他年君倦游，白首赋归来。登楼一长啸，使君安在哉？"在时间巨流里，世间事物一切都去而不返，谁又能成为永恒的主人呢？东坡将这份时间意识中最深层的焦虑，写入词中，就成就了《永遇乐·彭城夜宿燕子楼梦盼盼》一词的意境。《永遇乐》吟出了人生虚妄的感思——"古今如梦，何曾梦觉，但有旧欢新怨。异时对、黄楼夜景，为余浩叹！"此词借燕子楼中一梦，梦醒后重寻无处发端，时间不断扩散，由个人生离的经验，推及数百年后的今天"佳人何在"的咏叹，又从忆往事而思来者，感叹一切都如在大梦中不知何时能醒觉，这是东坡时空主题的词作中最深沉悲郁的一首。后来经历"乌台诗案"，东坡果真体验了现实政治的残酷和死亡的恐惧。怎样面对因此而带来的更深刻的时间焦虑，那是他贬谪生涯中最重要的人生课题，东坡黄州及其后的词亦多有真实与虚妄、变与不变等方面的内容。

此外，徐州词作中另有一系列《浣溪沙》词，写农村情景，笔调闲远，颇有宋诗风味。这些题材与风格表现，都可见东坡开拓创新之功。

密州词的寂寥之感，徐州词的无常之慨，到了湖州（浙江吴兴），则多犹疑不安的情绪，更深层的寂寞。数首《南歌子》表面虽轻吟着"淡云斜照着山明，细草软沙溪路马蹄轻""且将新句琢琼英，我是世间闲客此闲行"的自在，却难掩"尽日行桑野，无人与目成""卯酒醒还困，仙村梦不成""老去材都尽，归来既未成"的无奈，这些否定、疑问的语句，反映了内心的焦虑不安。不久，即发生了"乌台诗案"，不但改写了东坡的政治生涯，更将东坡词境推往新的阶段，赋予更深刻丰富的生命意涵。

密、徐、湖州词代表作：

一、由杭赴密词：《阮郎归·一年三过苏……》，《醉落魄·苏州阊门留别》，《采桑子·润州甘露寺多景楼天下之殊景也……》，《醉落魄·席上呈元素》，《沁园春·赴密州早行马上寄子由》，《永遇乐·孙巨源以八月十五日离海州……》。

二、密州词：《蝶恋花·密州上元》，《江城子·乙卯正月二十日夜记梦》，《江城子·密州出猎》，《望江南·超然台作》二首，《水调歌头·丙辰中秋欢饮达旦大醉作此篇兼怀子由》，《江城子·东武雪中送客》，《蝶恋花·暮春别李公择》，《雨中花慢·初至密州以累年旱蝗斋素累月……》。

三、徐州词：《阳关曲·中秋作》，《水调歌头·余去岁在东武作〈水调歌头〉以寄子由……》，《浣溪沙·徐门石潭谢雨道上作五首》，《永遇乐·彭城夜宿燕子楼梦盼盼》，《江城子·别徐州》。

四、湖州词：《西江月·平山堂》，《南歌子·湖州作》（雨暗初疑夜、带酒冲山雨）二首。

选读作品

永遇乐

孙巨源以八月十五日离海州，坐别于景疏楼上。既而与余会于润州，至楚州乃别。余以十一月十五日至海州，与太守会于景疏楼上。作此词以寄巨源。

长忆别时，景疏楼上，明月如水。美酒清歌，留连不住，月随人千里。别来三度，孤光又满，冷落共谁同醉。卷珠帘，凄然顾影，共伊到明无寐。

今朝有客，来从淮上，能道使君深意。凭仗清淮，分明到

海，中有相思泪。而今何在，西垣清禁，夜永露华侵被。此时
看，回廊晓月，也应暗记。

　　这是东坡第一首通篇绕着月亮写作的词。一轮明月，跨
越时空，见证人间情谊，可以说是《水调歌头》"但愿人长
久，千里共婵娟"的前奏。

　　孙巨源，扬州人，原在朝中谏院做官，也因反对王安石
新法，自请外调，出任海州知州。熙宁七年秋，东坡由杭赴
密北上时，孙巨源正好也将由海州知州内调回朝廷任新职。
回京之前，他先回扬州老家。扬、润一水之隔。十月间，东
坡走到润州，遂与孙巨源相遇，同游多景楼、甘露寺等地，
作诗填词，畅谈甚欢。离开润州，二人正好同路，一起走到
楚州才分手。东坡赴密，故离开大运河，往东经涟水，北折
会路过海州；而孙巨源还朝，则西入洪泽湖，转淮河水系以
赴京师。十一月十五日，东坡到达海州，与新任知州陈某相
会于景疏楼，想到三个月前，与孙巨源在同一地方告别，一
时想念不已，便写了这首词寄给他。

　　词的上片写面对景疏楼的月色，想起之前在这里的孙巨
源，对照出今日在此地之我，没有好友相伴的寂寞。悬想三
个月前的八月十五日，孙巨源在景疏楼上设座宴别的情景，
"明月如水，美酒清歌"，多么令人陶醉；此情此景，巨源想
必不愿离开，却也无法留下，月亮就这样随着他到千里之外的
京师去了。千里的空间，自然带出相对的时间变化——三个月
后的今天，第三度月圆之夜，东坡同样在景疏楼上，只是好友

不在，感到有点清冷寂寞，不知与谁同醉。酒宴后，卷起珠帘，凄然地回顾月光下孤单的身影，一直陪伴月亮到天明，终夜无法入睡。这半阕词里，既写出了物是人非的感叹，也表达了作者思念故人的不渝之情。

这夜为何有这样的情绪？下片一开始，作者倒叙当日白天发生的事况：原来有客人从濉上来，途中曾遇见北返京师的孙巨源，两人闲聊间说到东坡，于是他与东坡见面时能传达出巨源想念友人的深厚情意。这番情意，东坡用了具体的意象来形容：这相思之情，化作点点清泪，再溶入滚滚江水中，由濉水借淮水经大海流到自己身边。此水有多长，相思便有多悠长。而将无情的江水，想象为有情之物，这江水便不是冰冷的水滴，而是充满着热泪，代表温暖的情谊。此处所谓"东流到海"，海州在东海之侧，无论专指或泛称，一语相关。这几句，化虚为实，让人体味不尽，可见东坡发思之奇、用语之妙。

客人已来到海州，这时候巨源想必也已到达汴京。顺着客人代转"使君深意"，可以推想他思念故人之情也应不会断绝。今夜，东坡望月怀人，而将心比心，巨源在另一边难道不会一样吗？"而今"以下六句，从对面着笔，回应上片的月夜情景，使全篇勾连一气，彼此呼应，更增回荡之意韵。东坡悬想：巨源任职中书省，在宫中值宿，漫漫长夜，天气寒冷，露水渗透入被，他也彻夜难眠；这时候，巨源看着回廊上清晓的月色，也应默默想起过去的种种——不久之前，宴别景疏楼，与东坡在润州相遇，同行至楚州等往事。上片由己及人，下片由人及己，处处结合月与楼，分别写出了自己想念友人与友人想念自己的相对情怀，由实写到虚拟，使原本的孤单望月变成相思相望的情景，东坡用情之深切，于焉可见。

与之前的情词相较，此词有两个特色：一是全词贯穿着月光书写，由八月十五日写到十一月十五日，由海州景疏楼写到京师的中书省，月亮超越了时空，依然明净，借此表达了时空虽变、此情恒在的意念；一是此词采用对面写情的手法，由东坡此时、此地、此情，推想远方好友孙巨源同时也应暗忆自己。词中叙写这种往复回环的思绪，时空交织，别饶情味。作者抒写个人之际，推知对方亦正用情，不能说是一厢情愿，而应由此见出人对情感的执着与信赖。东坡不讳言自己"多情"，要深切了解东坡的生命境界，这方面须细加体会。

【注解】

孙巨源：孙洙（1031—1079年），字巨源，扬州人。未冠举进士。熙宁初，任海州知州。熙宁七年秋离任返京，任修起居注（记录皇帝日常言行）、知制诰（替皇帝拟稿）。

海州：古属东海郡，今江苏连云港。

景疏楼：在海州东北，宋人叶祖洽为景仰西汉东海人疏广、疏受叔侄的贤德而建。

楚州：今江苏淮安。

太守：此称当时海州知州，姓陈，曾任眉山县令。

伊：第三人称代词。指月亮。

濉：濉水，发源于河南开封附近。濉上，犹言汴京方向。

使君：知州的代称。此指孙洙。

"凭仗"三句：潍水经安徽入江苏流入泗水，再流入淮河而汇入大海。东坡此时身居东海之侧，所以想象孙巨源的相思之泪由潍水借淮水经大海流到自己身边。凭仗，凭借、依靠。

西垣：中央行政官署中书省的别称。唐以中书省称西台，以别于门下省之称东台、御史之称南台。西台也称西掖、西垣。宋沿唐制，这些名称也照旧。

清禁：指皇宫。皇宫幽深肃静，警戒森严，所以称清禁。孙巨源任修起居注、知制诰，属中书门下，在宫中办公。

夜永：夜长、夜深。

沁园春

赴密州，早行，马上寄子由。

孤馆灯青，野店鸡号，旅枕梦残。渐月华收练，晨霜耿耿；云山摛锦，朝露团团。世路无穷，劳生有限，似此区区长鲜欢。微吟罢，凭征鞍无语，往事千端。

当时共客长安，似二陆、初来俱少年。有笔头千字，胸中万卷，致君尧舜，此事何难。用舍由时，行藏在我，袖手何妨闲处看。身长健，但优游卒岁，且斗尊前。

熙宁七年十一月下旬，东坡打算绕道先去齐州（山东济南）探望久别的弟弟（苏辙时在齐州掌书记），再赴新任所密州。但因河道冻合，未能如愿，只好由海州北上，直接前往密州。就在赴密途中的一个早上，东坡作了这首词，寄给子由。

这应是东坡第一次以词体的形式和弟弟述说心情。上片，写冬日早晨离开旅馆,踏上征途的所见所感,充满着凄清、苦闷的气氛,引申出许多人生的感喟。起首三句,便写出了"早"的实貌——在孤寂的旅馆,被鸡鸣声吵醒,空余残梦,但见旅店里亮着青荧的灯光。作者把"孤""野""旅"三个修饰词放在每句之前,不只写出了旅途中栖身荒村驿馆之事实,也强调了作为过客在荒凉的处境中的孤苦心情。温庭筠《商山早行》:"鸡声茅店月,人迹板桥霜。"对仕途奔波或官场失意的人来说,冬日早行是件苦差事。词人在梦中惊醒之余带着怅然的心情上路,外面月光微暗、霜色明净,更增愁闷、凄冷的况味。此词用一个"渐"字带出描述早行途中所见景象的四句。这是一个"领字"——位在一段完整长句的最前头,用来带领全段意思的虚字(指名词以外的各种词类)。长调多有领字,小令很少用。领字,必为虚字,且多为仄声,去声更好也最常见。它的效用在于安排一些强有力的虚字,在曲中转折换气的地方,用来承上转下,作成许多关纽,产生曲折跌宕之势,让整段意思自然贯穿起来。此外,领字可省略语句,也可变换语序,产生更紧凑的节奏感,能凸显语意、声情的效果。这里用一个"渐"字,特别唤起一种时间意识,就是说眼前所见种种,不是单一时空下的景象,而是随着时间变化逐渐呈现的——空间变换与时间推移是相对的现象。东坡词的一大特色,就是能顺着物态,依着人情,具体掌握景物与心境的变化历程。作者渐行渐远,景物随着时间转换,历历在目。读者跟着词人的描述,仿佛也被邀请参与这一趟旅程,身历其境一般。词人刚上路时,月光应该还很亮。随着旅途延伸，走了一段时间，月亮渐渐收起皎洁的光芒，这才发现：原来大地上铺着一层明净的霜雪。因为在明月照耀的雪地上，白茫茫一片，有时会弄不清楚哪是月光、哪是霜。但当月光黯淡，天色微明之时，地上的霜色渐渐明朗，便清晰可辨了。再往远处看，破晓时分，云霞缭绕远山，渐渐地，好像给天边铺展了美丽的锦缎。而道路两旁的露水也渐渐变多了。旅途（空间）愈行愈远，时间也跟着不停地推移。看着远近之景，在俯仰之间，词人的思绪也随之而翻动。云山渺渺，似是看不尽的旅途之景；团团朝露，则如虚幻不实的短暂人生。由此引出东坡对生命的感叹：以有限的生命如何去追求无穷的功名？像这样的执迷不悟，自然辛苦劳累，难怪总是缺少欢乐了。作者低声吟叹后，倚在马背上，沉默不语，千头万绪的往事，不断在心里翻腾，心情实在难以平静。

下片，由此千端的往事中，作者回忆当年和弟辙初到汴京应试时的情况。宋仁宗嘉祐元年（1056 年），兄弟两人随父出川赴京，第二年皆中进士。当时，东坡年二十二，弟十九，兄弟联名中榜，名动京师，与晋时陆机、陆云兄弟同入洛阳的情形相似。他们不但年龄相仿，二陆之深受西晋文坛元老张华之推重，和二苏之得到北宋文坛领袖欧阳修之激赏，情形也一样。东坡与子由亦满怀自信，相信凭借渊博的学识、敏捷的才思，必能辅助君王达到尧舜的境界。所谓"此事何难"，可见当时锐气，以为心中的理想轻易便能实现。如今东坡三十九岁，离开京师已三年，现正奔波于赴密的途中，不但"致君尧

舜"的理想落空，两兄弟也因辗转游宦而多年不能相见。回忆
当时，对照今日，深感人生实难，遂生无限感慨。

唤起当年的记忆，在感叹之余，东坡亦体悟到一种自处的
态度："用舍由时，行藏在我，袖手何妨闲处看。"一个人之能
否被重用，是由外在的时势所支配，不会因个人主观的愿望而
有所转变。然则，人难道就完全无法自我做主吗？其实不然。
东坡以为出来做事或隐居独处是自己可以决定的，心态上可稍
做调整，不要身心都陷入忧愁苦闷中，有时不妨悠然闲处，当
个旁观者。这样一来，人便能从生活的桎梏中得到解脱，心境
会旷达得多。至于处闲之时，应如何自处呢？东坡认为只要身
体强健，终其一生悠闲度日，且能饮酒取乐，那就不错了。其
实，这表面的洒脱，难掩心中壮志难酬的失落之感。

此词是东坡早期作品中难得一见的长调，文笔挥洒，叙述
与议论交错运用，于词中直抒胸臆，成就了一种意态抑扬的体
式。东坡赴密州，期盼与弟晤面，本来带着失意落寞的心境，
当意识到正朝那方向走去，愈行愈近之际，东坡心里必然想着
应以如何的心情面对多年不见的弟弟。当时年少，意气风发，
致君尧舜的理想如今何在？东坡试图唤起这想法，旨在提振自
己，不往下坠。另一方面，想起弟弟，东坡自然意识到作为兄
长的责任，自不能沉湎于悲哀之中，希望能以一种看开的心境，
调整自己，同时也可宽慰对方。兄弟之情，在东坡心中，联系
到一份理想、一种承担，是理性与热诚的来源。因此，在东坡
文学里，对子由的怀想，情感中通常会寓有理、志的成分。从
《沁园春》之作，可以看到东坡以理（志）导情的努力。

【注解】

月华收练：月色渐渐收起皎洁的光芒。练，洁白的丝绸，这里形容皎洁的月色。

耿耿：微明貌。

云山摛锦：云彩缭绕的山色就像舒展开的织锦一样。摛，铺展。

团团：同"汋汋"，形容露水甚多。

"世路"三句：谓功名的路途漫漫无际，劳累的生命短暂有限，以有限追无穷，像这样的辛苦追求，日子永远鲜少欢乐。区区，辛苦。

长安：以唐朝京城长安借指北宋都城汴京（河南开封）。

"二陆"句：晋陆机、陆云兄弟，颇有才名。二人由吴中到晋都洛阳，为名学者张华器重，人称"二陆"。时陆机年二十，陆云年十六。苏轼、苏辙兄弟于嘉祐元年初到汴京应试时，苏轼二十一岁，苏辙十八岁，不仅与二陆入洛年龄相当，而东坡与子由在汴京受知于欧阳修，少年声望，亦略似二陆。

"有笔头"二句：说兄弟两人皆博学能文，并有辅君济世的崇高理想。化用杜甫《奉赠韦左丞丈二十二韵》："读书破万卷，下笔如有神。""致君尧舜上，再使风俗淳。"以表达当时才学抱负。

"用舍"二句：谓被任用与否由时势安排，出仕不出仕则由自己决定。《论语·述而》："用之则行，舍之则藏。"

优游卒岁：悠闲地度过一生。优游，悠闲自得。卒岁，终其身之意。《左传·襄公二十一年》："优哉游哉，聊以卒岁。"

且斗尊前：且在酒筵上取乐。斗，喜乐戏耍之辞。化用杜甫《绝句漫兴》："莫思身外无穷事，且尽生前有限杯。"及牛僧孺《席上赠刘梦得》："休论世上升沉事，且斗尊前见在身。"

江城子

乙卯正月二十日夜记梦

十年生死两茫茫。不思量，自难忘。千里孤坟，无处话凄凉。纵使相逢应不识，尘满面，鬓如霜。

夜来幽梦忽还乡。小轩窗，正梳妆。相顾无言，惟有泪千行。料得年年肠断处，明月夜，短松冈。

东坡的第一任妻子王弗，眉州青神人，乡贡进士王方的女儿，少东坡三岁，十六岁时嫁给东坡。她颇知书，能记诵，性情敏而静，嫁入苏家后，侍奉翁姑恭谨。婚后二年，东坡随父进京考试，王弗留在家乡侍奉婆婆。次年，程夫人去世，东坡奔丧回家。母丧期满，东坡兄弟随父返京，王弗和子由妻史氏也随行。自此，两人开始品尝甜蜜的夫妻生活。王弗精明干练，明白事理，她尊敬东坡，也欣赏他的才华，但却也担心他心直口快，太容易相信人。东坡在凤翔当签判时，每有客人来访，王弗总是站在屏风后倾听他们的谈话，如发现说话模棱或刻意逢迎的客人，她就会劝东坡疏远他们，东坡非常佩服妻子的识见与眼光。然而，这样恩爱的日子维持了没几年。英宗治平二年（1065 年）五月，东坡还京才三个月，王弗在京师病逝，享年二十七岁，留下一个儿子迈。东坡在悲痛中，暂时将她安厝在汴京城西。次年苏洵逝世，东坡兄弟护父丧还乡，同时亦将王弗归葬眉山。服除，东坡续娶王弗堂妹闰之为妻。十年后，四十岁的东坡刚到密州不久，在正月二十日的晚上梦见前妻，写下了这首真挚动人的悼亡词《江城子》。

"十年生死两茫茫"，夫妻生死相隔，彼此十年来都没对方的消息。杜甫《哀江头》所谓"去住彼此无消息"，也同样是写幽明两隔的状况。十年的时间如此漫长，却不因茫茫而释然。"不思量，自难忘"，这看去很平淡的六个字，似是矛盾（"不"与"自"），却蕴含着深挚的情意。不必刻意去思念，自是无法忘怀，因为妻子已成为生命的一部分，自然永存心中，再也忘不了。以前朝夕与共，无话不说，如今孤坟远在千里之外，连到坟上向你诉说自己凄凉的心境也不可能了。但退一步想，"纵使相逢应不识，尘满面，鬓如霜"。假设两人能见面了，可能带来更深的悲痛。妻子去世时二十七岁，时间在她身上就停伫在那一刻，活在想念她的人脑海中的永远是那青春容颜，不曾老去。然而，人世间的东坡却无法不受时间推移的影响而有所变化。即使两人能再相逢，我还认得你，但恐怕你怎也认不出我了。因为这十年来，生活折磨，岁月摧残，我已变得太多了，不只容颜变老，心志也非昔日，有什么可以告慰的呢！

纵然知道相见不如不见，但终究难以遏止思念的深情。日有所思，夜有所梦。下片写梦中情境，鲜明如在目前。"忽还乡"的"忽"字表现得多么惊喜。"小轩窗，正梳妆"，妻子的家居生活一如往日，这也许是东坡夫妻甜美生活的一个缩影，一入梦便自然浮现。但东坡似乎无法改变现有的身心入梦，以年轻的自己与青春如故的妻子晤面，因此，换来的是"相顾无言，惟有泪千行"的情况。或许，这正是东坡所意识到的"相逢应不识"的情状，在梦中依然作用。最深的爱，最凄凉之情，千头万绪，不知怎样用语言形容，只得无言以对，默自体会；最后，化为千行泪，这当中包含着多少人世的辛酸。梦醒了，回到现实世界，依然是恒久的伤痛：年年岁岁，每当想起明月照耀的晚上、一片矮松的山冈的画面，那是千里孤坟之所在地啊，总叫人为之肠断。在前面的作品中，我们读到了东坡思乡的泪、别恨的泪，至此为亡妻而流下的泪，则更深化为无尽的哀伤。这种哀伤，只能借年年的思忆去弥补，明明如月是永恒的见证。

悼亡诗始于潘岳，透过节物的描述、居室遗物的铺写、亡妻声容的记忆，表现出一种睹物思人的情怀。元稹的《遣悲怀》，叙述贫贱夫妻的哀愁，也表现了对亡妻的愧疚之情。东坡这首悼亡词，写王弗逝世十年后重新触发之伤痛，情绪之起伏不如元诗激切，而凄怆之感则似过之。东坡刚到密州这座"寂寞山城"，即有"人老也"的感叹。其实，在离杭赴密途中，东坡词里已充满着慨叹老病之语。到密州不久，突然写下这首《江城子》，悼念亡妻，其实何尝不是借此以哀悼一份徒然失落的青春岁月与理想。

【注解】

乙卯：宋神宗熙宁八年，东坡四十岁，时任密州（今山东诸城）知州。

"十年"句：十年来，生死隔绝，彼此都不知对方的情况。按：东坡妻王弗卒于宋英宗治平二年五月二十八日，年二十七，至此时正是十年。两茫茫，谓彼此幽明相隔，互不相知，渺无音讯。茫茫，不明貌。

不思量、自难忘：不用刻意去思念，自然无法忘怀。

千里孤坟：王氏病逝的第二年，迁葬于眉山东北彭山县安镇乡可龙里苏洵及其妻墓之西北八步，距密州遥远，故云千里。

"尘满面"两句：风尘满面，两鬓已经白如秋霜。自伤奔走劳碌和衰老。白居易《东南行一百韵》："相逢应不识，满颔白髭须。"

小轩：小室，代指闺房。此指梦中王弗之卧室。

料得：料想，想来。

短松冈：遍植松树的小山冈。这里指王弗的墓地。

江城子

密州出猎

老夫聊发少年狂。左牵黄，右擎苍。锦帽貂裘，千骑卷平冈。为报倾城随太守，亲射虎，看孙郎。

酒酣胸胆尚开张。鬓微霜，又何妨。持节云中，何日遣冯唐。会挽雕弓如满月，西北望，射天狼。

熙宁八年，东坡任密州知州，这年冬天，他到常山祭祀，归途中与同官梅户曹会猎于铁沟，一时兴起，作了这首满怀豪情的词。

古人四十而称老，是很平常的事。但此时四十岁的东坡，自称"老夫"，却是对老有实际深刻的感受。东坡自去年秋末离杭，一直到密州任所，即有浓烈的岁月飘忽之感，他的词出现了许多"老""病"之叹："情未尽，老先催。人生真可哈""苍颜华发，故山归计何时决""多情多感仍多病，多景楼中。尊酒相逢，乐事回头一笑空""偶然相聚还离索。多愁多病，须信从来错"。如此消沉的意态，在东坡前此的文学中不曾出现。所谓"老夫聊发少年狂"，东坡想借一些表现来证明自己犹未老、尚能有所作为的意图相当明显。怎样表现少年狂放之态？东坡亲自带领部属打猎，由个人的英姿、场面的盛大，写到效法孙权射虎以喻自己之豪壮，上片的语调气势都显得朗畅而激昂。左手牵着黄犬，右手擎着苍鹰，东坡显示出一派英伟的神气。众多头戴锦蒙帽、身穿貂鼠裘的随从，千骑齐出，席卷平缓而辽阔的山峦，这是词的世界里从未出现的大场面。不仅此也，连全城的百姓都来围观，整个画面更是热闹、欢腾。在这样的情况下，无疑更激起东坡的豪情——"亲射虎，看孙郎"，以报答大家的盛情厚意。

由射虎的表现，东坡于下片则更进一步表达了老而能用的壮志。打猎归来，再痛饮几杯，胸襟更开阔，胆气更开张。东坡认为自己两鬓虽稍微有些斑白，年纪也不少了，又有什么关系呢？当年冯唐年迈仍能拿着符节到云中郡，并任车骑都尉，而自己比冯唐年轻，何尝不能出使边关，督导国防工作，报效国家？那时侯，他定当使劲拉开弓箭，不是射虎，而是奋力击退犯边的敌人。宋代边患频仍，朝廷一直采取软弱的守势，常常割地赔款了事，但像辽国与西夏却仍不时入侵。东坡曾撰《教战守策》，主张要积极对抗。

东坡填了这阕词，颇为自豪。《与鲜于子骏》中说："近却颇作小词，虽无柳七郎（柳永）风味，亦自是一家。呵呵！数日前猎于郊外，所获颇多。作得一阕，令东州壮士抵掌顿足而歌之，吹笛击鼓以为节，颇壮观也。"可见东坡有意为词，自觉地要在柳永所代表的婉约词风外别创一家——不写儿女婉媚之情貌，畅言才士雄豪之心声。东坡此词，不拘限于格律形式，不用小词妍炼修饰，不用含蓄委婉的手法，而是缘情述怀，一任自然，以轻快激昂的节奏，表达心中的豪情壮志，既直接又痛快，于正宗"婉约"词风外，开创了"豪放"的变格，在词史上别具意义。

这首《江城子》，由射虎打猎写到抗敌保边，抒发老而能用的壮怀，语意激昂；这可以说是前面《沁园春》一词的进一步挥洒，更见东坡的意志。东坡说"老夫聊发少年狂""鬓微霜，又何妨"，显见他始终在意岁月催人老的事实。而已有年华渐衰之感叹，又有不甘牢落而意欲奋起的斗志，一上一下之间，身与心的冲突对抗，展现出一种气韵，跌宕出一份豪情，因此成就了这首词。但这种抗老的执拗态度，容易造成精神紧张，而过度流荡激情必然暗指生命的摧折，东坡实在无法长期负荷。毕竟，这只是东坡一时气盛之作，豪放终非东坡的个性特质。夏敬观《手批东坡词》说："若夫激昂排宕，不可一世之概，陈无己所谓'如教坊雷大使之舞，虽极天下之工，要非本色'，乃其第二乘也。"东坡这类作品其实数量也不多。

【注解】

"左牵黄"二句：左手牵黄狗，右臂擎苍鹰。《梁书·张充传》："值充出猎，左手臂鹰，右手牵狗。"黄，黄狗。苍，苍鹰。两者用以追捕猎物。

锦帽貂裘：头戴锦蒙帽，身穿貂鼠裘。汉代羽林军着锦衣貂裘，这里用以形容东坡和随从打猎时所穿的戎装。锦帽，锦蒙帽。貂裘，貂鼠裘。

"千骑"句：谓出猎的随从人马席卷平缓辽阔的山峦。千骑，暗示知州身分，因古代"诸侯千乘"，知州略等于诸侯。卷，席卷。平冈，平坦的山冈。

"为报"句：为了报答全城百姓跟随太守观看打猎的盛意。报，报答、酬谢。倾城，全城的意思。太守，本为战国时对郡守的尊称，汉景帝时改郡守为太守，是一郡的最高行政官员。东坡当时担任密州知州，其职位相当于汉代的太守。

孙郎：指孙权。这里是东坡自喻。《三国志·吴志·吴主传》："（建安）二十三年十月，权将如吴，亲乘马射虎于庱庭（亭）（今江苏丹阳东）。"

酒酣：酒喝得很多，兴致正浓。

"胸胆"句：胸怀更开扩，胆气极豪。尚，更加。

持节：带着传达命令的符节。节，符节，古代使者所持以作凭信。

云中：汉郡名，今内蒙古托克托东北。

冯唐：汉文帝时郎官。《史记·张释之冯唐列传》记载，汉文帝时魏尚为云中太守，抵御匈奴，颇有战功。却因上报战果数字有出入，获罪削职。冯唐向文帝劝谏，文帝便指派冯唐持节去赦免魏尚的罪，仍旧使魏尚担任云中守，而拜冯唐为车骑都尉。按：东坡乃以冯唐自比，喻老而能用也。俞平伯《唐宋词选释》："这里盖以冯唐自比，兼采左思《咏史》'冯公岂不伟，白首不见招'及王勃《滕王阁序》所谓'冯唐易老'等意，承'鬓微霜，又何妨'来，亦即上文所谓'老夫'。其实作者年方四十。冯唐在武帝时，年九十不能为官，亦见本传，他在文帝朝，持节赦免魏尚时，也并不太老，用在这里似乎不太合适。但词人遣词每不拘。古代文士又有叹老嗟卑的习气，年未半百则已称老……近来注家，或释本句为作者以魏尚自比。按史所载，魏尚时因有罪，下吏削爵；东坡于元丰七年（1084 年，按：应是熙宁七年）自杭州通判调密州太守，是升官，非贬职，更非有罪下狱，与魏尚事不合。其另一面，史载冯唐其时不但持节为使者，且做车骑都尉，带了许多兵，也和本词下文'挽雕弓''射天狼'等等意思得相呼应。审文意，仍以自比冯唐为较惬当。"

"会挽"句：谓如获朝廷重用，当致力经营边防，抗击西北方的辽夏强敌。会，当也，将要，假定的口气，有预期意。雕弓，饰有彩绘的弓。如满月，形容拉弓如满月一样圆。弓形似半月，尽力拉弦则成满月形，射箭更有劲道。

天狼：星名，即狼星。古代传说，狼星出现，必有外来侵掠。《楚辞·九歌·东君》："举长矢兮射天狼。"王逸注："天狼，星名，以喻贪残。"《晋书·天文志》："狼一星在东井南，为野将，主侵掠。"从"西北望"看，指西夏；从写作时间和地点看，此年七月，宋朝割地于辽，密州又处宋辽边地，则天狼亦可兼指辽国。

望江南

超然台作

春未老，风细柳斜斜。试上超然台上看，半壕春水一城花。烟雨暗千家。

寒食后，酒醒却咨嗟。休对故人思故国，且将新火试新
茶。诗酒趁年华。

此词作于熙宁九年（1076 年）春，登超然台作。既登超
然台，自应表现出"无所往而不乐""超然物外"的心情。东
坡显然是带着这意识创作此词的。

东坡刚到密州，心情十分郁闷，感觉此处什么都不如杭
州。《超然台记》说："予自钱塘，移守胶西，释舟楫之安，而
服车马之劳；去雕墙之美，而庇采椽之居；背湖水之观，而行
桑麻之野。始至之日，岁比不登，盗贼满野，狱讼充斥；而斋
厨索然，日食杞菊，人固疑予之不乐也。"一年后，东坡习惯
了这里的生活，爱上当地纯朴的风俗，心情渐佳，身体也变好
了，于是开始整理园圃，将园北靠着城墙而建的旧台稍加整
修，作为他与宾客游宴休憩的地方。超然台，在官邸园内的北
面，南望马耳、常山，东边是卢山，西望穆陵关，北边是潍
水，极尽登览之胜。子由为之取名"超然"，当然是希望他的
兄长能随遇而安、超然物外，心灵得到真正的快乐。

这首词写作于"超然台"修葺完成的第二年寒食节过后。
这时正是暮春三月初，春天还没过尽，所以说"春未老"。春
色依旧在，柳条在微风吹拂下斜斜飘荡，作者便在这背景下登
台游赏——"试上超然台上看"。登上超然台，眼前的景致是
"半壕春水一城花，烟雨暗千家"。底下的护城河流着半沟碧
绿的春水，远处城里处处开着美丽的春花，而迷蒙的烟雨笼罩
着千户人家。这温霭而又凄迷的景象，最易触动离人的乡思，

尤其意识到这时正是寒食时节，不久就是清明。

"寒食后，酒醒却咨嗟。"喝酒，只为浇愁，然酒醒后依然感叹不已，因为"思故国"的心情一时难以排解。但站在超然台上的东坡，这时也许是因"超然"二字的刺激，遂改以理性的态度纾解"咨嗟"之情，表现为"休对故人思故国，且将新火试新茶。诗酒趁年华"的方式。故人难得相遇，何必因自己思乡的情绪影响今日的欢聚？旧火已除，新火方生，取水烹茶，正可品尝刚焙制的火前茶，一切都是新的开始，更要趁着这青春年华尽情地吟诗饮酒，莫要辜负眼前美好的时光。这样的结尾，化愁苦为欢乐的态度，是唐宋词中很少出现的情节，可以看出东坡积极面对生活的态度，不让自己陷溺于悲伤的情怀里，反而能以理导情、自我调适，为小词带来新的意境。

【注解】

超然台：在今山东诸城县郊，原为据北城而建的废台。东坡任密州知州的第二年（熙宁八年）底，修葺官廨园北城上旧台，苏辙为之取名"超然台"。东坡《超然台记》说："以余之无所往而不乐者，盖游于物之外也。"

壕：护城河。

寒食：寒食节，冬至后一百零五天，大约在清明前一日或两日。《荆楚岁时记》："去冬节一百五日，即有疾风甚雨，谓之寒食，禁火三日。"

咨嗟：感叹声。

故国：指故乡。

新火：旧俗寒食禁火三日，寒食后再举火，称新火，又叫改火。

147

新茶：指寒食节禁火前采制的茶，又叫火前茶。《苕溪渔隐丛话》前集卷四十六引《学林新编》云："茶之佳品，造于社前；其次则火前，谓寒食前也；其下则雨前，谓谷雨前也。"

水调歌头

丙辰中秋，欢饮达旦，大醉，作此篇，兼怀子由。

明月几时有，把酒问青天。不知天上宫阙，今夕是何年。我欲乘风归去，又恐琼楼玉宇，高处不胜寒。起舞弄清影，何似在人间。

转朱阁，低绮户，照无眠。不应有恨，何事长向别时圆。人有悲欢离合，月有阴晴圆缺，此事古难全。但愿人长久，千里共婵娟。

熙宁九年，东坡于中秋夜通宵畅饮，大醉，同时想起了在济南的弟弟子由，写下了这首名篇。由来写中秋的诗词甚多，东坡的《水调歌头》却是最为人所喜爱的，因为它不只文辞优美，情意跌宕有致，更重要的是它传达了一种温煦与充满希望的情怀，宽慰了许多离人的心灵："但愿人长久，千里共婵娟"的祈愿，永远与中秋相连。

我们读此词之前，须注意三点：东坡选填《水调歌头》，而此调原是悲伤的乐曲（见前《虞美人》"水调谁家唱"的解说），他以此为词，心情可想而知。又东坡性不嗜酒，《书东皋子传后》说："予饮酒终日，不过五合，天下之不能饮，无在予下者。"缘何此夜却"大醉"，真的是"欢饮"吗？所谓

"兼怀子由"，仿佛思念子由只是填作此词的附带原因，但仔细读来，却会发现：这份思念之情才是此词之所以创作的主因。东坡与子由已五年不见，当初他自请来密州，原本是以为可以与弟重逢，没想到事与愿违，东坡心情之郁闷，可以想见，尤其中秋此夜，"每逢佳节倍思亲"，东坡思弟的情怀无法宣泄，遂借酒浇愁，以哀伤的乐曲抒发情绪，是可以理解的。

此词上片写"中秋，欢饮达旦，大醉"的逸兴与感思，下片因景及情，写"兼怀子由"的情事。由望月兴感写到怀念子由，表达了时间推移、空间契阔的主题。

"亦知人生要有别，但恐岁月去飘忽"，这是东坡二十六岁时第一次与子由分别时写下的诗句。过了十五年，东坡的体会更深刻，对人生许多问题更感无奈。"明月几时有，把酒问青天"，他所探问的不是外在的知识，也不纯然是醉中之狂想，而是一直潜伏在心里的生命存在的问题。不知天上月宫，今晚是怎样的情境？东坡想追问的不仅仅是实际的时间（"何年"——月亮何时诞生），而真正想了解的应是那天上的世界会是怎样的存在形态。"人间"与"天上"是相对的情境："人间"代表有限，变化是它的本质，生老病死、悲欢离合是人生难以避免的事情；"天上"则代表了永恒，那里是没有烦恼的理想世界。东坡是因为经历了太多苦恼，遂生出这样的奇想：是否脱离了凡躯，乘风归去，就能够住在那永恒的境地？从此得到真正的自由，再没有烦恼？然而，就在此刻，东坡的理性出来了。他随即意识到："又恐琼楼玉宇，高处不胜寒。"那美丽的天上世界，有比人间更难忍受的事物——那绝对的凄冷叫人如何承受得了？李商隐《嫦娥》说："嫦娥应悔偷灵药，碧海青天夜夜心。"嫦娥得到了永恒的生命，可是她在广寒宫里却过着永远孤独寂寞的生活，这值得吗？东坡终究对人间有爱，无法采取逃离的方式。因此，他打消那不切实际的想法，重新审视眼前的美好："起舞弄清影，何似在人间。"在月光下开怀畅饮，带着酒意邀月同欢，与月下的清影共舞，这样的快乐与自在岂不也如天上神仙，又哪像在人间呢？东坡以为人间是我们唯一的生存处所，怎样逃避也逃避不了，倒不如积极地、欢喜地接纳它；真正的自由不在外面，而在心里，如能保持精神的自由，人间亦是天堂。一直以来，东坡都有着相当强烈的入世情怀，当遇到人生挫折时，他可以借释道思想，凭天纵的才华、丰富的学识、宽大的襟抱，化解人间的苦闷，表现为旷达的人生观，但他从不曾真正有飞升远引之想——人世间始终是他的福地，能安心于此便是他永远的家。东坡之有"起舞弄清影，何似在人间"的体悟，不是无因由的。

东坡此夜，借着酒意，抒发奇想，表面看来好像过了一个颇不错的佳节，但当夜深人静，面对着清冷的月色"转朱阁，低绮户，照无眠"，东坡再也无法隐藏心中的痛楚。一夜将尽，月亮随时间转动，低低照着通宵未眠的东坡，他不禁诘问：月亮不应对人有怨恨的，但为什么偏偏在人离别时团圆呢？月圆而人不圆，多么令人惆怅啊。欧阳修说："人生自是有情痴，此恨不关风与月。"明月无情，长照离人，怎不叫人生恨？东坡将自己的恨意说成月亮有恨，其实是个人对情的痴执，与明月何关？然而，人若完全陷溺于这样的负面情绪当中，那是很痛苦的事。接着，东坡稍稍缓和了情绪，试图用理性思辨的方式，透悟一番道理，以化解因空间相隔而带来的悲感："人有悲欢离合，月有阴晴圆缺，此事古难全。"人无可避免地会有悲欢离合的情况，而月亮总是循环着阴晴圆缺的现象，世间事物都有其相对性，很难配合得那么完美，自有不可填补的缺憾，宇宙人生的真相便是如此，我们又何必耿耿于怀、执迷不悟呢？我们唯一能肯定的就是人间情谊。今夜人虽千里，只要彼此健康无恙，抬头共看明月，那么美丽的月光就是交会着人间情爱的共体，人们可以借月光知道彼此的心意，此情便能跨越时空，彼此得到慰藉。东坡于此为天上的明月赋予了深刻的意义——月，不再是冰冷孤绝的世界，而是人情相亲之处，充满着温馨、美好的感觉。

东坡在这一首词里充分融合了感性与理性，由感性的激问，到理性的安顿，文辞抑扬跌宕，意境婉丽而清远。这可以说是"诗"与"词"的最佳结合。东坡填词至此，已打通诗词的界限，指出向上一路，提升了词的语言和情意之境界。东坡的密州词，由《江城子》"十年生死两茫茫"一首之凄婉和《江城子》"老夫聊发少年狂"一首之雄豪，发展为《水调歌头》之清旷，可以看到东坡以理导情、自我纾解的一番努力。

【注解】

丙辰：为宋神宗熙宁九年，东坡年四十一，在密州任。东坡弟子由，时在济南。

"明月"二句：语本李白《把酒问月》："青天有月来几时，我今停杯一问之。"把酒，端起酒杯。

天上宫阙：指月宫。宫阙，宫门前的望楼。

琼楼玉宇：用美玉做的楼宇，指月中晶莹剔透的亭台楼阁。

不胜：禁不住，承受不了，难以忍受。

"起舞"二句：谓月下跳舞，清影随人，这快乐的情境哪里像在人间，简直是天堂一般。此化用李白《月下独酌》"我歌月徘徊，我舞影零乱"诗意。

"转朱阁"三句：谓月光转过红色的楼阁，低低地照进雕花的门窗，照着失眠的人。照无眠，或谓照着有心事的人，使其不能安眠。

"不应"二句：是说月亮不应对人有恨意，但又为何偏在人逢离别时却团圆呢？俞平伯《唐宋词选释》："指月而言，言月不知有人世的愁恨，它自己忽圆忽缺也就是了，为什么偏在离别时团圆呢？"

"此事"句：指月之盈亏与人心情之起伏从来就不容易配合得那么完美。

婵娟：色态美好也，称人称物均可，此则指明月。语本谢庄《月赋》："美人迈兮音尘阙，隔千里兮共明月。"

雨中花慢

初到密州，以累年旱蝗，斋素累月。方春牡丹盛开，不获一赏。至九月，忽开千叶一朵。雨中特为置酒，遂作。

今岁花时深院，尽日东风，轻飏茶烟。但有绿苔芳草，柳絮榆钱。闻道城西，长廊古寺，甲第名园。有国艳带酒，天香染袂，为我留连。

清明过了，残红无处，对此泪洒尊前。秋向晚、一枝何事，向我依然。高会聊追短景，清商不假余妍。不如留取，十分春态，付与明年。

熙宁八年，东坡知密州。密州几年来屡遭旱蝗天灾，民生多受影响。东坡治灾、处理政务之余，又特地斋戒数月，远离诗酒歌舞、出游玩赏的生活，希望以此庄重虔敬之心打动神明，为下民祈福。而这段斋素期正逢春末牡丹花盛开之时，因此东坡就错过了各种赏花盛会，无缘一睹牡丹芳姿。没想到九月入秋，在绿叶丛中竟开出了一朵牡丹！于是，东坡在蒙蒙秋雨中特意置酒赏花，并写下这首《雨中花慢》，以无比深情记录了这段与牡丹花的特殊因缘。

《雨中花慢》一调，平韵体始自东坡，仄韵体始自秦观。东坡此词，乃秋日雨中咏花而作，内容与词调名称相关，可以看出东坡选调填词之用心，仿如作诗因题赋咏一般。

上片写因旱蝗灾祷而谢绝诗酒盛会，面对寂寂春光，不免遥想牡丹花姿的心情。在繁花盛开的季节里，公余闲暇的东坡却只能静坐深院之中，任东风尽日吹过，看袅袅茶烟随风飘扬，而眼前景色就只是"绿苔芳草，柳絮榆钱"，春光显得黯淡，生活似乎寂寥。相对来说，外面的世界热闹美丽得多了。听说在城西，古寺的长廊外、富贵人家的园林里，绯红色、贡黄色的牡丹正自盛开，且迟迟不谢，应是多情等待我前去观赏。"为我留连"句，不说自己辜负花开，未能及时赏花，却说牡丹多情留恋，迟迟不谢，是为等候自己到访。如此一写，遂自然而然带出那入秋才开的一朵牡丹，当然是"向我依然"，专程为我而开了！

下片先写终究未能及时赏花的遗憾，接着写喜出望外的心情转折。清明过了，花纷纷谢了，春天远离，半点残红都不曾留下。此时东坡斋戒期满，重新回到酒筵歌席之间，所面对的却已是春去花空的景象。东坡不禁悲从中来，在酒席之前潸然泪下，原来他终究与花无缘，而今春的一切美好事物竟在他来不及参与之前，就这样结束了！然而，没想到九月深秋时，竟不知何故"忽开千叶一朵"，在不是花开的季节里，在原本只剩层层绿叶之间，一朵牡丹忽然在秋风里盈盈绽放！为什么春日牡丹竟为我这错过花期的人而在秋天里开呢？仿佛花朵亦知我心中遗憾，竟特地给了我一个惊喜！"为我留连""向我依然"，东坡移情于物，写牡丹而赋予深情，温馨动人，饶有韵味。不过，虽则陶醉在此刻，东坡却也同时意识到好景不常的自然规律：此花开在九月，天气渐冷，恐怕花期也不可能多长。因此，纵使秋雨绵绵，东坡也要为它置酒高会，细细观赏，暂且留住这短短的美丽时光；毕竟四季轮回，花开花落自有规律，秋风既起，百花自然要被吹落，即使眼前这为我迟开的牡丹也一样不容半点宽贷啊！然则东坡并未因此陷入感伤，徒然哀悼美丽的事物从此一去不返。相反地，跨越时序犹自开花的牡丹不独弥补了他错失花期的遗憾，更让他意识到生命的韧性及其延续的意义——"不如留取，十分春态，付与明年"。东坡与牡丹今年相见恨晚，但爱赏名花的心情却丝毫未减。他真诚地期盼：与其对抗凋零的命运，牡丹不如保留自身的美丽，等待明年春来，再尽情绽放。这何尝不是东坡对未来生活的憧憬？

东坡此词写牡丹，却非纯粹咏物之作，而是借物叙事以抒怀，透过与花的因缘际会，写出年来的生活实感和心境变化，语意跌宕有致。全词沿着时间的脉络书写，上片写斋素生活，空间由近及远；下片写意外得赏牡丹之情事，时间由春及秋；结尾再由今秋拟想明春，写出赏爱牡丹的深情与对来年的盼望。此词情思婉转，语调闲雅，娓娓道来，自有一种特殊韵致，郑骞《成府谈词》推为"韶秀舒徐"代表作之一。

【注解】

轻飏茶烟：用杜牧《题禅院》"今日鬓丝禅榻畔，茶烟轻飏落花风"句意，写斋素生活，只能在庭院中烹茶。飏，飘起。

榆钱：即榆荚。《本草纲目·木部》："榆白者名枌，其木甚高大。未生叶时枝条间先生榆荚，形状似钱而小，色白成串，俗呼榆钱。"

长廊古寺：盖即密州之南禅寺、资福寺。

甲第名园：豪门宅第之著名园林。此指城北苏氏园，此园原是后周宰相苏禹珪别墅所在地，花卉繁盛。

"国艳"二句：语本唐李正封诗"国色朝酣酒，天香夜染衣"。牡丹有"花王"之称，是中国最名贵的赏玩植物。"国艳带酒"指绯红色牡丹，今名"醉贵妃"。"天香染袂"指贡黄色牡丹，今名"御袍黄"。

"高会"句：言应当置酒高会，欣赏牡丹，抓住这即将逝去的短暂时光。高会，盛会。追，不放过，留住。短景，短暂的时光，指花期。

清商：秋风也。潘岳《悼亡诗》："清商应秋至。"李善注："秋风为商。"商，古代五声之一。古代以宫、商、角、徵、羽五声与金、木、水、火、土五行相配，商为金；与春夏秋冬四时相配，商为秋。此取商为秋意。

不假余妍：谓秋风不因牡丹难得在秋日仍开花而稍予宽贷。

"不如"三句：言不如且留着春容，等待来年再开放。取，语助词，犹"着"。

浣溪沙

徐门石潭谢雨，道上作五首。潭在城东二十里，常与泗水增减清浊相应。

软草平莎过雨新。轻沙走马路无尘。何时收拾耦耕身。

日暖桑麻光似泼，风来蒿艾气如薰。使君元是此中人。

熙宁十年七月，黄河决堤，徐州水患，时任知州的东坡率军民筑堤抗洪，保住城池。次年春天，徐州又遭旱灾。东坡诗说："东方久旱千里赤，三月行人口生土。"可见灾情严重。东坡按当地人说法，到城东石潭祈雨。不久，天降甘霖，东坡于是又到石潭谢雨。他在途中用《浣溪沙》一调写了五首词，序曰："徐门石潭谢雨，道上作五首。潭在城东二十里，常与泗水增减清浊相应。"这组词活泼生动地记叙了道上见闻的村野景象，也透露了作者对农民生活的关切情怀。这是其中的第五首，由沿路风光的刻画，自然气息的感受，写到了一己对归耕生活的向往之情。

东坡词写自然风光，往往能呈现出行进中的景物变化，好像一位实地采访的记者，将其所见所闻如实地记录下来，让人有置身其境的感觉。前四首《浣溪沙》分别从不同角度写出得雨后的农村景象与人物风情。这是最后的一首，着重于叙述巡视田家生活时的深切感受，有收束整组词的作用。

上片首句写田野间的莎草，铺展眼前，既柔软又平整，经雨冲洗后显得格外清新。久旱得雨，大自然又重新展现了生命，当然令人欣喜。而雨后泥土湿润，作者骑马踏在松软的沙地上，一路尘土不扬，自是十分惬意。想起多年来在仕途上奔波，无端沾惹许多是非，弄得身心俱疲，已好久没有如此轻松自在的心情了，东坡不禁自问：什么时候才能换回农夫的身份，归耕田园，重拾过去农家生活的美好时光呢？

下片写视觉与嗅觉的景象："日暖桑麻光似泼，风来蒿艾气如薰。"是东坡写景词句中的佳句。新雨后的桑麻叶子，在暖暖的阳光照耀下，光泽油亮，如水浇泼过一样，而阵风送来蒿艾的气味，则像薰香一般。郑骞《永嘉新札》有一段话分析这两句的互文作用，说："桑麻之叶经日射而发光，经风吹而叶面转动，其光有如泼水；蒿艾之薰气，吹送之者为风，雨后蒸发之者则为日。上下两句，风日交融。"这两句其实也寓含了刚下过雨的消息。东坡置身于风日交融的景致中，自是陶醉不已。而眼前的一草一木，都是似曾相识的景物，许多久已忘怀的记忆，借着感官的刺激，一一被唤起。东坡说："使君元是此中人。"强调自己是农家出身，也表达了对田园生活那种宁静、纯朴生活的向往。"使君"的身份与现实处境，和"此中人"的生活与理想世界，两者如何取得和谐？一直是东坡最感苦恼的人生课题。

苏家世居眉山，非一般士族，向以务农维生。东坡在乡间长大，对农村生活不陌生，所以他常爱说"我昔在田间""我是田中识字夫"一类的话。东坡《题渊明诗二首》也说："陶靖节云：'平畴交远风，良苗亦怀新。'非古之耦耕植杖者，不能道此语；非余之世农，亦不能识此语之妙也。"在扰攘的官场中，东坡不时会怀想田间生活的宁谧、自然与美好。可是，心虽向往之，但基于现实的考虑和儒家用世的理想，东坡一生始终无法按心中想法真的能归隐田园，只有贬谪黄州与琼州时，不得不为了生计而暂时实现了"收拾耦耕身"的梦想，并以陶渊明为效法对象。

东坡这一组《浣溪沙》，描写村野农家的景色，文笔平淡而流畅，格调清新，颇饶生活的气息，在内容上是一大突破，而其中的宋诗趣味可说是延续了之前密州的两首《望江南·超然台作》。后来在黄州时期的农村词，则因由旁观者改为真正的"此中人"，遂添加了更多的主观情意，呈现了新的风貌。请参考下文所选释之《江城子》（梦中了了醉中醒）一首。

【注解】

平莎：平整的莎草地。莎，多年生草本，地下有纺锤形细长块根，称香附子。

收拾：安排，收取，得到。

耦耕：两人并耜而耕，泛指耕种。《论语·微子》："长沮、桀溺耦而耕，孔子过之，使子路问津焉。"

"日暖"句：阳光照在桑麻上，显得光泽鲜亮，就像泼上了水一样。

"风来"句：风吹来蒿艾的气味，像闻到薰香一般。蒿，青蒿，丛生水边，开小头状绿黄色花。艾，野草，花淡黄色，小头状花序。薰，香草，又名蕙草，此指如薰之香气。

使君：古代州郡长官的称呼，常用以称太守，此处乃作者自谓。

元是：即原是、本是。

永遇乐

彭城夜宿燕子楼，梦盼盼，因作此词。

明月如霜，好风如水，清景无限。曲港跳鱼，圆荷泻露，寂寞无人见。紞如三鼓，铿然一叶，黯黯梦云惊断。夜茫茫，重寻无处，觉来小园行遍。

天涯倦客，山中归路，望断故园心眼。燕子楼空，佳人何在，空锁楼中燕。古今如梦，何曾梦觉，但有旧欢新怨。异时对，黄楼夜景，为余浩叹。

此词作于元丰元年（1078年）秋，东坡四十三岁，任徐州知州。前一年东坡与徐州军民共抗水患，水退后，又亲自参与增修城墙，并向朝廷申请拨款修建大堤，完成种种治水工作。今年二月他另在彭城（徐州城）东门新建一楼台，以黄泥涂壁，命名"黄楼"。这座黄楼既有克水之意，也用以纪念徐州官民同心战胜洪水的事迹，同时无疑也见证了东坡在徐州的功业。而在此之前，徐州城另有一座著名的古迹：燕子楼，是唐代的徐州刺史为爱妾盼盼而建。两座楼建于不同世代，一为美人情意，一与百姓福祉、东坡治绩相关。楼有新旧，建筑目的亦各自不同，然东坡由今思昔，自昔见今，却体悟了此间永恒不变的生命困境。因此，在词序里，他自述"夜宿燕子楼梦盼盼"，然整篇词作却未曾详细叙述梦见盼盼情事，反而是借梦起兴，引发出人生如梦的感叹。

这阕词开头三个句组，都是"四言对句＋一个单句"。对句是"二、二"的句式，节奏舒缓，再以一单句收结，则有说明、总结段意的作用。"明月如霜，好风如水"，一写月色，一写秋风，用"霜""水"比拟，既呈现了月色之银白与秋风缓缓吹拂的舒徐，也予人"清冷"的感受。于是乃有"清景无限"一句，综合明月与好风，说眼前一片无限清幽的景象。"曲港跳鱼，圆荷泻露，寂寞无人见"，曲曲折折的港湾，时有鱼儿自水面跃出，扑通一声又落回水中，一圈圈的涟漪便兀自散开；而圆圆的荷叶上凝结了露珠，夜风拂过，荷叶轻翻，露珠自叶上滑下，咚的一声落入水中，于是，涟漪再度缓缓荡开……荷叶圆，港湾曲折，远近的构图错落有致；而鱼儿与露珠一上一下间，此起彼落，水纹荡开的画面不断扩散。这首词的世界，仿佛就从一点开始，逐渐扩大、加深我们的时空感受。五句写来尽是"寂寞"之境，而所谓"无人见"，是说从未有人见过？还是如此夜色、如此园景却空无一人，纵然是作者的身影亦不在其中？东坡似乎是让景物自然呈现，而不让人为动作、人为意识进入景中（如同今日摄影之"空景"），若非绝对的自然的宁静，我们是不容易看到、听到这样的景致的。就在如此静谧的环境里，突然，"紞如三鼓，铿然一叶"，远近传来轻重不一的声响，打破了此间沉寂。"纵如"二字语音略沉，有着撞击、敲破前面清幽之景的效果；"铿然一叶"，则以金属之音写一片梧桐叶落下的清脆声响，生动地强化了"梦云惊断"的感受！从幽邈梦境中惊醒，意识犹自迷惘，而环绕身边的是茫茫夜色。东坡在这里故意用了重语、叠字（"黯黯""茫茫"），增加了一种蒙昧不清、醒后茫然迷惑的感觉。"觉来小园行遍"，醒来后再也无法重新入睡的词人走遍了整座园子，寻寻觅觅，却又"重寻无处"，怎么找都再也找不着了。他寻找的是什么？失落的梦境？而梦境又是什么？是刚才"明月如霜，好风如水"的景象吗？还是，他现在醒来走遍小园，所看到的才是前述清幽之景，而遍寻不着的是另一个迷蒙、模糊、连自己也分不清的梦境？然则，最初六句所写是梦是真，一时之间，我们竟也分不清了。东坡于此似乎制造了模棱两可的状态，把人生如梦的感觉隐隐呈现。梦如真，真如梦，但是一觉醒来，转瞬之间，方才如真的世界皆成过往，无论再怎样的努力，也都回不去了！晏殊《玉楼春》说："长于春梦几多时，散似秋云无觅处。"春梦短暂易醒，秋云聚散无常，人生在本质上与此又有什么差别？空间的流转和时间的推移永不停歇，我们的一生能比一场春梦长多少？而一生也不可能永远停留于一时一地，其间种种生离死别如同云聚云散，一旦变换，便已是不同的时空世界了。

由露水凝结、掉落的夜间几刻钟，到夜之将尽、新的一天即将开始的三更时分，再到叶落知秋的岁时更迭，时间不断扩散、拉长，词之下片更进而推到了生离、死别情状下的十余

年、过百年，乃至是过去、现在、未来的时间长流，并归纳在
"古今如梦"的概念里。

梦醒了，谁能重回梦境？所谓"重寻无处"，寻不回的何
止是梦境？离家之后，同样是再也不易回到往日的时空。远
在天涯的倦客面对遥远的归乡之路，恐怕只能"望断故园心
眼"——不论是举目欲见或内心思盼，那故园已经是想看也
看不到、盼也盼不得了——这是"生离"之叹。更进一步想，
"燕子楼空，佳人何在？空锁楼中燕"，空荡荡的燕子楼，当
年曾是盼盼的居所，而今呢？美人深情，却也终究难敌岁月悠
悠。到头来，燕子楼留不住佳人，留不住一代风华，徒然只剩
年年来去的燕子、无人见的寂寞。而燕子年年归来，却更对照
出了"人去楼空"的悲凉——这是"死别"之叹。

无论"天涯倦客"之离家千里，"佳人"之死后多年，不
论"生离"或"死别"，都一样无法克服时空之差距，离家
的无法重返故园，离世的再难回到人世。最后东坡点出了人
生的宿命：古往今来，如同一场大梦，谁能从梦中真个醒
来？《庄子·齐物论》说："方其梦也，不知其梦也。梦之
中又占其梦焉，觉而后知其梦也。且有大觉而后知此其大梦
也。"当我们在梦中时，不论遭遇为何，我们都会随其喜怒
哀乐，一点也不会感觉是梦。必须等到醒来，才会发现原来
刚刚无比真实的一切，竟然只是虚幻的梦境。那么，深入一
层思考，我们为之悲、为之欢喜的人生种种，是否也是一场
尚未醒来的大梦？只是，要能自此"大梦"中"大觉"，并
非易事，于是，我们困在生离死别之中，困在欢喜悲怨之

中，"但有旧欢新怨"，永远纠缠在相对的情绪之中，终身不得安宁！而古往今来，我们不断循环着梦中的情节，东坡说："现在我来到燕子楼凭吊盼盼，想起她的爱情故事，不胜感慨；多年以后，人们若登上徐州黄楼，面对此间夜景，忆起我今日的功业，那么，'为余浩叹'，应该也会为我赞叹不已吧！"这段话乍看颇有自得之意，但细思却也令人感伤。"后之视今，亦犹今之视昔"，这是王羲之《兰亭集序》的一段话，意思是说以后的人看我们，就如同我们现在看以前的人一样——现在我们凭吊前人，感叹物换星移，人事全非；后人不也将睹物思人，怅然追忆消失于时间长流中的我们？这似乎是人生的宿命，轮回不已的悲哀。

此词吟出了"古今如梦"的深悲。词以对比的美感为基调，而相对的情怀中，又以真与假、梦境与现实之间的对比最为强烈。若非外在遭逢极大的困挫，有着极痛的感受，而内在却依旧对人世多所眷恋，有着执着不悔的情意，又岂能激荡出如此深切的人生如梦之感呢？东坡一生多变，在入世与出世间挣扎徘徊，感受既多且深。此时的东坡，抗退洪水，建立事功，得到百姓的信赖，自信可留名于千古；然而，夜深人静，面对徐州的历史陈迹——人去楼空的燕子楼——思前想后，却顿生人间空茫之感。美人韵事俱成过往，官宦事功又何尝不是转眼皆空？东坡由此体悟人生仿如一梦，而人之所以沉醉于梦境之中，无法醒转，主要是因为有一份情在。词，唱出了这"剪不断，理还乱"的情思，因此就谱成了永恒的哀歌：旧欢不再，新怨不断，抑扬跌宕的情感节奏中，回荡着岁月飘忽、别恨无穷、今不如昔的旋律。此词，在清丽舒徐的风格中有着深刻的生命体验和无穷的感叹。

【注解】

燕子楼：唐代检校工部尚书张建封之子张愔任徐州刺史时为其爱妾盼盼所建之楼。白居易《燕子楼三首并序》云："徐州故尚书有爱妾曰盼盼，善歌舞，雅多风态。予为校书郎时，游徐、泗间。张尚书宴予，酒酣，出盼盼以佐欢……绩之（张仲素）从事武宁军累年，颇知盼盼始末，云：尚书既没，归葬东洛，而彭城有张氏旧第，第中有小楼名燕子。盼盼念旧爱而不嫁，居是楼十余年，幽独块然，于今尚在。"有人认为这是张愔的父亲张建封的事，但张建封卒于贞元十六年（800年），而白居易贞元二十年（804年）始为校书郎，可证这种说法不正确。张愔尝官徐州刺史，元和中召为工部尚书。

"铮如"句：谓三更鼓声铮然响起。铮如，犹铮然。铮，音 dǎn，击鼓声。如，助词。《晋书·邓攸传》引吴人歌："铮如打五鼓，鸡鸣天欲曙。"

"铿然"句：写夜静叶落声清晰可闻。铿然，本形容金石发出的清脆声，此用以形容秋叶坠地之声，应指秋夜梧桐叶落。

"黯黯"句：谓幽暗不清的梦境被惊醒。梦云，形容梦如云般，散灭后便难重会。

"天涯倦客"三句：是说自己倦于作客远方，很想沿着山中归路返乡，可是故乡渺远，怎样看都看不见，怎样盼也盼不到了。"望断"句，刘若愚《北宋六大词家》："如果以散文写，这一行应作'望故乡而心眼断'，就现在句法而言，'故园'形容'心'和'眼'，而此二字又皆为'望断'的受词，所以这一行的意义是：'我凝望着直到我看裂想断我那向着家乡的心和眼。'较之散文的笔法，这句词所表达的是多么丰富啊！"

"异时对"三句：他日后人对着黄楼夜景凭吊今日之我时，应该也会为我长叹。黄楼，在徐州城东门上，东坡守徐时拆霸王厅建之。作此词前一年（熙宁十年）八月，黄河决堤，殃及徐州，东坡亲率民众击退洪水，并于第二年二月在城东门上建楼，楼壁涂上黄土，取五行中土克水之意，因名曰"黄楼"。

西江月

平山堂

三过平山堂下，半生弹指声中。十年不见老仙翁，壁上龙蛇飞动。

欲吊文章太守，仍歌杨柳春风。休言万事转头空，未转头时是梦。

东坡于熙宁四年（1071年）由汴京赴杭州通判任，及熙宁七年由杭州赴密州知州任，都经过扬州。元丰二年（1079年）四月，东坡由徐州赴湖州知州任，第三次到扬州，再登平山堂，缅怀恩师欧阳修，即席于知州鲜于侁宴上赋此词。释德洪《跋东坡平山堂词》云："东坡登平山堂，怀醉翁，作此词。张嘉甫谓予曰：时红妆成轮，名士堵立，看其落笔置笔，目送万里，殆欲仙去尔。"可见在众人围堵下，东坡挥毫写作时凝神入妙的风采。

东坡于欧阳修有说不尽的感念。此时四十三岁的东坡，在起伏变化的生涯中，更感时间的飘忽；而将近半百的人生，倏忽间三过平山堂，可见与恩师欧阳修的缘分。东坡最后一次看见欧阳修，是九年前的往事了。如今再到欧阳修在扬州兴建的平山堂，见到当年欧公在壁上所题的字，依然龙蛇飞舞，如晤故人一般，既意识到恩师精神之不朽，但也流露出伤逝之情。欲要凭吊这位一代文豪，此时此地最好就是传唱他昔日送刘敞出守扬州所赋的《朝中措》词："平山阑槛倚晴空，山色有无中。手种堂前垂柳，别来几度春风……"欧阳修很喜欢平山堂，常来此地游赏，还曾亲自在堂前栽种一棵柳树，人称"欧公柳"。欧公调离扬州后，一直不能忘怀，可惜无缘重返故地。从《朝中措》词中可以看出当年欧公对平山堂有着无限依恋，今日杨柳春风依旧，更增后人对欧公的怀念。凭吊欧公，唱他的词，而他当年作词时的情景转眼间已如梦幻般逝去。东坡之前在徐州作《永遇乐》词已有"古今如梦，何曾梦觉"的感叹。这个时候也延续着这番体认。他针对白居易"百年随手过，万事转头空"的说法，翻进一层，认为不是临终时才能体悟万事皆空的，其实活在人世的当下都如一梦，虚幻不真。所谓"休言万事转头空，未转头时是梦"，这当然不是文字的争辩，而是他实际的生命感受。东坡这些年来几经忧患，他不但不如欧公之能以诗酒自宽，反而堕入更忧伤的境地，顿感浮生若梦。

此词的意态是相当低沉的。不过，接着发生的"乌台诗案"，才真正让东坡对如梦的人生有更痛切的体味。欧阳修不忘平山堂，其实，东坡亦何曾忘怀？东坡贬谪黄州时，赋《水调歌头》说："长记平山堂上，敧枕江南烟雨，渺渺没孤鸿。认得醉翁语，山色有无中。"他不禁想起平山堂的美景，终于能体会欧阳修词句"山色有无中"的意义。在变幻的人生中，平山堂仿佛联系着一种不变的精神，见证了人情的美好，也让人领悟到自然的真谛。

【注解】

平山堂：在今江苏扬州大明寺侧，庆历八年（1048 年）欧阳修知扬州时所建。地势甚高，江南诸山拱列堂檐之下，似可攀取，故曰"平山堂"。

弹指：佛教义，以手作拳，屈食指，以大拇指捻作声，表示许诺、赞叹、愤怒、告诫等。因以喻极短时间。佛经说二十念为一瞬，二十瞬为一弹指。

"十年"句：东坡于熙宁四年赴杭州通判任，拜谒欧阳修于颍州，第二年欧阳修病逝。从熙宁四年至此时元丰二年凡九年，此言十年乃举成数。

"壁上"句：指欧阳修在平山堂壁上留题的墨迹，如龙蛇飞舞。李白《草书歌行》："怳怳如闻鬼神惊，时时只见龙蛇走。"傅干《注坡词》："文忠公墨妙，多着平山堂。'龙蛇飞动'，言其笔势之腾扬如此。"

"文章"二句：谓悼念欧阳修，并唱他的词。欧阳修《朝中措·送刘仲原甫出守维扬》："平山阑槛倚晴空，山色有无中。手种堂前垂柳，别来几度春风。 文章太守，挥毫万字，一饮千钟。行乐直须年少，尊前看取衰翁。"按：欧阳修曾任滁州、扬州、颍州等地太守，又以文章显名当世，故称"文章太守"。

万事转头空：白居易《自咏》："百年随手过，万事转头空。"转头，谓死去。

三、也无风雨也无晴——黄州时期

乌台诗案后，东坡责授黄州，这是他士宦生涯的最大挫折，然而却是他词作的巅峰期。东坡因诗文惹祸，这时虽没有完全停止诗文的创作，但他已尽量去掉议论时政、捭阖纵横的笔调，而生活中的幽邈情思，内心世界更深层的体验，则多借抒情词体来表现。东坡黄州词充分反映其在贬谪生涯中生命情怀如何由余悸犹存到随缘自适的转变历程，其中有现实的挫折感、生命的无常感叹，也能呈现出旷达的胸襟、归耕的闲情，由沉痛悲凉变为清远旷达，东坡生命境界的提升于焉可见。而其运笔构篇，大多圆融无痕，挥洒自如，虽偶不合律，却天趣独成。词境或清丽韶秀，或雄健俊逸，或超旷平和，俱见东坡之才情与襟抱。

黄州时期，东坡以词为抒情主调，不是没有原因的。劫后余生，经历了生死交战，人生际遇颠倒翻覆所形成的对照感，生活的拮据，心灵的创伤，时间的焦虑，这些深沉抑郁、迂回曲折的情绪，都与词的回环往复的哀怨旋律相应和。

"乌台诗案"，是东坡政治生涯中的一次惊涛骇浪，仿如一场噩梦，比《永遇乐》人生如梦的感喟，有着更真实的况味。这一场梦，东坡也不知何时能醒来。如何自处于身心煎熬的贬谪岁月，是东坡黄州时期最要面对的难题。黄州时期，理想与现实之间的冲突更为激烈，生死祸福难测的遭遇更加深了他人事无常的感慨，人生如梦之感尤其深刻。《西江月·黄州中秋》说："世事一场大梦，人生几度新凉？"这是他以真实的生命历验所体证的人生虚幻、岁月无情的感受。刚到黄州，东坡内心余悸犹存，面对现实生活更感无奈怅惘。《卜算子》写孤鸿"惊起却回头，有恨无人省"，正是东坡心境的写照。年余之后，东坡已渐适应逐客生活，心情平静了许多。但时间推移的哀感，仍随时袭上心头。

谪黄第三年的元丰五年（1082 年），是东坡黄州时期最关键的一年。这一年，四十七岁的东坡，心境变化极大，情绪最为复杂，由苦闷、不安、悲叹，渐趋舒缓、平静、放旷，在闭门自省、归田躬耕、忧心国是、访友闲吟、放浪山水的生活中，对时间推移、生命无奈之感特深，而相对地，希望回归平淡、向往闲适生活之情尤切，如是，在梦与醒之间，情与理之际，由悲哀到旷达，转折跌宕的情思，一一都记录在东坡的诗文词里，留下了许多不朽的名篇。是年初春，东坡躬耕于"东坡"，休憩于"雪堂"，感到满意自适，以为与陶潜隐居生活的意境相似，心向往之，作《江城子》一词以明志，充满期待的喜悦。词云："梦中了了醉中醒。只渊明，是前生……都是斜川当日景，吾老矣，寄余龄。"在人生的大梦中，不愿再任由摆布，求得自我的清醒，决定生命的取向，可见东坡正以积极进取的态度迎接新的一年。不料，天不从人愿，连下两个月的雨，他的心情跌落了谷底。

《寒食雨》二诗，前首写雨中海棠凋谢，自己谪居卧病，两
相对照，惜花自怜，无限伤感；次首写居家生活的危愁苦
困，苦闷隔绝的生活中竟忘了身边的岁月，结语四句发出了
极为沉痛的哀鸣："君门深九重，坟墓在万里。也拟哭途穷，
死灰吹不起。"所谓报国无门，归家不得，进退失据，陷入
了绝境。这是东坡最凄然绝望的诗篇。三月七日，东坡沙湖
道中遇雨，不久放晴，作《定风波》一词，写出了悠然自得
于雨中的心情，及超越了人世风雨晴阳，达到宠辱皆忘、得
失不萦于怀的坦然自在的境地："回首向来萧瑟处，归去，也
无风雨也无晴。"这是东坡于人生风雨的困境中走出，自我
惕厉的心声。其实，东坡此时仍未真正能平定人生的波澜，
了然无挂碍。因为他始终仍在意时序之迁移、年华之流逝。
《浣溪沙》说："谁道人生无再少？门前流水尚能西，休将白
发唱黄鸡。"由反常的现象，抒发理趣，看似幽默自在，此
中实有时间忧惧之感存焉。是年夏日，东坡想起四十年前在
家乡的童年旧事，作《洞仙歌》一首；整首词所关心的仍是
时间的主题："但屈指西风几时来，又不道流年，暗中偷
换。"写花蕊夫人纳凉情景，百年往事，依稀目前，细细回味中，
时间不曾停歇。东坡借事述怀，流露出韶光暗逝的哀叹。面
对时间飘忽，难以自持的感叹，东坡入秋以后所赋《念奴
娇·赤壁怀古》一词表现更为深刻。周瑜之以盛年在赤壁创
造不朽的功业，对照自己之将近半百却贬谪于此，东坡颓然
失落的悲感则可想而知。他说："多情应笑我，早生华发。"
是极沉痛的自嘲之语。词，作为一种抒情文体，加上字句韵

律回环往复的特质，实在有它的限制，要借此纾解内心结纠的情愁，不易达到理顺意畅的境地。东坡在这年秋冬之际，针对这矛盾难解的心情作前后《赤壁赋》，借着转换文体，铺叙展衍，见证了他调整心态，诚恳面对生命的态度。东坡由词而赋；由格律到散体；由感性抒情到理性思辨，由理念陈述到行动显示；由个人到历史，由历史到自然；表现了由窄往宽处写的旷达情怀。东坡诚然为文体赋予了更深广的生命意义。

元丰六年（1083年）及其后，东坡的心境与词境显然已有变化。在形式上，东坡词多了些散行的语句，结构更明畅自然。而内容则更多样化，意境也更平易广远。从《临江仙·夜归临皋》开始，写出一种自我观照的精神，由醉及醒，进而体悟了"小舟从此逝，江海寄余生"的超旷。东坡此时已逐渐走出阴霾，"不以谪为患"，重新肯定自我，《水调歌头·黄州快哉亭赠张偓佺》所谓"一点浩然气，千里快哉风"，即展现出坦然自在，无往而不适的心境。词的气象，更是博大开阔。东坡能忘却人间得失，身心闲而能适，他的感官世界开拓了，而词中声色气味的意象更是丰富鲜活了许多。《鹧鸪天》"林断山明竹隐墙"一首正写出了一派悠然闲逸的意态。该词结语就此番闲游做总结云"殷勤昨夜三更雨，又得浮生一日凉"，意谓此时的闲情何尝不是因现实的失意而得来的呢？这番体悟充分展现出一种宽宏的气度，一种正向积极的人生观。而与之配合的舒徐笔调，随意写来，颇能呈现东坡黄州后期日趋淡远的心境。

黄州词代表作:

一、黄州前期:《卜算子·黄州定慧院寓居作》,《西江月·黄州中秋》,《南乡子》(晚景落琼杯),《浣溪沙·十二月二日雨后微雪……》(覆块青青麦未苏、醉梦昏昏晓未苏)二首,《满江红·寄鄂州朱使君寿昌》,《水龙吟·次韵章质夫杨花词》(见咏物词)。

二、黄州中期:《水龙吟·闾丘大夫孝终公显尝守黄州作栖霞楼为郡中绝胜》,《江城子·陶渊明以正月五日游斜川……》,《满庭芳》(蜗角虚名),《定风波·三月七日沙湖道中遇雨……》,《浣溪沙·游蕲水清泉寺寺临兰溪溪水西流》,《西江月·顷在黄州春夜行蕲水中……》,《洞仙歌·余七岁时见眉山老尼……》,《念奴娇·赤壁怀古》,《念奴娇·中秋》,《南乡子·重九涵辉楼呈徐君猷》。

三、黄州后期:《临江仙·夜归临皋》,《水调歌头·黄州快哉亭赠张偓佺》,《鹧鸪天》(林断山明竹隐墙),《西江月·重阳栖霞楼作》,《满庭芳·元丰七年四月一日余将去黄移汝……》。

选读作品

卜算子

黄州定慧院寓居作

　　缺月挂疏桐,漏断人初静。谁见幽人独往来,缥缈孤鸿影。

惊起却回头，有恨无人省。拣尽寒枝不肯栖，寂寞沙洲冷。

东坡于元丰三年（1080年）二月一日至黄州贬所，初寓居定慧院（一作定惠院，在黄州城东南清淮门外）；五月迁临皋亭（在黄州城南长江边）。此词的词题说是"黄州定慧院寓居作"，则当作于本年初到黄州时，二月至五月间。

东坡初到黄州，心情极为沉郁悲痛。士大夫淑世济民的理想落空，面对从未有过的贬谪生活，身心煎熬，是十分严厉的考验。此时，家人尚未团聚，只有长子迈陪侍在侧，暂时借住僧舍，心里充满着惶惶不安的情绪。东坡诗说："饥寒未至且安居，忧患已空犹梦怕。"他想随遇而安，但家人到来后更窘迫的物质生活，东坡其实何尝不担忧；而因诗案牵连众多亲友，让他们受累，东坡也始终耿耿于怀。他在书信中不断说"多难畏人"，是极沉痛的心声。虽意识到诗案已结束，可是心中余悸犹存。

《卜算子》一词所写的就是这挫折后的惊悸、忧愤与强烈无悔的情绪。这阕词的题目交代了写作的地点，作品本身则运用象喻的手法，抒发此时的心境。首二句写眼前景：一弯残缺的月亮挂在叶子稀疏的梧桐树上，夜已深，人语渐歇，四周一片寂静。"缺月""疏桐""漏断"，这些词语强烈呈现了残败凄清的景象，在东坡词中是很少见的，这正是他初贬黄州时心境的投影。"谁见幽人独往来"？犹疑仿佛之间，好像有人在晃动，但仔细一看，啊，原来是远处孤鸿掠过的身影。所谓

"幽人"，何尝不是东坡的自称，强调自己离群索居的幽独？而所谓"谁见"，则表达了无人知晓的寂寞。"缥缈孤鸿影"，是眼前所见的景象还是借孤鸿以喻独往来的幽人那清高又失意的感受？似虚亦实，似有意若无意，让读者有自由联想的空间。

此词上片写幽人，下片则直接就孤鸿发挥，不像一般词采统一的叙述观点，章法奇特，别具一格。黄苏《蓼园词选》曰："此词乃东坡自写在黄州之寂寞耳。初从人说起，言如孤鸿之冷落。第二阕专就鸿说，语语双关。格奇而语隽，斯为超诣神品。"孤鸿受到惊扰而飞起，不时回头探看，心中似有许多憾恨，却无人能明白理解。这流露出它失却伴侣后，对网罗的忧惧，和失群的哀伤。它最后拣尽寒枝，不肯栖居其上，宁愿停息在一片清冷的沙洲上，用语相当决绝，而东坡的自信和不易被摧折的傲骨，却也表露无遗。东坡此时仍是待罪之身，初到黄州，寓居僧舍，生活很不稳定，心中犹有余悸，不正是那含恨惊飞、寒枝不栖的孤鸿的心境与处境？此词以孤鸿自喻，既表现出孤高自赏的态度、忧愤深广的情绪，同时也呈现了不愿与世俗同流的情操。

东坡此篇不似婉转有情的歌词，而像借物述怀的诗篇。作品运用了传统诗歌的比兴手法，因此作意在似有还无间，黄庭坚评为"语意高妙，似非吃烟火食人语"，其意境之高远处正在于此。然而，明清以来颇多穿凿附会之说，于虚处作实解，如张惠言《词选》说；"'回头'，爱君不忘也。'无人省'，君不察也。'拣尽寒枝不肯栖'，不偷安于高位也。"
字比句附，实不足取。郑骞《词选》谓此词："穆而近木，在
诗中亦非佳境，何况词乎？"然自宋以来，此词脍炙人口，
真正的原因恐怕是其中郁勃的神气、坚忍自持的气节，塑造
了知识人可敬可佩的典范，遂超越了它直率无韵的缺失，得
到文人的青睐。

【注解】

漏断：谓漏尽也，是说漏壶中的水已滴尽，表明夜已很深。漏，指
漏壶，古代计时器具，用铜制成，有播水壶和受水壶两部分。播水壶上
下分为数层，上层底有小孔，可以滴水，层层下注，最后流入受水壶。
受水壶内有立箭，箭上画分一百刻。箭随蓄水上升，逐渐露出刻数，用
以表示时间。到深夜时，壶水渐少，滴漏的声音已很难听到了，所以说
是漏断。

幽人：离群独居的人。一说幽人指囚禁之人。

缥缈：指恍惚有无之意，或形容隐约高远之貌。

无人省：犹言无人能理解。省，察觉、了解。

"拣尽"二句：谓孤鸿选遍了凋零凄冷的树木，却不愿随便停歇在
空枝上，而寂静的沙洲则显得一片冷清；后一句，或谓孤鸿寻不到合意
的树枝，最后宁可栖宿在寂寞寒冷的沙洲上，亦可。按：鸿雁栖宿之
处，本是田野苇丛，而不是树枝。这句用"拣尽""不肯"等字样，含有
良禽择木的意思，表达了一种择善固执的决绝精神。沙洲，江河中由泥
沙淤积而成的陆地。

西江月

黄州中秋

世事一场大梦，人生几度新凉。夜来风叶已鸣廊，看取眉头鬓上。

酒贱常愁客少，月明多被云妨。中秋谁与共孤光，把盏凄然北望。

东坡写过几首中秋词，望月兴怀，颇多感叹，而这首《西江月》大概作于元丰三年，写贬谪生涯里过中秋的悲苦处境和凄寂心情，最是沉痛。

这首词一起笔便是凄凉无奈的心声："世事一场大梦，人生几度新凉。"东坡人生如梦的感慨，经过"乌台诗案"之后，已有深刻的体会。功名之得失变化，如此巨大的转折，好像梦境情节，看似真实，却是虚幻。这是东坡对年来种种情事的回顾，仿佛有诸缘尽捐的了悟，其实是劫难之后，怅然无奈，感到无从把握生命的哀叹。这份无奈因着下一句而更形伤悲。词人不只暗伤往事，也更忧心未来。"人生几度新凉"，充满了词人面对时序变化的惊悸之疑。一年容易又凉秋，如此美好佳节，我们又能度过几回？现实的打击使东坡顿感理想的追求仿如一梦，梦醒却无痕；而不知何时终了的贬谪生活，则更加深了他徒然虚度岁月的忧惧，对季节的变换尤其敏感。"夜来风叶已鸣廊"，写岁月的流转，秋风飒飒，落叶萧萧，由廊庑间传来，声声可闻。这悲戚的秋声最易触动离人的愁怀。感时伤逝，年华摇落亦如秋叶——"看取眉头鬓上"，眉头鬓发已斑，正值人生届秋的阶段，美好的岁月实在也不多。

上片流露了东坡遭遇挫折后，面对时间的无奈感叹，下片则叙述实际生活的不堪，以及一己孤独而坚执的心情。此地物价不高，"酒贱"自然不愁无待客之资；今日中秋之夜，"月明"亦自是应节的美景。有酒有月，本是人生乐事，然而，一则"常愁客少"，一则"多被云妨"，人间天上不和谐之事，一至于此，真教人无奈。这两句固然是实景实情，同时也反映了东坡心中强烈的挫折感。东坡好客，但负罪谪居于黄州，想与亲朋故友相聚已不可能，更何况他们多因诗案而被牵连，东坡内心难免有愧疚。明明如月，象征词人美好的理想和高洁的品格，但忠而见谤，因诗惹祸，形成生命的暗影，一如流云遮月，何时能复见朗朗的光彩？故人远隔，理想落空，"中秋谁与共孤光"一句充分流露了东坡经此挫败后最深沉的孤独寂寞之感。前此，东坡与子由在徐州同度中秋时，已有"此生此夜不长好，明月明年何处看"（《阳关曲·中秋作》）的感喟，没想到没几年兄弟俩却同遭贬谪，隔州望月，自是无限感伤。东坡当年随父与弟离开家乡，怀抱着理想投入政治洪流，在惊涛骇浪中，险些送了性命，如今两鬓微斑，废居陋邦，在这中秋月圆之夜，独自望着冷冷的月光，东坡于孤独凄怆之中，依然不减尊主泽民的深情——"把盏凄然北望"，向北遥望迢迢千里的京华，正是他永不屈服的执着热诚，和面对逆境却始终不改其忠厚气节的表现。

【注解】

"人生"句：谓人生能过多少次中秋佳节？八月中秋，已见凉意，所以称新凉。

"夜来"句：夜风吹树，已有落叶响声传于廊间。

"看取"句：看着眉头鬓上也染了秋色，皱纹渐多，白发频生。

"酒贱"句：谓此地酒价虽便宜，却常因过客少而发愁。

把盏：举起酒杯。盏，浅而小的杯子。

水龙吟

闾丘大夫孝终公显尝守黄州，作栖霞楼，为郡中绝胜。元丰五年，余谪居黄。正月十七日，梦扁舟渡江，中流回望，楼中歌乐杂作。舟中人言：公显方会客也。觉而异之，乃作此词。公显时已致仕，在苏州。

小舟横截春江，卧看翠壁红楼起。云间笑语，使君高会，佳人半醉。危柱哀弦，艳歌余响，绕云萦水。念故人老大，风流未减，空回首、烟波里。

推枕惘然不见，但空江、月明千里。五湖闻道，扁舟归去，仍携西子。云梦南州，武昌东岸，昔游应记。料多情梦里，端来见我，也参差是。

古人相信可以借梦超越时空、打破生死而与想念的人重逢。心魂相守，是精神最好的状态。然而守在体魄内的精魂，却会在几种情况下消散于外，造成神不守舍、失魂落魄的现象：酒醉、病重、悲伤或思忆过度，都会让人精神与体力失去平衡，容易丧失理性，难以管束那体内的魂。另外就是做梦了。古人认为在入梦之后，魂会离开身躯，称作梦魂。这梦魂是有知觉的，它游走在天地间，所见所感，便形成我们的梦中景象。然而，要将魂导向特定的彼方，而不至于渺无头绪，须以情感作指引。所谓日有所思，夜有所梦，就是这缘故。不过，此时亦须对方的魂有着同样的情意，相思相盼，才能产生美好的遇合。古人亦相信，人死后的魂也是有知觉的，因此无论是生魂或死魂，都可在情的互应下于梦中出现。杜甫作客秦州时，李白流放夜郎，当时有人妄传李白堕水而死，杜甫因而积思成梦，作《梦李白》诗二首，云："故人入我梦，明我长相忆。""三夜频梦君，情亲见君意。"分别叙述了两方相对的情意，构成了频频的梦境，如东坡《蝶恋花》所说："我思君处君思我。"那是对人情的信任，亦是梦中能与故人相见的凭借。

东坡与闾丘先生交谊甚深。他曾说：过苏州，不游虎丘，不谒闾丘，是两大憾事，所以每过苏州，必与闾丘留连数日。元丰五年正月十七日，东坡在黄州夜梦故人闾丘公显，醒后赋词，叙写此一梦境，表现了东坡深情的一面，也隐约透露了他在贬谪生涯中的孤寂与不安。

上片以真切生动之笔写梦中情景，给人历历在目、真实不虚之感：小船横渡长江，东坡卧于船上，仰看翠绿的峭壁上耸立一座红楼（栖霞楼），而"楼中歌乐杂作"，楼中人笑语自云间飘下，乐妓的琴韵如行云流水，看来闾丘先生年岁不小，却风流未减。然而相对于故人依然自在，沉醉于欢乐之中，东

坡则已非昔日心境，此际（在梦中）他独自栖身于小舟，远望
栖霞楼，遥闻隐约乐声，却无法躬逢其会，只能凭空想象楼中
乐事，仿佛流露了与人远隔的心理。徒然回首瞻望，一切如在
渺茫的烟波中，既清晰却又迷离，转瞬已逝，渺不可即。仿如
秦观《满庭芳》所述："多少蓬莱旧事，空回首，烟霭纷纷。"
既写出了江面迷蒙的实境，也反映了心境的怅然，更蕴含着风
流云散之意。

郑文焯《手批东坡乐府》说："上阕全写梦境，空灵中杂
以凄丽。过片始言情，有沧波浩渺之致，真高格也。"过片以
"推枕"二字结束梦境，并与之前的"卧看"二字呼应，行文
至此，情辞空灵而又凄丽，确有恍惚迷离之感。下片主要是拟
想故人不忘己之深厚情谊，由梦醒后空阔江面上的"月明千
里"，联系苏州与黄州；明月遍照分隔的两地，仿佛就是人间
友情的见证。东坡想象友人退休后的生活，潇洒风流如故，多
么令人羡慕。而今"故人入我梦"，东坡遂设想闾丘先生归隐
家乡之后，应该仍时刻惦念着昔日任黄州知州时的宴游生活，
不然，便不会如此清晰地化入东坡的梦境中。接着，东坡进一
步推想：闾丘多情，因情入梦，果然在梦中来见我，其情形大
概就像我梦见他一样吧。东坡采用惯常使用的从对面写情的手
法，设想故人多情，其实正是作者多情的表现，而从对方落
笔，写来更曲折动人，也充分表达了"我思君处君思我"的一
种对情的执念，或许也只有这样才能让人心里感到踏实，相信
变幻的人生中仍有此情可依凭。

东坡此词，诚如郑文焯所评"有沧波浩渺之致"的高格。

但不要忘记，东坡黄州贬谪时期"多难畏人"的处境。对至亲好友因被牵连受罪的深深愧疚，与对人间情谊的深信不疑，交织于心，自然形成无以名状的不安与无奈情绪。此词出入在虚实之间，梦中景象既亲近又远隔，有参差犹疑之语，也有始终不渝之情，语意跌宕，在清远空灵的笔调下，有着凄丽的意境、深沉的寂寞。

【注解】

闾丘大夫孝终公显：复姓闾丘，名孝终，字公显，苏州人，曾为朝议大夫、黄州知州。范成大《吴郡志》："闾丘孝终，字公显，郡人。尝守黄州。苏文忠公……经从，必访孝终，赋诗为乐。孝终既挂冠，与诸名人耆艾为九老会。"熙宁七年（1074年）五月，东坡自润州、常州返杭州时，经过苏州，有《苏州闾丘江君二家雨中饮酒二首》记在闾丘家宴饮事，诗中说"五纪归来鬓未霜"，知其时已年过六十，且已退休家居。熙宁十年（1077年）东坡任徐州知州时，闾丘孝终经过，东坡有《浣溪沙》词，题为"赠闾丘朝议，时过徐州"，可见二人交谊。

栖霞楼：宋初王义庆创建，闾丘孝终任黄州太守时重建，位于赤壁之上。王象之《舆地纪胜》卷四十九《黄州·景物下》："栖霞楼，在仪门之外西南，轩豁爽垲，坐揽江山之胜，为一郡奇绝。"陆游《入蜀记》卷三记载："下临大江，烟树微茫，远山数点，亦佳处也。"

致仕：交还官职，即辞官退休。

截：直渡。

危柱：弦乐器上有缚弦的柱（弦枕木），可以转动，使弦绷紧或放松。危柱是说把柱拧紧，使弦音升高。

哀弦：指弦上发出哀婉感人的乐声。

绕云萦水：形容乐声高亢回旋，优美动听，如行云流水般。

故人老大：言老朋友闾丘年老。老大，年岁不小。

"五湖"三句：传说范蠡佐勾践灭吴后，携西施，乘舟泛于五湖。此以喻闾丘公显退居苏州。龚明之《中吴纪闻》卷五《闾丘大夫》条谓孝终："后房有懿卿者，颇具才色。"或谓作者此处乃以西施比喻懿卿。五湖，即太湖及其附近的胥、蠡、洮、滆四湖。

云梦南州：指黄州，在古云梦泽之南。

武昌东岸：亦指黄州。今湖北鄂城，与黄州隔江相对。此处长江由南流转向东流，故武昌在西岸而黄州在东岸。

多情：多情的人，指闾丘。

端来：准来，真来。特来。

江城子

陶渊明以正月五日游斜川，临流班坐，顾瞻南阜，爱曾城之独秀，乃作《斜川诗》，至今使人想见其处。元丰壬戌之春，余躬耕于东坡，筑雪堂居之。南挹四望亭之后丘，西控北山之微泉，慨然而叹，此亦斜川之游也。乃作长短句，以《江城子》歌之。

梦中了了醉中醒。只渊明，是前生。走遍人间，依旧却躬耕。昨夜东坡春雨足，乌鹊喜，报新晴。

雪堂西畔暗泉鸣。北山倾，小溪横。南望亭丘，孤秀耸曾城。都是斜川当日境，吾老矣，寄余龄。

东坡是陶渊明的隔代知音，他既喜欢渊明，也有点愧对渊明，晚年却又觉得渊明亦有不如己之处。苏辙作《子瞻和陶渊明诗集引》，载录东坡自己的话："吾于渊明，岂独好其诗也哉？如其为人，实有感焉。渊明临终，疏告俨等：'吾少而穷苦，每以家贫，东西游走。性刚才拙，与物多忤。自量为己必贻俗患，黾勉辞世，使汝等幼而饥寒。'渊明此语，盖实录也。吾今真有此病，而不早自知，半生出仕，以犯世患。此所以深愧渊明，欲以晚节师范其万一也。"唐宋以来，追求功名的仕宦中人，遭谗害而贬谪，或因挫折而罢职，想到陶渊明之能维护生命的尊严，及早辞官归隐，任真自然的表现，大概都会感到有点惭愧。但闲暇时读到他的《归去来辞》《归田园居》《读山海经》等诗里所写的那种简朴自然、悠闲冲淡的生活意境，又心怀喜悦，心生仰慕。所以他们在愧对渊明之余，总会进一步而喜渊明。但像东坡那样尚友渊明，还"前后和其诗，凡百数十篇"，却不多见。

东坡对陶渊明的认识，可分为三个阶段：贬谪黄州时是初识，略有体会，但不深刻；回朝复官，任地方要职时，没有相契的环境，与渊明便有点疏远了；最后再遭贬谪，远放琼州（海南岛），再与陶潜相遇，遍和陶诗，此时更知渊明的为人与处境。这有如禅学得道之三进境"见山是山、见山不是山、见山又是山"的历程。

东坡在徐州的一系列《浣溪沙》词，延续密州时两首《望江南》带宋诗韵味的手法，描写农村景色，突破了词的写作范围，但这些作品都是就眼前景物抒写，偶然引发"使君元是此中人"之感,却仍未有身在其间的深切感受,更不用说体会陶渊明的生活与心境了。

东坡生平最大的打击,莫过于因乌台诗案而谪居黄州。元丰三年至五年间,政治生涯的挫折,加上现实生活的艰困,东坡的心境颇不宁静,既有愤懑不平的情绪,又有失意沮丧的心情,时而经过理性的思辨而转复平静,有时却又掉落情绪当中而显得不安。东坡在黄时期,不得不忍受离群索居的寂寞,又不能不面对生活的压力,而接受垦田耕种的事实,那样的心情,那样的处境,自然令他想起了东晋隐逸诗人陶渊明。元丰四年(1081年)二月,马梦得为他申请到营地数十亩,取名为"东坡",躬耕其上,次年二月,筑"雪堂",始自号"东坡居士"。这一名号的选择,寓含了重新界定身份和生存形态的意义。此时开始引与世乖违、躬耕力田的陶渊明为知己,表达自己与陶渊明心灵相通,其实,有借古人以确认自己生命抉择的意味;而且在这一身份认同的过程中,透过话语的方式,人我沟通,使心理隔绝的状态得到纾解,重新认识自己,也得到内在意识的整合,这是在困苦中自我寻求解脱的一种方式,有着正向的生命意义。

元丰五年二月,东坡于黄州作这首词,是一种新的生活形态的宣示,亦是首度引陶渊明为知己的表现。词的开头即云:"梦中了了醉中醒。只渊明,是前生。"东坡认为他是渊明的转世,因为他们都能于醉梦人生中保持着明白清醒的头脑,不随波逐流,而最后有着同样的归宿:"走遍人间,依旧却躬耕。"东坡不是随意附会,这是经历人世间各种相对情景,在进退得失之间的一番省悟。诚如傅干《注坡词》所说："世人于梦中颠倒，醉中昏迷，而能在梦而了，在醉而醒者，非公与渊明之徒，其谁能哉？"这是在"多难畏人"的情境下，重新界定一己生命意义的方式。接着，写农村生活的美好："昨夜东坡春雨足，乌鹊喜，报新晴。"东坡耕地，昨夜一场雨后，乌鹊报喜，阳光也出来了，一切都准备好迎接丰收，而眼前的山水景色好像当日陶渊明五十岁所作《游斜川》诗中描写的斜川境况："雪堂西畔暗泉鸣，北山倾，小溪横。"四望亭所在的高阜，孤秀耸立如"曾城"一样，东坡因而认定自己也能如渊明一样找到安身之所，可以终老于此："都是斜川当日境，吾老矣，寄余龄。"

这首词写景述怀，出语自然，笔调轻松，在平淡的字句中实则寓含感慨。东坡撰作此词，立意构篇，处处扣合与渊明的关系，意图相当明显。起笔先确认"只渊明，是前生"，而后由渊明之躬耕，联系到自己躬耕于东坡，再由东坡牵引出雪堂，由雪堂周遭的景色遥想渊明笔下的斜川，最后回应陶渊明《游斜川》之"开岁倏五十，吾生行归休"，而有"吾老矣，寄余龄"之想，迤逦道来，环环相扣。当日陶渊明弃官归隐，在田园山水中寻得生命的安顿，诗文中所呈现的适性自在的生活意境，令人悠然神往。东坡虽视渊明为其前生，并以一己身处之景与渊明当日之境相仿佛，遂向往此中生活，准备在此度过余生，但两人的处境与心情毕竟不同。渊明因与世相违、天性淡泊而做出归田的抉择，躬耕生活虽然困乏，心情时有矛盾，但在渊明心中正是求仁得仁，遂表现为一种能担负、能忍耐的定力，从苦闷、寂寞中冶炼出悠闲冲远的情调，以及独往独来而能与外物旁人相调和的气象。至于东坡，则是以罪人的身份贬谪黄州，为了生计而不得不挽起衣袖作农人，但用世之心犹在，不平之气未熄，身不由己的苦闷实在难以消除。此时的东坡心里应明白，他仍未能如渊明那样赏玩那寂寞，达到悠闲宁静的生命意境。

除了个人因素外，外在环境更不是东坡所能控制的。东坡写作此词时，充满期待的喜悦，他真的想追攀渊明，过亦耕亦读的生活。可是，老天却不从人愿，好像要更严厉地考验他。雨后放晴不久，接着竟连下将近两个月的雨，这对东坡的打击实在太大了，他的心情跌落到谷底——三月初三作《寒食雨二首》，是东坡这时期最凄然绝望的诗篇：

自我来黄州，已过三寒食。年年欲惜春，春去不容惜。今年又苦雨，两月秋萧瑟。卧闻海棠花，泥污燕脂雪。暗中偷负去，夜半真有力。何殊病少年，病起头已白。

春江欲入户，雨势来不已。小屋如渔舟，蒙蒙水云里。空庖煮寒菜，破灶烧湿苇。那知是寒食，但见乌衔纸。君门深九重，坟墓在万里。也拟哭途穷，死灰吹不起。

前首写雨中海棠凋谢，自己谪居卧病，两相对照，惜花自怜，无限伤感；次首写居家生活的危愁困顿，苦闷隔绝的生活中竟忘了身边的岁月，结语四句发出了极为沉痛的哀鸣。所谓报国无门，归家不得，进退失据，陷入了绝境。此时，在这内外交逼的情况下，喜渊明之心恐怕已不复见，换来的应是更深的愧疚。

【注解】

陶渊明：名潜，晋浔阳（今属江西省）人，曾为彭泽令，因"不能为五斗米而折腰"，弃官归隐。所作田园诗，质朴自然，意境高远，被誉为隐逸诗人之宗。渊明于晋安帝隆安五年（401 年）正月五日，与二三邻里同游斜川，有诗并序记其事。

斜川：在陶渊明家乡江西九江附近，今江西省星子县与都昌县之间的湖渚中。

班坐：列班而坐，依次而坐。班，排列。陶潜《游斜川》："气和天惟澄，班坐依远流。"或解作布草而坐，在地面上铺上植物的柔枝为席而坐。班，布也。

南阜：南面的山峦。南山，指庐山。

曾城：又作层城，传说中昆仑山的最高层。此指斜川的落星寺。一说，指庐山北、彭蠡泽西的鄡山。

元丰壬戌：即元丰五年。

东坡：苏轼在黄州请得之耕地，在黄州城东南隅。苏轼《东坡八首》序云："余至黄州二年，日以困匮。故人马正卿哀余乏食，为于郡中请故营地数十亩，使得躬耕其中。"又诗题下施注曰："东坡在黄冈山下州治东百余步。"《黄州府志》卷三："东坡在城东南隅，宋苏轼居此，号东坡居士。"陆游《入蜀记》卷四："自州门而东，冈垄高下，至东坡，则地势平旷开豁，东起一垄，颇高。"

雪堂：东坡于东坡旁搭建的堂屋，凡五间房，建成于元丰五年二月。东坡《雪堂记》云："苏子得废圃于东坡之胁，筑而垣之，作堂焉，号其正曰雪堂。堂以大雪中为之，因绘雪于四壁之间，无容隙也。起居偃仰，环顾睥睨，无非雪者。苏子居之，真得其所居者也。"

挹：牵引，此作连接。

四望亭：在雪堂南边高阜上，唐人所建，为当地名胜。

北山：即聚宝山，在府城之北。

了了：明白、清楚。

前生：过去的一生。佛教有轮回之说，谓人有"三生"，即前生、今生、来生。

定风波

三月七日，沙湖道中遇雨。雨具先去，同行皆狼狈，余独不觉。已而遂晴。故作此词。

莫听穿林打叶声，何妨吟啸且徐行。竹杖芒鞋轻胜马，谁怕，一蓑烟雨任平生。

料峭春风吹酒醒，微冷，山头斜照却相迎。回首向来萧瑟处，归去，也无风雨也无晴。

元丰五年三月七日，东坡写作《寒食雨》后不久，雨势稍微缓和，他终于可以踏出临皋亭住家，心情也好转。东坡与朋友一起去黄州东南三十里处的沙湖看田地。在人群中的东坡，比起之前因雨发愁的他，显得更有精神。这趟出游，一路行来，原以为天气应该稳定了，他们便先叫人带走雨具，不料途中竟又下起雨来，同行的朋友莫不感到狼狈，而东坡却浑然不觉。没多久雨停了，天空放晴。途中遇雨，是很寻常的事，东坡却能从中领悟一番道理，发现生活的意义。张淑香《日常生活中的灵视——浅谈东坡词中的一种经验结构》说："灵视诗学强调取材于一般日常生活的小事件或情况，使寻常生活经验摇身一变显现为发光的灵视，这种转化的力量，是灵视诗学的核心，强调是来自诗人心智的内在之光。东坡词充满了浓厚的生活气息与对日常生活的记录，成为自我书写的写照。其中有些作品，在日常化与平易疏放之中，更时时显现高旷的灵视妙悟，冲破尘杂的萦绕，登高望远，精神高翔在另外一度超越的空间。"东坡的思想，主要融合了儒家、道家和佛学。他吸收各家思想的精粹，与实际生活结合，化为深刻自然的生命智慧，不尚空谈。他对探索高深的学理无多大兴趣，也不喜欢在空泛的概念上打转，他的学问多切人事，学思所得总希望能在现实人生中发挥作用。更重要的是，东坡的心智，有一种异于常人的灵视触觉和感悟能力，因此，常能在纷杂的事物、片刻的遭遇中，发现妙理与逸趣，透悟整个人生的意义。东坡写日常生活的诗文，往往寓含一番禅意；他的词，也有类似的妙悟。寻常遇雨，在人生路上，如突然而来的逆境，这首《定风波》，顾名思义，何尝没有借此表现平定人生风波横逆的态度，有"风定波止"之寓意在？

要了解这首词的意境，不妨比较东坡之前在往湖州途中所写的《南歌子》：

　　带酒冲山雨，和衣睡晚晴。不知钟鼓报天明。梦里栩然蝴蝶、一身轻。

　　老去才都尽，归来计未成。求田问舍笑豪英。自爱湖边沙路、免泥行。

　　同样写遇雨和雨后放晴，就意境言，《南歌子》一首意气未平，似旷而实豪。"雨"在这里象征人生的横逆挫折，因此遇雨所反映的态度，正是遭逢逆境时的态度。"带酒冲山雨"，流露了与现实正面对抗的精神，使得下一句的悠闲意味顿减，反而增添了一份挣扎冲突后的寂寞与疲倦。而梦里一句是遗忘现实，才能得到的舒徐，并非庄周参透虚实真幻的境界。回到真实的世界又如何？下片首两句，清楚流露了现实人生进退无方的悲郁和无奈。而所谓"求田问舍……免泥行"，蕴含着孤绝的、与现实不谐和的情绪，是强作开脱语，非真能达观。郑骞先生分析东坡的性格说："然天资既高，豪迈之气不能自掩，每以文字诙谐开罪于人；屡遭迁谪，非尽由于政争也。"东坡在政治上一向扮演反抗者的角色，如遇外在强大的压力，也会坚守立场。《南歌子》一词充分表现了东坡这种态度。可是，东坡虽想洁身自爱，不愿同流合污，但政治的乌烟瘴气仍是惹上身来，不久即发生"乌台诗案"。谪居黄州的第三年，从春天开始，东坡一直与雨水纠缠。先是"昨夜东坡春雨足，乌鹊喜，报新晴"，充满着躬耕的喜悦。然而雨却下不停，《寒食雨二首》，写出了东坡最沉重悲怆的心声，仿佛把最底层最晦暗的气体吐尽。《寒食雨》之后，东坡的心境渐趋平和，几天后所写的这首《定风波》，见证了他洒落悲哀以求旷达的一番努力。

面对突然而来的风雨，东坡的态度是"莫听穿林打叶声，何妨吟啸且徐行"。首先，不要受到外在环境的影响。穿过树林打在叶片上的雨声，有点虚张声势，相当吓人。但既然已在雨中，就不要一直被这声籁困扰，倒不如打从心里接受它，不躲雨，不冲雨，放松心情，以雨声为节拍，边行边吟啸，并且不要忘记雨中路滑，慢慢行走，稳住每一步，那是踏实而自在的表现。而走在雨中，也不能一空依傍，手拿竹杖，脚穿草鞋，虽然只是简单朴素的装备，但是能够摆脱外在繁缛的束缚，悠然自得，自有一种比骑马还来得舒适轻快的感觉。东坡于此领悟到处穷和面对逆境的态度：经过一番风雨的洗礼，更应有一份自信的坦然，纵使一生都在烟雨的困蹇中又何妨，又有什么好害怕的呢？"一蓑烟雨任平生"，代表了他对现实的体认：个人与社会之间未必都能取得和谐，往往存在着种种矛盾，不可视而不见，也无须刻意避免，那么，何不以宽广的心胸迎向它、包容它呢？

下片写雨过天晴。"料峭春风吹酒醒，微冷"，突然之间风回雨止，身体略感微寒，触动了更敏锐的知觉。这里的"酒醒"，寓有从醉梦人生中转醒之意——经过现实打击，有所觉悟之后，一种清冷、寂寞的感受，这已经不同于"寂寞沙洲冷"的悲怆、孤绝。而"山头斜照却相迎"，雨后放晴，格外温馨，呈现了"守得云开见月明"的欣喜。这里创造了一个温暖、平静的情境，象征迭经风雨都不更易的人间温情，也是人类前瞻时，希望的寄托。结笔三句："回首向来萧瑟处，归去，也无风雨也无晴。"偶然回首，曾经走过的风雨路途，可警惕自己，勿忘初衷，但不要过分耽溺于往日情怀中，随时得转身，继续人生未竟之志。所谓"也无风雨也无晴"，既写雨晴之后夜幕降临的景象，也喻托不受悲喜情绪影响的超然心境。这三句是东坡于人生风雨的困境中走出，自我惕厉的心声——超越人世的风雨晴阳，达到得失不萦于怀的坦然自在的境地。

刘永济《唐五代两宋词简析》说："东坡时在黄州，此词乃写途中遇雨之事。中途遇雨，事极寻常，东坡却能于此寻常事故中写出其平生学养。上半阕可见作者修养有素，履险如夷，不为忧患所摇动之精神。下半阕则显示其对于人生经验之深刻体会，而表现出忧、乐两忘之胸怀。盖有学养之人，随时随地，皆能表现其精神。"东坡于元丰五年有这番体验，可见他意欲超脱的胸怀，但真正要做到来往于现实的得失祸福，而又了然无挂碍，却需要更多的人生历练。东坡晚年贬至海南所作的《独觉》诗，亦有"回首向来萧瑟处，也无风雨也无晴"句。那时的恬淡心境，比这首《定风波》所表现的，应该有更丰富的精神内涵。

【注解】

沙湖：镇名，在湖北省仙桃市东南。东坡《书清泉寺词》云："黄州东南三十里为沙湖，亦曰螺师店，予将置田其间，因往相田。"

已而：过一会儿。

吟啸：吟歌啸叫，表示意态潇散。《晋书·谢安传》："尝与孙绰等泛海，风起浪涌，诸人并惧，安吟啸自若。"

芒鞋：草鞋。

"谁怕"句：谓尽管一生都在烟雨中也不畏惧。蓑，用草或棕榈叶做成的雨具。任，任凭，尽管。

料峭春风：带几分寒意的春风。料峭，风寒貌。

向来：表示时间的词，可远可近，此处指刚才。

萧瑟处：指遇雨之处。萧瑟，寂静冷清。

浣溪沙

游蕲水清泉寺。寺临兰溪，溪水西流。

山下兰芽短浸溪。松间沙路净无泥。萧萧暮雨子规啼。

谁道人生无再少，门前流水尚能西。休将白发唱黄鸡。

《东坡志林》记述，黄州东南三十里为沙湖，亦名螺师店，东坡要到那里去买田，不料前往看田时生病了。听闻附近有位耳聋的名医庞安常（名安时），便去找他求诊，经过几天的治疗，结果病真的好了。庞安常虽然听不见，但他绝顶聪颖，看人用手指点画数字，就已深刻了解人意。东坡和他开玩笑说："余以手为口，君以眼为耳，皆一时异人也。"东坡身体好了，和他一起同游清泉寺。寺在蕲水郭门外二里余，有王羲之洗笔泉，水极甘美。下临兰溪，溪水西流。东坡《浣溪沙》这首词即赋此事。这阕词的写作时间，一般都编在《定风波》之后，也是在元丰五年三月。

　　东坡写山水田野，喜欢用《浣溪沙》一调，尤其是叙述行旅中的所见所感。《浣溪沙》上片，三句三韵，很好用来逐句描述眼前景象，东坡每每都用这样的方式来铺陈，而每句每景之间，看似孤立，其实是有关联的——歌词配合乐律，而音乐自有推衍前进的历程，因此词的时空情景的排序，往往呈现由远而近、由外到内、由景及情的模式，而因景生情，关键在时间意识的知觉。东坡在《浣溪沙》上片三句所安排的情景，就好像一位导游沿路的记录，带领读者进入他观赏的世界，我们看见一幅一幅的画面流动着，随着节奏的推进，自能感受到景中有情的律动美。

　　这首词的上片由三个意象组成。"山下兰芽短浸溪"，于溪水间可看见刚发芽的兰草。此乃点出寺临兰溪之意。接着，由下眺水中景象回到行人身边之所见，"松间沙路净无泥"，写散步松林间，沙石小路干爽清净。两句之间，由水色的明净透亮，写到林间的清朗舒爽；而空间的拓展，相对地，也寓含着时间的推移。果然，下句就是"萧萧暮雨子规啼"。明朗的、清净的空间不见了，天色渐暗，黄昏到来，而雨也来了，在凄凉寒意的雨中，传来的是同样令人感到黯然的杜鹃啼声。这是"情随景转"的手法。而情绪的产生，是因为日之将尽，更由鹃鸟之啼鸣而知悉春天也快结束了。因为有这时间意识，才兴起下片意图化解的妙想。

　　下片抒发理趣，作意就在"溪水西流"这个"反常"的现象。东坡《八月十五日看潮五绝》亦有"造物亦知人易老，故教江水向西流"之句。谁说人老了不能重返少年，看门前溪水不是也可以反方向倒流向西？中国河流多自西向东流入海，因此，中国古人习以江水东流为正，若江水西流就视为逆向、反常，兰溪即是自东向西流。因此东坡借此为例，说明事物未必有固定必然之势，未尝不可有反常的现象发生。他进而由此体悟到老与不老其实是一种心境而已，人生其实有诸多可能。因此，就不要像白居易那样意识到年老发白时犹唱黄鸡催晓的歌曲，徒然增加伤感。

这是东坡病愈与友出游，归来所赋的词篇。整阕词的意境，缘景兴情，触处有感，理趣横生，展现出一种由窄往宽处去看待人生的态度，这和东坡当时的身体状况，同游共乐的情境有关。词的上片以"子归啼"作结，下片则是"唱黄鸡"，同样是声籁，从实境到虚拟，也暗含着时间推移的意识：黄昏到清晓。情景的转折，反映了心境的调整；于此，可以看见东坡化解时间压力的用心——放宽怀抱，幽默以对，表现为一种"指出向上一路"的精神意态。

【注解】

"游蕲水"等句：蕲水，旧县名，今湖北浠水县，在黄冈东。清泉寺，《黄州府志》卷三："笔沼，俗名洗笔池，在县东二里清泉寺。世传王羲之洗笔于此，今池畔小竹犹渍墨痕。"兰溪，《黄州府志》卷三："在县西南四十里，多出山兰。唐以此名县，今改作镇。"

"山下"句：谓于溪水间可看见刚发芽的兰草。此乃点出寺临兰溪之意。

"松间"句：写散步松间小路，尘泥不惊，一片干净清新。曾敏行《独醒杂志》卷二："徐公师川尝言：东坡长短句有云：'山下兰芽短浸溪，松间沙路净无泥。'白乐天诗云：'柳桥晴有絮，沙路润无泥。''净''润'两字，当有能辨之者。"

子规：即杜鹃鸟，相传是古代蜀帝杜宇之魂所化，故亦称杜宇或杜主。其声凄婉，能动旅客之乡思，古代诗词常借以抒羁旅之情。

"休将"句：谓不要徒然感叹岁月流逝，自伤衰老。语本白居易《醉歌示妓人商玲珑》："罢胡琴，掩秦瑟，玲珑再拜歌初毕。谁道使君不解歌，听唱黄鸡与白日。黄鸡催晓丑时鸣，白日催年酉前没。腰间红绶系未稳，镜里朱颜看已失。玲珑玲珑奈老何，使君歌了汝更歌。"人们惯用"白发""黄鸡"形容岁月匆促，光景催年，人生易老。这里说"休将"，乃否定语，反用诗意。谓不要因为年老而唱起那种"黄鸡催晓"、朱颜已老的悲观消极的调子。休将，不要。白发，指老年。黄鸡，羽毛茶褐色的鸡。

西江月

顷在黄州，春夜行蕲水中。过酒家饮，酒醉。乘月至一溪桥上，解鞍曲肱，醉卧少休。及觉已晓。乱山攒拥，流水锵然，疑非尘世也。书此语桥柱上。

照野弥弥浅浪，横空隐隐层霄。障泥未解玉骢骄。我欲醉眠芳草。

可惜一溪风月，莫教踏碎琼瑶。解鞍欹枕绿杨桥。杜宇一声春晓。

词，也可写一种生活情趣，一种爱美的心情。

夜游溪边，明月映照，东坡当时已甚陶醉。发而为词，回味一段美好的记忆，历历在目。后来再撰题记，补述前后境况，词文互应，情理（趣）相生，融合叙事与抒情于一体，创造了新的记游书写。

　　词作为一种抒情文体，它的叙述方式，常常展现一种即时即景的临场感，极富渲染的效果。词，原是配合乐曲而歌唱的诗篇，它本身具有向人倾诉心声的特性，仿佛要把所见所感的都端在眼前，让人同时具体感知，因此，它能将记忆中的情事如实显现和演绎，而且变成一种能使人确切想象，仿若置身其中的动态画面；如是，每回聆赏、阅读，这记忆中的历程都可被唤起，如同一幅永恒的图像。

　　东坡此词就是写当下溪边赏景、夜卧桥上、至晓方醒的情境。先是眼前景象：月光照见原野溪流泛着溦溦浅浪，隐隐层云横亘天际；两句在上下之间，高低映照，展现了高远、辽阔且充满动态的景致，云水或缓或急地飘着、流着。然后写马和人的对照：马儿披挂着鞍鞯，神气活现，但人则酒醉，想就地躺下；这也是高低意态的对比，马欲前进，人却醉倒，形成一种跌宕。词的上片结束在"我欲醉眠芳草"，换头转到下片，词的气脉却又似断不断——写一己之所以不让马儿前进，除了生理的因素之外，还有心理的因素："可惜一溪风月，莫教踏碎琼瑶。"为了怜惜月色风光之美好，就不能骑马渡河，把映照在溪面上如玉一般美丽的月光踏碎。作者明明是不胜酒力，却煞有介事地说出一番道理，表现了一种怡然陶醉的爱美心情，文意又作了一层翻转，摇曳生姿。如是，遂解下马鞍，弯

着胳膊当枕头，醉卧绿杨桥上，酣然入睡，直到第二天清晨才
被杜鹃鸟唤醒；最后两句，意态上也安排了一番抑扬。全词由
夜晚写到早上，由醉意到转醒，语调轻快谐畅，辞情起伏有
致，创造了不一样的词境。词本多以哀怨为主调，东坡此词却
纯然写一种生活情趣，在题材内容和语言表现上开拓出新的境
界。不受文体的限制，能以赏玩的心情看待周遭的世界，从而
发现生活美好的一面，不正反映了东坡心境的灵动和自由？

东坡此词的书写聚焦在一个特别又普遍的时空，缘景述
情，叙说一段发现美的历程，传达出一种可知可感的体验。它
本身就是可独立存在的美感经验。事后东坡补叙一段记录，交
代填写这首词的前因后果，用散体娓娓道来，亦别饶趣味。他
说：最近在黄州，一个春天的夜晚，沿着蕲水走。经过酒家，
喝了几杯酒，有点醉意，便趁着月色走到溪桥上，解下马鞍，
曲起手臂当枕头，稍事休息。谁知一觉醒来，天已亮了，一睁
眼看见群山环绕，流水声清脆悦耳，仿佛间，怀疑这不是凡尘
俗世，不知身在何处。词作本身是叙述走到溪桥及躺卧桥上那
一段，主要环绕"江月"叙写，正切合词调《西江月》之意。
东坡之后回味此夜此晨，意犹未尽，遂补写天亮之后的情景。
如果不是偶然际遇，身在野外，又如何能得见得闻这特殊景
象？因为身躺桥上，抬望群山，感觉山势欲来凑聚，而溪涧在
桥下流动，淙淙水声仿佛就在耳际——那是从未有过的观感与
体验；还未意识到为何于此，便疑是水云缭绕，不在尘世——
那是一种无心的发现，意外的喜乐。

【注解】

蕲水：即今湖北浠水县。此指浠水，是傍城河，县因得名。浠水流经县境，至兰溪入长江。

曲肱：弯曲手臂。《论语·述而》："曲肱而枕之。"肱，音公，胳膊从腕到肘的一段。

少休：稍事休息。

攒拥：聚集环抱。

浟浟：水涨满而流动的样子。

层霄：层云。

障泥：马鞯，用来垫马鞍，两旁垂下以挡尘土，布或锦制成。

玉骢：毛色青白相杂的马，骏马的一种，又称菊花青。此用作"马"的代称，未必真是这种骏马。

琼瑶：美玉，此喻倒映溪中的明月，水光波影之美。

攲：倾斜、倚靠。

杜宇：即杜鹃鸟，相传为古蜀帝杜宇之魂所化，故称。

洞仙歌

余七岁时，见眉山老尼，姓朱，忘其名，年九十余。自言：尝随其师入蜀主孟昶宫中。一日大热，蜀主与花蕊夫人夜纳凉摩诃池上，作一词。朱具能记之。今四十年，朱已死久矣，人无知此词者，但记其首两句。暇日寻味，岂《洞仙歌令》乎？乃为足之云。

冰肌玉骨，自清凉无汗。水殿风来暗香满。绣帘开、一点明月窥人，人未寝，攲枕钗横鬓乱。

起来携素手，庭户无声，时见疏星渡河汉。试问夜如何，

夜已三更，金波淡、玉绳低转。但屈指西风几时来，又不道流
年，暗中偷换。

元丰五年夏日，东坡想起四十年前在家乡眉州的童年旧
事，作《洞仙歌》一首。整首词所关心的仍是时间的主题：
"但屈指西风几时来，又不道流年，暗中偷换。"写后蜀花蕊夫
人纳凉情景，百年往事，依稀目前，细细回味中，时间不曾停
歇。东坡借事述怀，流露出韶光暗逝的哀叹。

这阕词在词序中虽从童年记忆说起，但词的内容却不是
稚幼东坡当日的经验事况，着墨书写的反倒是今日东坡的诠
释观点与态度。词序中的时间叙述有点复杂：四十七岁的东
坡，想起四十年前，自己七岁时在家乡认识的一位九十多岁
的朱尼，听她说早年曾跟随师父进入后蜀孟昶宫中，听过蜀
主与其爱妃花蕊夫人夏日纳凉摩诃池所赋的词，并且熟记在
心，不曾稍忘，经过蜀亡降宋，多年以后，老迈的她还能完
整地念给年幼的东坡听。四十年后，东坡贬谪黄州，为何想
起这件事？为什么对那阕词的首两句留下那么深刻的印象？
对离家在外的游子来说，愈有时空流转之感，通常都会有深
切的思乡愁绪，而童年往事就是一种情感依托。宫廷掌故，
贵妃情事，而且出自一老尼之口，在幼年的东坡世界里应该
充满着奇幻的色彩，令人遐想；而明明是夏夜纳凉，花蕊夫
人却"冰肌玉骨，自清凉无汗"，更是令人难以想象——这真
是当年朱尼口述的词句，还是东坡日后修改的记忆图像？将童
年点染如梦幻的色泽，也许可成为保有青春不变的一种方式。

因此，我们有理由相信，东坡已把存放在心里的美女形象虚幻化，仿佛遥不可及的仙灵一般，象征曾经有过的纯真岁月，而《洞仙歌令》词调中"洞仙"一语暗暗贴合东坡的想像，遂据以填词，这是不难理解的。想象中花蕊夫人那高贵的形貌，如冰似玉的躯体，与凡俗远隔的心灵，何尝不是现实生活里充满挫折感的东坡，咸自矜持，意欲对抗凡尘俗世价值颠倒的情况下，在内在世界所塑造的一种孤高形象？以心灵之洁癖保住人格精神之不坠，这是传统诗人自我重新肯定的一种方式，像屈原（《离骚》）、陶渊明（《闲情赋》）作品中的美人意象，就都寓有此意。然而在这自我肯定的意识中，东坡对生命本质的体认却仍有着深沉的悲感，那就是一直以来的时间推移的焦虑——东坡此时赋予花蕊夫人的内在精神，已融合了个人的生命体验。

东坡作《洞仙歌》，具现了当时朱尼所述花蕊夫人夏夜纳凉的情景，且聚焦在花蕊夫人的体貌特质，进而写出她的内在意蕴——一种对时间无情消逝的深幽寂寞之感。东坡用现在的心情来诠释这个故事，赋予回忆以现在意义。整首词的情调气氛，就从东坡犹能记忆的"冰肌玉骨，自清凉无汗"两句推衍铺染，奠定一种高格响调，展现了出尘脱俗的姿态。暑热逼人，方需纳凉，而写此纳凉之夜，东坡却奇特出笔，不染半点腻人热气，直接就说美人的肌骨清净润泽，如冰似玉，本来就不会出汗。这有点像《庄子·逍遥游》所塑造的神人形貌："藐姑射之山，有神人焉，肌肤若冰雪，绰约若处子。"这样的女子在"水殿风来暗香满"的环境中更凸显她绰约之态——她住在种满荷花的摩诃池上的宫殿里，她的地位不正像摆落群芳的花中仙子一般？这无形中也解释了所谓"花蕊夫人"此一名号的高贵特质。盈盈荷花，淡淡香气，既写出了花之多，也写出了风之细，充溢着富丽却不失清雅的情调，带出了后面夫妻携手出外的浪漫情节，也呼应了纳凉的故事主题。东坡词针线细密处，可见一斑。词中写花蕊夫人出场，更是用笔灵妙："绣帘开，一点明月窥人，人未寝，欹枕钗横鬓乱。"不直接描写她的样貌，而是采取如电影运镜一般，从高处倾斜的角度慢慢推进，再聚焦在美人身上。帘幕轻掀，月光照进室内，仿佛摄影时精心打灯，柔美的光线正映照着尚未就寝的女子。在这里，东坡以拟人的手法，用一"窥"字，仿佛连美丽的明月（月中仙子）也想来偷看这人间女子的美貌。随着明月，东坡带引我们一起窥见的是一位有着欲待人来、惹人怜爱的慵懒之姿的美人——"人未寝，欹枕钗横鬓乱"。月光下映入读者眼中的不是锦衣华服、正襟危坐的贵妇人，而是斜靠枕头、鬓发头饰有点凌乱的女子——这是东坡一向欣赏的美，有着自然朴素、不假修饰的本质的美，正呼应"冰肌玉骨"，摆落凡俗美艳之特质。下片接着写纳凉的故事。"起来携素手"，作者没多谈孟昶，只间接用他来做引渡，牵起花蕊夫人白净的手，从室内带到室外去。面对的是"庭户无声，时见疏星渡河汉"的情景——门庭内外一片寂静，悄然无声的世界似乎也终止了周遭的变动，此刻携手的幸福仿佛可以长长久久，然而举首望向夜空——"时见疏星渡河汉"，不时总有一颗两颗星星滑过天际，掠过银河的一端，也划开了静止不动的氛围——空间的变动，相对地便谕示了时间的推移。原来一切都在无声中变动着，之前东坡《阳关曲》说："银汉无声转玉盘。"也是此意。时间被意识后，下文即从花蕊夫人的探问，写出了她心中的忧虑——"试问夜如何，夜已三更，金波淡，玉绳低转。"夜有多深呢？她看到月色慢慢黯淡、玉绳星低转到某个角度的时候，就推知大概已三更了。东坡的月夜作品，很喜欢写三更之时。三更是晚上十一时至凌晨一时，正是一天要结束另一天将开始的阶段，可借此暗示生命意识的转折。从一天即将过去，再将时间推想到更远一点，"屈指西风几时来"？现在是夏天，屈指一算，还有多少天会吹起秋风？如果秋天到，风来了，暑气不就可消退？人活在难熬的日子，当然想快点结束，预约一份美好的期待，似可解今日之苦。但这期待本身是有代价的。"又不道流年，暗中偷换。"当我们屈指计算多少天后就到秋天时，时间就在不知不觉中已经偷偷变化了，我们根本掌握不了确切的时间，它就如流水一样地溜过我们的指缝，抓也抓不牢。这是花蕊夫人的体悟，还是东坡最后的按语？其实已混为一体。整首词关心的显然不是花蕊夫人浪漫的故事，也不是作者童年及家乡的种种，而是时间本身。周汝昌评论这首词说："当大热之际，人为思凉，谁不渴盼秋风早到，送爽驱炎？然而于此之间，谁又遑计夏逐年消，人随秋老乎？……流光不待，即在人的想望追求中而偷偷逝尽矣！当朱氏老尼追忆幼年之事，昶、蕊早已无存，而当东坡怀思制曲之时，老尼又复安在？当后人读坡词时，坡又何处？"九百多年后，我们读东坡此词，何尝不会兴起"流年偷换"的感叹？

透过《洞仙歌》一词，可体察东坡如何以当下的时空意识唤起童年往事，并赋予回忆以现在意义。罗洛·梅（Rollo May）说："记忆不仅仅是过去的时间在我们脑海中刻下的印记，它是一个守护者，守护着那些对于我们最深切的希望和恐惧而言有意义的东西。"《洞仙歌》以清徐的笔调抒惆怅之怀，是因流年无情、暗中偷换所引起的感伤，是另一种凄凉的吊古情怀。从《永遇乐》到《洞仙歌》，东坡词已导向人与历史对照的命题。透过对往事的追忆，思索人生的定位与去向，体认生命意义的真实与虚妄。这样的时空意识所形成的伤感基调，与之后《念奴娇》《赤壁赋》等一系列的创作，可以说是一脉相连。

【注解】

孟昶：五代后蜀国主，在位三十一年（934—965年），国亡降宋。《十国春秋》称其好学能文，亦工声曲。

花蕊夫人：孟昶贵妃，徐姓，或云姓费，别号花蕊夫人，国亡，随昶入宋。吴曾《能改斋漫录》卷十六："徐匡璋纳女于孟昶，拜贵妃，别号花蕊夫人，意花不足拟其色，似花蕊之翾轻也。"

摩诃池：建于隋代，在成都。五代前蜀时，改名龙跃池、宣华池；其后浚广池水，于水边筑殿亭楼阁，改名宣华苑。今四川成都郊外昭觉寺，传是它的故址。摩诃，梵语，有大、多、美好等义。

洞仙歌令：据与东坡同时的杨绘《本事曲》载，原词为："冰肌玉骨清无汗。水殿风来暗香满。帘开明月独窥人，敧枕钗横云鬓乱。 起来琼户启无声（三更庭院悄无声），时见疏星度河汉。屈指西风几时来，只恐流年暗中换。"依律实为《玉楼春》。可是，沈雄《古今词话》认为这首词是"东京人士檃栝东坡《洞仙歌》为《玉楼春》，以记摩诃池上之事"。看来孟词可能另有一首，未传下来。

乃为足之：谓在原作两句的基础上补写完毕。

冰肌玉骨：形容肌骨像冰一样的清净，像玉一样的润泽。

水殿：建筑在水上的宫殿。

暗香：此指荷花香味。徐陵《奉和简文帝山斋》："荷开水殿香。"王昌龄《西宫夜怨》："芙蓉不及美人妆，水殿风来珠翠香。"李白《口号吴王美人半醉》："风动荷花水殿香。"

河汉：银河，天河。

夜如何：夜有多深。《诗·小雅·庭燎》："夜如何其，夜未央。"

金波：指月光。《汉书·礼乐志·郊祀歌》："月穆穆以金波。"形容月光如泛金的波流。

玉绳低转：表示夜深。玉绳，两星名，在北斗第五星玉衡的北面。低转，位置低落了些。

不道：不觉。张相《诗词曲语辞汇释》卷四："不道，犹云不知也；不觉也；不期也。"

念奴娇

赤壁怀古

大江东去，浪淘尽，千古风流人物。故垒西边，人道是，三国周郎赤壁。乱石崩云，惊涛裂*岸，卷起千堆雪。江山如

★ 本首词另一个通行版本中，此句为"乱石穿空，惊涛拍岸"。此处沿用作者引用的版本。下同。——编者注

画，一时多少豪杰。

遥想公瑾当年，小乔初嫁了，雄姿英发。羽扇纶巾，谈笑间，强虏*灰飞烟灭。故国神游，多情应笑我，早生华发。人生如梦，一尊还酹江月。

元丰五年秋，东坡作《念奴娇·赤壁怀古》，是以最能抒时间感伤之情的词体谱写他的对照古今、由人及己的悲慨。此词有双重的对比性，形成更激越的悲剧感：以不变的江河对照短暂的人生，更觉渺小与虚幻；在雄伟的江山面前，缅怀英雄事迹，慨叹自己功名未就，壮志不酬，对比性愈强，感伤愈重。"大江"，在这里，是时间流逝的象征，而且是自然永恒不变的形貌。对照个人与历史：人歌人哭，朝代更替，江河依旧长流不息。个人之于历史，历史之于自然；它们各别的对比性，意境实有大小之别。个人如何从历史的悲慨中走出，从相对的情怀中醒来，重回自然的怀抱，这是东坡此词最后想臻至的境界。

《念奴娇》一词，明白地强化了时空、人我、情理的对比性特质，最合词体抑扬跌宕的情感结构，形成既雄壮又悲慨的风格，最为人所称道。时间的感伤，仍是此词的主题意识。而词的美感特质即在其情韵，东坡临赤壁而生遐想，缘情兴感，选词以挥洒其豪慨之怀，所以这首词主要仍在抒

　　＊　本首词另一个通行版本中，此处为"樯橹"。此处沿用作者引用的版本。下同。——编者注

情，不在议论。

这首词一开始就以一股郁勃的气势泼洒出生命无常的感叹。大江东去，水流不断，它穿越了时间，见证了历史的兴衰成败。"千古"以来多少"风流人物"，企图在历史的舞台上建立丰功伟业，以生命的努力拒抗时间的推移，但终究敌不过无情岁月的摧残，时间的巨浪最后还是卷走了这一切。这是人类可悲的命运。李泽厚《苏轼的意义》说："这种整个人生空漠之感……无所希冀、无所寄托的深沉喟叹，尽管不是那么非常自觉，却是苏轼最早在文艺领域中把它透露出来的。"（《美的历程》）东坡一方面有这空漠之感，另一方面依然向往英雄事业的追求。"三国周郎赤壁"，由千古而三国，由三国而集中于周瑜一人，则公瑾屹立于历史最高峰的地位可见。眼前所见的赤壁，不是一般自然风光之地，而是"三国周郎"建立伟大战功的古战场——赤壁之战的"赤壁"。顺着作者高昂激越的情绪，读者仿佛也被邀请，进入时光隧道，目击当时的战况——"乱石崩云，惊涛裂岸，卷起千堆雪"。这不是现时的实景描述，应是作者投入热切情怀下所拟想的当日惊天动地、如万马奔腾般的战争气势。轰轰烈烈的一场大战，为英雄人物在历史的轨迹上刻镂下永不磨灭的记痕，而这番功业覆天盖地而来，顺势便把过往一些风流人物比下去了，如长江巨浪推压浅浅波涛，不留痕迹。大江东去所代表的时间之流，是人无法抵抗的宿命；然而，能在时间的水势中卷起千堆雪，则是英雄豪杰力挽狂澜的奋勇表现，传达了人类不俯首于命运、不甘于寂寞的可歌可泣的心声。不过，这两者对一般平凡人而言，却形成了双重的压力——如何能抵挡时光流逝，又怎能与这样杰出的英雄相比？当东坡平静下来，对着如画江山，这景致过去如此，未来也应如此，但与此相对，"一时多少豪杰"，如今又何在？东坡于此不自觉又掉落今昔对照、物是人非的咏叹中。

　　下片，摆落"一时多少豪杰"的感叹，燃起对周公瑾这位真英雄的赞咏：雄姿英发，美人相伴，三十四岁即能领大军，面对强敌，不失冷静而轻松自在地赢得了这场战争——"谈笑间，强虏灰飞烟灭"。东坡带着钦羡的心情进入公瑾的英雄世界，细数佳谈，娓娓道来，如晤故人一般。然而，愈说愈兴奋，兴致愈高昂时，一股凄然寂寞之感，随即涌上心头。公瑾何人也？我亦何人也？有为者应若是，但此刻已四十七岁且处于贬谪生涯中的自己又如何？从历史的帷幕中，重返现实，回过神来——"故国神游，多情应笑我，早生华发"——东坡即意识到自己不复少年，而在放逐中所有雄心壮志也消磨殆尽，与公瑾相比，判若云泥，自己能成就些什么？东坡自我解嘲说："多情应笑我。"这"多情"应是东坡反省过去一生成败得失最关键的因素。因为多情，便有许多眷恋与执着；因为多情，便有许多不舍与无奈；明知不可为却为之，明知不应有却难断；皆因情多，难逃责任，总愿承担，弄得进也不能，退也不是，左右为难中，便生无穷困惑；有时虽悔情多，却是难舍；如此痴执，忧愁悔恨遂终身不绝。这情，带给东坡的，就是身心的创伤——壮志消沉、早生华发。这情形想要求取不朽的事业，想与时间抗衡，都是妄想了。人力既不可为，东坡遂退回之前（"大江东去，浪淘尽，千古风流人物")的宿命观，并化作"人生如梦"的论述：梦中世界，不过是相对的世界，昔日公瑾，今日东坡，或贵或贱，得意失意，真真假假，都属虚幻，又何必挂怀？世间唯一不变的是江上的明月，面对自然的真实，我们应以虔敬的心，"一尊还酹江月"，放开怀抱，忘怀得失，融入其中，宇宙多广大，此心便多广大，人生于此便得到真正的安顿。

东坡此情，借词表露，充满着无常的悲慨。辞情抑扬起伏，看得出他的挣扎与无奈。整首词都在伤情，虽欲调适，往宽处走去，却不自觉又陷落。东坡借题兴感，本来就纠结在情绪之中，以词之抒情独白体寻理志意之开拓，较论的层面不够深广，情理交涉的空间有限，不易将事理廓清，此情终究难解。加上词体韵律字数的限制，情意约束在小小的空间里，要处理这样的大题目，真不容易，会有顾此失彼之感。此词由自然而历史而人物，对照生命的无常与个人失志之悲，最后想回归现实加以纾解时，篇幅已不甚足够。最后几句，意多转折，辞气急切，结语读来颇感突兀，收篇显得有点仓促。作者已知晓要从"人生如梦"的虚妄感，化入"一尊还酹江月"的境地，生命才得以安顿，但这些概念却明而未融；换言之，东坡似已提出一种解决之道，却未深加体证，变成生命的内涵。

《念奴娇》之后，东坡改用长于铺叙的赋体，作前、后《赤壁赋》，可见他继续处理这一人生课题的认真态度。由词而赋；由格律到散体；由感性抒情到理性思辨，由理念到行动；由个人到历史，由历史到自然——正是东坡心境与词境的一段演进历程，也充分表现了他"由窄处往宽处看""由窄处往宽处写"的"旷达"精神。

（按：欲进一步理解东坡对此人生课题的体悟，可参见拙著《东坡赤壁文学中的文体抉择》，《词学文体与史观新论》〔台北：里仁书局，2010 年〕，页 65—100。）

【注解】

赤壁：词意所怀者，乃周瑜破曹操之所在，实即黄州黄冈城外之赤鼻矶也。按：郑骞《词选》云："周瑜赤壁破曹及大小二乔事，世所习知。赤壁山有四，皆在今湖北省境。一在嘉鱼县东北，长江南岸，冈峦绵亘如垣，上镌赤壁二字。三国时吴周瑜破曹操，赤壁烧兵，即此。二在黄冈县城外，亦名赤鼻几。苏轼游此，作前、后《赤壁赋》，误以为曹操兵败之赤壁。三在武昌县东南，又名赤几，或称赤圻。四在汉阳县沌口之临嶂山，有峰曰乌林，俗亦称为赤壁。《东坡杂记》云：'黄州少西，山麓斗入江中，石色如丹，相传所谓赤壁者；或曰：非也。曹公败归，由华容路，今赤壁少西对岸即华容镇，庶几是也。然岳州亦有华容县，未知孰是。'可知东坡亦未确认黄州赤壁即破曹处，故用'人道是'三字。"

大江：指长江。

浪淘：白居易《浪淘沙》："白浪茫茫与海连，平沙浩浩四无边。暮去朝来淘不住，遂令东海变桑田。"淘，冲洗。

风流：指才情特出，声名为群众所企慕不及的人物，有如风之逸，如水之流，优美而足以动人之姿。

故垒：旧时驻军防守之营舍。

周郎：周瑜。据《三国志·吴志·周瑜传》云："周瑜字公瑾，庐江舒人也……长壮有姿貌……（孙）策与瑜同年，独相友善……策之众已数万，亲自迎瑜，授建威中郎将……瑜时年二十四，吴中皆呼为周郎。"

乱石崩云：言山石险峻挺拔，如冲云而上，有使其崩裂之势。崩云，一作穿空。

惊涛裂岸：言波涛以惊人之势击裂江岸。裂岸，一作拍岸、掠岸。

千堆雪：形容江水与江岸礁石相激而飞溅的白浪花。雪，比喻浪花。

公瑾：周瑜，字公瑾，为三国时孙吴名将。赤壁之战，与诸葛亮联手打败曹操。

小乔：周瑜的妻子。乔是姓，史作桥。当时，乔玄有二女，容貌美丽，人称大、小乔。大乔嫁孙策，小乔嫁周瑜。《吴志·周瑜传》："策欲取荆州，以瑜为中护军，领江夏太守，从攻皖，拔之，时得桥公两女，皆国色也。策自纳大桥，瑜纳小桥。"小乔嫁给周瑜时，周瑜约二十四五岁，赤壁之战时周瑜三十四岁，此言初嫁，是为突出其年轻有为，英姿焕发。

雄姿英发：谓姿态雄武，才华横溢。英发，英气勃发。形容周瑜的言论精采透辟，卓越不凡。

羽扇纶巾：手挥长毛羽扇，头戴丝带制的便巾。这是三国两晋时名士常用之物，后遂以形容人之轻便洒脱。羽扇，用白鸟羽翻做成的扇子。纶巾，古代一种配有青丝带的头巾。

强虏：强大的敌人，指曹军。一作樯橹，船（战舰）的代称；樯是船上挂帆的桅杆，橹是划船的桨。

"多情"句：即应笑我多情之倒装。华发，花白的头发。俞平伯

《唐宋词选释》："这是倒装句法。'多情应笑我，早生华发'，即'应笑我多情，早生华发'也。华发，斑白的头发。谁在笑？是自己笑，却不曾说呆了，与上文年少周郎雄姿英发等，虽不一定对比，亦相呼应。刘驾《山中夜坐》：'谁遣我多情，壮年无鬓发。'"刘若愚《北宋六大词家》："这首词显现了一些句法的灵活性及暧昧性……有些注释者愿意把多情解释作'多情的人'，作为'应笑'的主词；这两行就该解释作'多情的人会笑我白发如此早生'。作这样解释的注释者，更进一步地认为这'多情的人'是诗人去世的妻子，或者也有人说是指英雄周瑜。前者的指认太牵强了，因为对诗人的去世妻子的回忆，和这首词的主旨及风格并没有特殊的关联。至于后者，也似非必要，因为年轻、成功的英雄周瑜与中年受挫的诗人之间的对照至为明显，用不着再让英雄嘲笑诗人了。"

一尊句：谓举起一杯酒，倾洒在月光照耀的江水中。尊，酒器。酹，把酒浇在地上表示祭奠。

临江仙

夜归临皋

夜饮东坡醒复醉，归来仿佛三更。家童鼻息已雷鸣。敲门都不应，倚杖听江声。

长恨此身非我有，何时忘却营营。夜阑风静縠纹平。小舟从此逝，江海寄余生。

旷达的胸襟源于先天的性情与后天的锻炼。年轻时的东坡虽不免任性自负，但他也是一个自省力极强、悟性很高的人，加上具有温厚的人格、开朗的个性，使得他随着年岁的增长、生活的历练、学识的涵养以及个人的修持，逐渐地就形成了圆融的自我观照，而得以透视生命的本质，以平和的心境面对人生的困境。写于元丰六年的《临江仙·夜归临皋》充分呈现了这一种自我观照的精神。

此词的上片从表面上看，只是一段平实的记事，叙述东坡夜饮，直到更深人静才独归住家临皋亭，结果家童已熟睡，敲了许久的门都没人来应，只好倚着枴杖站在门外，静听不远处的江水声。然而，就在这一段简单的叙述里，东坡的时间推移、空间幽隔、难得自由之感已流贯其间。"夜饮东坡醒复醉"，好像是写此聚之畅饮，所以才会"归来仿佛三更"，可是，这"醒复醉"三字，何尝不也写尽了东坡在现实上的挫折？东坡文学中，"醉"正如同"梦"，都代表了生命的虚妄和无常——人之执着追求，痴迷眷恋，就好像是喝醉酒的人，迷迷茫茫地不知所归。"醒复醉"无疑是东坡在现实上的形迹：屡仆屡起，醒悟之后，却割舍不去对人世的关怀，于是，又一次跌入了情感与理想的矛盾挣扎之中。三更归来，敲门不应，象征现实的挫折，也流露了理想与现实不能协调之后，无依无靠的寂寞。而"倚杖听江声"，更写出了无法归家安顿后，凄然孤独的自伤之感。"倚杖"，乃人老的事实，是无法躲避的意识。孔子在川上曾有"逝者如斯夫，不舍昼夜"之叹（《论语·子罕》），滚滚江水本来就容易令人惊觉时间的消逝，更何况又值夜深人静，酒醒之后，临家门而不得入，其感慨焉能不深？下片所写的正是"倚杖听江声"而来的感慨和体悟。

　　"长恨此身非我有"，意思是身不由己。此句化用了《庄子·知北游》的一则寓言："舜问乎丞曰：道可得而有乎？曰：汝身非汝有也，汝何得有夫道。舜曰：吾身非吾有也，孰有之哉？曰：是天地之委形也。"舜问他的老师丞说："我的身体不属于我所有，那究竟是属于谁所有？"丞回答他说："是天地暂时寄托在你那儿的。"因此，生命从躯壳来看，是短暂的，是不能自主的。然而，许多人却拼命从躯壳起念，为口腹之欲，名利之望而奔波劳苦。东坡这时似乎深有感触，不禁问自己："何时忘却营营？"人寓形宇宙，生死无由，对一己有形的躯体尚且无法自主，那么，营营索求，眷恋执着，所谓意义，所谓抱负者，又何尝不也是镜花水月？"长恨此身非我有，何时忘却营营"，是东坡反身观照后的感叹。"夜阑风静縠纹平"，是眼前实景，但也有心灵平静的象征意义，从而兴发了"小舟从此逝，江海寄余生"的体悟。就像孔子"道不行，乘桴浮于海"（《论语·公冶长》）一样，驾着小船，远离扰攘的尘世，浮沉江海之间，逍遥地度完下半辈子。结笔两句，与其说是消极的隐退思想，不如说是儒家"穷则独善其身，达则兼善天下"的宽和心境，与老庄"放乎中流，听其所止而休焉"（《后赤壁赋》）的自适心境的结合，仿若陶潜诗"纵浪大化中，不喜亦不惧"的境界。东坡旷达的胸襟，正是儒释道思想圆融的呈现——毋意、毋必、毋固、毋我，以及无待、空诸一切的修为，精神得到真正的自由，自然不再受限于涓涓时间之流，而能纵身于广阔的江海。一般人临流而兴叹，东坡此词却是临江而得道——《临江仙》之作，就是叙述一段释放身躯达到心灵自由的历程。

罗洛·梅《自由与命运》说："我们自由是因为面对命运，这样才能优游于充满各种可能性的变动之海，探索新生命的形态，形成彼此间的新缔结。"东坡贬谪黄州，身体受到限制，不得自由。但经过几年的生活实践，认真思辨，才体悟到生命在限制中得到自由的意义。《书与范子丰》："江山风月本无常主，闲者便是主人。"元丰五年之前，东坡实际上是"闲而不适"，无法游心于物；元丰五年之后，东坡文学才出现真正的闲情。这首《临江仙》，是重要的关键。因为它揭示了由"身闲"到"心闲"的秘诀：能"忘"才能"游"，身心才能得"闲"；能"闲"才能观照万物，无入而不自得。

【注解】

临皋：亭名，在湖北黄冈县南，长江北岸，东坡贬黄时寓居之处。

东坡：在黄州城东，东坡谪黄州时，躬耕于其地，故以自号。按：白居易为忠州刺史，有《东坡种花》《步东坡》等诗。据周必大《二老堂诗话》，苏轼"谪居黄州，始号东坡，其原必起乐天忠州之作也"。

鼻息雷鸣：言鼾声如雷，谓已熟睡。

此身非我有：说自己的身体与行为不是由心灵主宰，而是受外物所支配。

营营：本义是往来不息的样子，这里指为名利而忙碌奔走，纷扰劳神的形容。

縠纹：水面波纹如绉纱。縠，有绉纹的纱。

"小舟"二句：意谓驾一叶扁舟，随波流逝，任意东西，将自己有限的生命融入无限的大自然之中。略有陶潜诗"纵浪大化中，不喜亦不惧"之意。

鹧鸪天

林断山明竹隐墙。乱蝉衰草小池塘。翻空白鸟时时见，照水红蕖细细香。

村舍外，古城旁。杖藜徐步转斜阳。殷勤昨夜三更雨，又得浮生一日凉。

元丰六年开始，四十八岁的东坡在作品中比较常出现"闲情"生活的书写。所谓闲情，对东坡来说，是生活实践的一种方式，在行动中自然显现，而非概念的认知，也不是静态的心灵体悟而已。因为是日常生活的体证，切合人情，容易引起共鸣。

东坡词中以农村自然景色为主的作品，最早出现在徐州——石潭谢雨道上作五首《浣溪沙》，多是客观的叙写。后来湖州时期，如《南歌子》(雨暗初疑夜、带酒冲山雨)两首，颇能流露个人的情思；不过就其意境言，却蕴含着与世相忤的孤寂之感。真正能表现闲适之情的乡野作品，是要到贬谪黄州后期才出现的。

这首《鹧鸪天》的上片四句，一句一景，写行止间所见远近高低的景物，用笔疏淡，颇能写出随缘发现的生活意境：走到树林尽头，对面山色明朗，而竹丛遮蔽着屋舍瓦墙，应该有人居住，遂往内探访，却见小池塘周遭蝉声嘈杂，野草枯萎。作者用"乱""衰"二字来形容，乃平实道出所见所闻的自然景象，没有悲喜的情绪。此时的心境是平静的，抬头看见白鸟不时在空际翻飞，而红色的荷花映照着水面，飘散着芳香。这对句"翻空白鸟时时见，照水红蕖细细香"是东坡难得一见的写景好语，既捕捉到大自然动态的一面，也体会到它细微之处，正流露了作者闲适的心境。因为只有闲适的心，才能欣然与物相接，无意中发现自然和谐、美好、简朴的一面。当我们心情郁闷的时候，感官世界往往是不通畅的，甚至会出现视而不见、听而不闻、食不知味的现象，一切都感到冷淡无趣，所感所知的周遭环境都显得阴暗冷漠；而心情转好时，各种视觉、听觉、嗅觉会逐渐恢复，声色气味的感受会焕发有生气。诗词作品中感官意象的有无及其显现方式，可反映作家情绪的状态。东坡这四句词写感观外在世界的图像，是他走过心情起伏波动最大的元丰五年后，心境最平和安逸的一种表现。

下片三句，一气贯穿，却又有时间空间的转折。从村舍外到古城旁，写杖藜徐步的空间，而"转斜阳"则点出了杖藜徐步的时间之长，是不知不觉、悠然闲逸地就到了夕阳西下的时分。结笔是此番游赏的总结。有趣的是，这"一日凉"是来自"昨夜三更雨"。想想昨夜三更之时，不管是被雨声吵醒而睡不着，还是终夜难眠却又听着雨声滴沥，心情必定烦闷不已，也担心天亮后到处泥泞，没想到醒来时，雨已停了，却换来一整天的凉快，得到一趟快乐的出游，对昨夜所恼恨的那场雨反而充满着感激之情：如果不是老天"殷勤"降雨，体贴人意，下得及时，又怎得此生难得的一天凉意？然则，东坡此时的闲情，又何尝不是因为现实上的失意而得来的呢？如果不是"乌台诗案"，没有贬谪此处，自己又怎能过得如此闲散，重返自然，发现人情之美？反思及此，东坡显然已从怨恨的牢笼中解脱，放下是非得失之心，做到了"忘"而能"游"，身心俱闲的境地。这首词语浅情遥，发人深省，颇能呈现东坡黄州后期日趋淡远的心境。

【注解】

蕖：荷花的别称。

杖藜：拿着手杖。藜，茎坚老者可以为杖。

浮生：旧时认为人生世事虚浮不定，故称。

满庭芳

元丰七年四月一日，余将去黄移汝，留别雪堂邻里二三君子。会李仲览自江东来别，遂书以遗之。

归去来兮，吾归何处，万里家在岷峨。百年强半，来日苦无多。坐见黄州再闰，儿童尽、楚语吴歌。山中友，鸡豚社酒，相劝老东坡。

云何。当此去，人生底事，来往如梭。待闲看秋风，洛水清波。好在堂前细柳，应念我、莫剪柔柯。仍传语，江南父老，时与晒渔蓑。

不再离乡背井、仕途奔波，不再被官场纷争缠身，而能悠闲地定居家乡，晴耕雨读，与亲人友朋诗酒往来，一直是东坡内心的渴望。但是，就如同长江水流过蜀地，出了三峡，滔滔江水只能一路东去，再也不可能往回逆流；为理想踏出故乡的士人，其实，一步已成天涯，追寻的旅途延伸至望不见的他方，不愿放弃，就只能勇敢前行。

虽然与子由有"夜雨对床"的盟约，和杨元素也有"何日功成名遂了，还乡，醉笑陪公三万场"的祈愿，但东坡终究身不由己。他功名未就，反遭贬谪，离家愈远，乡愁更深，乃有"望断故园心眼"的悲慨。如何化解乡愁？如何在理想和对人、事、物的眷恋之间取得平衡？如何觅得生命的归宿？这些都是东坡最要思索的人生课题。

东坡谪居黄州四年又两个月，元丰七年（1084 年）四月时，终于"奉朝旨量移汝州（河南临汝）"——改为汝州团练副使、本州安置。汝州比黄州繁荣，又接近政治中心汴京，对贬谪的人来说，这无疑暗示惩罚已逐渐结束；而通常"量移"之后，紧接着就是"任便居住"——自由选择居住地方——罪官身份至此消失。同时，量移和任便居住也往往是再行起用的前奏，是政治生命重新开始的起点。所以，对用世之心仍在的东坡而言，"去黄移汝"当然是个好消息。可是，在这四年多的岁月里，黄州的山水田野、乡民士绅，早已成为东坡生活中的一部分。他们陪伴他度过生命的困境，而他也相对地付出了真挚的情谊。如今，在功名理想与田园隐逸之间，东坡必须有所选择，如同当年他割舍乡情、踏上仕途一般。《满庭芳》一词写下了这复杂的情绪，也见证了东坡词"旷"的意义，以及以人情为依归的生命意境。

"归去来兮，吾归何处，万里家在岷峨。"生命意义的追寻，是一条漫漫长路，一旦上路，再难回头。东坡终究不是陶渊明，他的性情决定了他云水飞鸿般的一生。开首几句的悲凉凄恻，正是来自东坡自我省察后的无奈。陶潜昔日处于乱世，自认"性刚才拙，与世多忤"，"欲有为而不能"，为了忠于自己，他做出自由意志的选择，归隐田园。然而，东坡虽有效法之心，却无从实现。因为，此时他是待罪之身，是被迫居于乡野的谪宦之人，罪责未除，行动受限于黄州一处，来去只能听凭朝廷决定。而他自幼成长的眉山老家，更远在万里之外，如何归去？被拘限的身体，无限辽阔的空间距离，使得时间推移的压力更大——"百年强半，来日苦无多"，东坡已经四十九岁，人生走过了一大半，算算余年，继来的日子其实也不太多了。可是"坐见黄州再闰，儿童尽、楚语吴歌"——他却只能眼睁睁地看着时间流逝，就这样废居黄州度过了两个闰年。而四年多的生活，家中孩子都已习惯了这里，说的话唱的曲子全是吴楚方言、黄州口音，对他们而言，这里是人亲土亲的成长处，四川眉山反倒成了遥远、陌生的地方。就连东坡自己，搭建雪堂，躬耕东坡，结交父老，他和家中大小何尝不也在此安之若素？此刻，"山中友，鸡豚社酒，相劝老东坡"——田夫野老，这些朴实的朋友准备了鸡猪酒菜，既为我罪则减轻而欢喜，却也纷纷劝我在黄州东坡终老——然则，不论东坡心意为何，留不留黄州，此时此刻，又岂是他能做主的呢？

"云何。当此去，人生底事，来往如梭。"在这离别之际，还能说什么呢？人生为何如此来往匆忙，总是无法停下脚步！词篇至此，东坡心中充满了人生无常的感慨。可是，笔锋一转，东坡随而写出的是"待闲看秋风，洛水清波"——人生何处不可适然？雪堂、赤壁固然令人留恋，但洛水清波不也是传诵已久、诗人爱歌咏的好地方吗？如果不离开这里，又如何去得了那边？如此一转念，遂觉海阔天空。生命纵然无常，却也有希望无限，若能随缘自适，何来忧惧呢？说不定他年功成名遂了，东坡雪堂又是归老之处。所以说："好在堂前细柳，应念我、莫剪柔柯。仍传语，江南父老，时与晒渔蓑。"好在雪堂前留下了我手栽的细柳，愿邻里诸君记着我，不要剪去它柔嫩的枝条；我也不会忘了你们，日后不时还要叮咛你们：请记得常常晾晒我的渔蓑，总有一天，我会归来此处，再与你们重聚——也许，我们无法掌控生命里无常的境遇，但我们可以珍惜生命里许多美好的相遇，那是人与人、人与景物、人与事之间温暖的情意交流，因为真挚于是化为内在永恒的存念，不因无常离散而消失。

郑骞先生《漫谈苏辛异同》一文评论此词说："这样展开一步，便有'山重水复疑无路，柳暗花明又一村'的感觉。这就是所谓旷。胸襟旷达的人，遇事总是从窄往宽里想，写起文学作品来也是如此。这一首《满庭芳》并不是东坡上乘之作，却足以代表他旷达的胸襟。"东坡此后，重返朝廷，位居翰林，四任知州，再遭贬谪，又经历一次跌宕起伏的政治波涛，而困顿磨难更甚这一次的贬放黄州。但心境随着年岁变化，他的人生体悟、生命境界又将有所不同。

【注解】

去黄移汝：离开黄州，量移汝州（河南临汝）。元丰七年四月，东坡改为汝州团练副使、本州安置。

"会李仲览"二句：当时杨绘知兴国军（宋时属江南西路，治所在今湖北阳新），派当地人李翔（字仲览）去黄州，邀请东坡赴汝途中往游其地。会，恰好。江东，指湖北阳新，在黄州东面。遗，读位，赠予也。

岷峨：指岷江、峨眉山。东坡家在四川眉山县，在岷江之滨，靠近峨眉山。

百年强半：谓人生已经差不多过了一大半。古人习以百岁代表人寿之极致，所以百年用以指人的一生。强，读第三声，近似、差不多。韩愈《除官赴阙至江州至鄂岳李大夫》："年皆过半百，来日苦无多。"时韩愈年五十三，故云"过半百"。东坡此时仅四十九岁，故云"百年强半"。苦，极甚之辞。

"坐见"句：白白地看着在黄州过了两个闰年。东坡于元丰三年二月到黄州，元丰七年四月离开，历时四年又两个月，其中经历了元丰三年闰九月、元丰六年闰六月的两次闰年。坐见，坐视，徒然看着。张相《诗词曲语辞汇释》："坐，犹徒也、空也、枉也。坐见，犹云坐视，即徒然视之不为设法，或徒然视之无从设法也。此则为无从设法意。"

楚语吴歌：指黄州当地的方言和歌谣。黄州在战国时属楚国，三国时属吴国。

社酒：社日祭祀时饮用的酒。古代农村习俗，春秋祭祀土地神之日，邻里间相邀饮宴。

老东坡：在东坡此地终老。

底事：何事。

来往如梭：形容时间移动飞快，来往匆促，像梭子一样快速地运转。梭，织布时用来牵引横线的器具，两头尖，中间粗，丝束放于中空部分。

洛水：河南洛河，源出陕西，经洛阳，至巩县入黄河。

柔柯：柔嫩的枝条。

四、此心安处是吾乡——黄州以后

黄州以后，十六年间，可编年的东坡词约七十多首。东坡离黄返京，任朝中要职，四度出任杭州、颍州、扬州、定州知州，主政地方；五十九岁后，朝局再变，党争又起，东坡一路贬放，几番迁谪，不只去到岭南、惠州，更渡海到了儋州（海南岛）。官宦生涯可谓转折多变，而诗作重为主力，词则呈衰微之势，这与他随缘自适的心境有关，而其所处环境是否适合填词也是关键。考诸东坡此期的词作，三分之二以上写于江淮、常州、杭州一带。东坡往返于江南繁华地区，常有朋友聚会，送往迎来，接触歌乐之机会也频繁，因此填词数量多集中于此，是可以理解的。而在汴京时，东坡则是有意识地减少歌词的创作。其后谪居惠州、儋州，生活比黄州时更艰困，且随着年事日高，佛老的体悟加深，心境趋于宁静淡远，婉转动听的词乐已从生活中远去，选调填词的念头已难再起，抒怀言志的主要文体终究以诗为主，词则偶一为之，因此，质量欠佳，自然就不足为奇了。东坡诗云："心闲诗自放，笔老语翻疏。"东坡此期的词，如其诗一般，也有相同的特色——信笔直抒，不求文字之工，任情挥洒，但得自然之妙。词中所述情意，大多平和闲适，即或抒写寂寞，也不见沉郁悲怆的语调；所用文辞，亦多平实清疏，设色素淡；间参哲理，偶有雅健之笔。这时期的词，最大的特色就是，即事遣兴，率尔成章，其佳作以淡远为主；如或感慨不深，出语直率，则淡乎寡味，有如游戏之作。

东坡黄州以后的词，固然不如过去之绚丽多彩，但仍似落日余晖，自有其掩映动人的风姿。虽则此时的创作主力在诗，然而他依旧留下几首极出色的词。这些精品是以前此创作经验所累积的功力为基础，再加上深厚的才学、持续涵养的生命意境，所成就的晚年健笔。像"与余同是识翁人，惟有西湖波底月""谁似东坡老，白首忘机""人间有味是清欢""此心安处是吾乡"，这些朴实无华的字句，自然流动着东坡的神采气韵，也展现出一个伟大作家那份自信、和乐、宽厚的学养与胸襟。而其神之清、境之高、意之旷，则为东坡词推上了一个新的界域，为其晚期风格赋予了更深厚的人文意义。

黄州以后词代表作：

《渔家傲·金陵赏心亭送王胜之龙图》，《浣溪沙·元丰七年十二月二十四日从泗州刘倩叔游南山》，《满庭芳·余谪居黄州五年将赴临汝……》，《定风波·王定国歌儿曰柔奴姓宇文氏……》,《如梦令》(为向东坡传语、手植堂前细柳)二首,《临江仙·送钱穆父》,《八声甘州·送参寥子》,《木兰花令·次欧公西湖韵》,《满江红·怀子由作》,《青玉案·和贺方回韵送伯固还吴中》,《西江月·梅》,《减字木兰花·己卯儋耳春词》。

选读作品

浣溪沙

元丰七年十二月二十四日,从泗州刘倩叔游南山。

细雨斜风作小寒。淡烟疏柳媚晴滩。入淮清洛渐漫漫。雪沫乳花浮午盏,蓼茸蒿笋试春盘。人间有味是清欢。

元丰七年(1084年),东坡四十九岁,奉调汝州(河南临汝)团练副使。四月离开黄州,途中曾到常州宜兴买田庄,然后再北上,过扬州时向朝廷上表乞住常州,一面北行,一面待命。十二月行至泗州,刘倩叔诚意邀请东坡游都梁山,喝茶,聊天。东坡作此词,记录了这趟舒畅的游历和心境。

上片描写眼前所见的郊野景致。十二月底,年尽之时,没几天就过年了,外面阵阵斜风细雨,天气微寒,但不至于妨碍出游。不久,雨停了,天气转晴,河滩那边,淡淡的烟霭笼罩着稀疏的柳条,看起来妩媚有致。而远处洛涧流进淮河,河面显得更广阔,水流更平缓畅顺。这三句写景,朴素自然，形象鲜明，且有逐渐推展之势：气候由雨而晴，画面由暗淡而明亮，空间也由近而远，展现辽阔的视野，心境亦随之开朗。一般来说，词体绝少纯粹写景的，写景往往是为铺垫所欲抒发的情意。东坡这首《浣溪沙》一如往例，上片三句都写景，下片缘景叙事以抒情；景色既逐渐开阔，情意也就跟着自然舒畅。

东坡此词的重点是要写人间温暖的情谊，下片即叙写在如此美好景色下，一起品佳茗、食野菜的生活趣味。两人难得相遇，刘倩叔待客之道相当周到，他应是有感于东坡历尽苦难，匆匆行旅间饮食简陋，更想到过几天就过年了，因此便端出上好的花乳茶和新春应时的盘菜来款待东坡。"雪沫乳花浮午盏，蓼茸蒿笋试春盘。"看着午间茶盏里浮着雪白的泡沫，品尝着蓼菜的嫩叶和蒿草的嫩茎这些新鲜清淡的野味，除了美好的视觉和味觉外，东坡心灵里更感受到一种体贴温馨的情味，那是与朋友闲话家常，精神上得到的愉悦，超越物质带来的享受。东坡虽然仍是待罪之身，但此时他的心灵世界已不受拘束，反而能游心于外，在生活中终于真切体会："人间有味是清欢。"清欢，就是一种清悠闲适的欢愉；东坡认为，那是人间最有情味的感受。

冯贽《云仙杂记》记载："陶渊明得太守送酒，多以春秫水杂投之，曰：少延清欢数日。"指的就是这种清闲的生活乐趣、恬淡的心灵感受。朋友往来，没有刻意的形式，彼此真诚对待，平淡如水一般的交往中，自有一番甘美的情味，乐趣自在其中。东坡重情，尤其历经磨难，身遭贬谪，朋友不但不嫌弃，还热诚款待他，东坡当然铭感于心，更在质朴自然的环境中、和乐平实的生活里和朋友的体贴用心处，感受到人间情谊的温馨美好——这是滋润他生命、让他更勇敢走下去的，最温柔的力量。

【注解】

刘倩叔：刘士彦，时为泗州（安徽泗县）知州。或云刘倩叔乃东坡眉山旧友刘仲达。

南山：在泗州南，以出产一种名叫都梁香的香草闻名，故又名都梁山。

小寒：农历二十四节气之一，在冬至后半个月，此处双关，言细雨斜风带来微微寒意。

滩：南山附近有十里滩。

"入淮"句：言淮河汇合洛涧而下，水势畅达。清洛，即洛涧，源出安徽合肥，北流至怀远入淮河。入淮之处，称为洛口。漫漫，水流平缓，亦有水面辽阔之意。漫，读平声。

雪沫乳花：形容煎茶时茶汤上浮起的白色泡沫。或云乳花，即花乳，一种上好的茶。

午盏：盛午茶的杯盏。

蓼茸：蓼菜的嫩芽。

蒿笋：芦蒿的嫩茎。或指莴苣笋。

春盘：旧俗立春用蔬菜、水果、饼饵等装盘，馈送亲友，取迎新之意。

清欢：指心灵上的一种清悠闲适的欢乐。

定风波

　　王定国歌儿曰柔奴，姓宇文氏，眉目娟丽，善应对，家世住京师。定国南迁归，余问柔，广南风土应是不好？柔对曰：此心安处，便是吾乡。因为缀词云。

　　常羡人间琢玉郎，天应乞与点酥娘。尽道清歌传皓齿，风起，雪飞炎海变清凉。

　　万里归来年愈少，微笑。笑时犹带岭梅香。试问岭南应不好，却道，此心安处是吾乡。

　　如何能做到风定波止，走出人生的坦途？之前东坡在黄州时，写出了一段"也无风雨也无晴"的体验，但人生许多难题却不易化解，我们看见东坡历经赤壁文学的情理思辨，到第二年才较释然，就知道真正能做到宠辱皆忘、自适其适，谈何容易。没想到当东坡重返朝廷，看到昔日好友的歌妓那种甘于接受苦难的从容态度，不由得不折服，并从她身上领悟到原来所谓"定风波"可有另一番真义。

　　王巩字定国，从东坡学为文，因收受东坡诗而遭牵连，被贬宾州（广西宾阳）监盐酒税。宾州属广南西路，为岭南地区，僻远荒凉，生活艰苦。王巩赴岭南，歌女柔奴同行。五年后王巩北归，在席上唤出柔奴，为东坡劝酒。柔奴本来就是聪慧的女孩，善于应对。东坡问柔奴："广南风土应是不好？"柔奴即时回答说："此心安处便是吾乡。"东坡听了，很受感动，特意写了这首词称颂她。

"常羡人间琢玉郎，天应乞与点酥娘。"说王巩貌美如玉，十分俊秀，令人钦羡不已；因此，就连老天爷也特别怜爱，赐予他一位肌肤洁白、滑润如酥的佳人与他相伴，说的就是柔奴。下文即点出柔奴歌女的身世，并想象他们以轻松态度面对贬谪生涯的表现："尽道清歌传皓齿，风起，雪飞炎海变清凉。"清亮的歌声自柔奴洁白的齿间传出，如翻起风来，能使酷热难耐的地方（主要指岭南）有瑞雪飘飞之感，变得清爽凉快。这些语句亦颇有调侃王巩的意味，自然也突出了柔奴毅然同行，甘于接受苦难，怡然自乐的精神。

上片着重欢乐场面的刻画，下片则由表及里，彰显柔奴值得赞赏的精神意蕴。东坡颇在意年华的衰老，当他看见王巩和柔奴"万里归来年愈少"，脸上总泛着笑容，似乎都看不出老态，觉得不可思议。但从柔奴现在所展现出来的笑意，却可感觉那是源于一种热爱生命的坚定信念。东坡赞美她："笑时犹带岭梅香。"她不但不显老，依稀还保留着南方梅花那种傲霜、坚贞、高雅的品格——那是对柔奴的高度评价，由衷地肯定她全心陪伴主人的热切精神和从容态度。东坡故意问她："岭南那个地方大概不是很好的吧？"没想到柔奴竟这么回答："此心安处是吾乡。"她只是单纯地想陪着主人南迁，心无挂虑，行事坦然，到哪里都如在家乡一般的温馨，一样的自在。因此，不管身在何处，只要我们依循心中的喜悦前进（follow your bliss），以情感作依归，安于所爱，则何处不感踏实，欢愉而富足？这不正是东坡在人生旅途上一直寻找何处是归宿的最佳答案吗？原来要"定风波"，就那么

简单，无须在情理上苦恼思索，只要依凭一份热诚、一种信
念，忠于自己而无愧于人，然后勇往直前，自然乐在其中，就
可走出一条坦然无碍的人生大道。

东坡以一种赞叹钦羡的心情、幽默轻松的笔调，描述他所
认识的柔奴，读者确实也能从字句中看见一位貌美、慧黠，并
有着坚忍性情，永保乐天精神的女性。"心安"之于她，好像
是轻而易举的事。但我们不要忘记，他们贬谪南荒，生活之艰
困不是常人能体会的，而且一去五载，要时刻保持平静的心境
更是不容易。东坡《王定国诗集叙》中记录了他们更悲惨的情
况是："定国以余故得罪，贬海上五年，一子死贬所，一子死
于家，定国亦病几死。"然而，定国和柔奴却未被打倒，反而
微笑以对，用从容的态度证明心安而能定静有得的生命意义。
有人问东坡对遭人构陷会否心生怨怼，东坡回答说：我心中无
恨。的确，如带着仇恨过活，终究会被恨意腐蚀，此生此心难
得安稳宁静。但心中不存恨意，却又不如唤起心中的爱之能带
来活力与生机。寻得心之所安，方能激发起积极正向的动力。
再说，同是天涯沦落人，东坡与定国、柔奴自是惺惺相惜，而
东坡对好朋友因己而受罪，更是深有愧疚，如今看见他们平安
归来，他应是欣慨交心，感动不已。此词调侃流易的笔调下，
其实隐藏着许多不足为外人道的苦涩与辛酸。柔奴一句"心
安"，正是划破天际乌云的一道曙光。愈单纯的生命，云流气
动，不易郁结，愈能照见旭日，展现出温馨美好的生命光彩。
东坡自认"多情"，也因情多而苦恼，甚感无奈，然而却也在
情中得到生命的滋润，在人情世界中寻得心灵的安顿。多年以

后，东坡从海南历劫归来，赋诗云："云散月明谁点缀，天容海色本澄清。……九死南荒吾不恨，兹游奇绝冠平生。"(《六月二十日夜渡海》)此时的东坡，无怨无悔，直悟本心已不受外物影响，一如海天之清澈澄明——因为心安理得，便能赴险如夷，无拘无束，发现生命的美好。

【注解】

王定国：名巩，少与东坡交游。元丰二年（1079年）十二月东坡贬黄州，王巩亦牵连谪监宾州（广西宾阳）酒税。

琢玉郎：谓王定国姿容佳美如玉琢成的男子。傅干《注坡词》："琢玉郎，言其（指王巩）美姿容如玉也。"东坡《与王定国书》云："君实（司马光）尝云：王定国瘴烟窟里五年，面如红玉。"

乞与：给予。《广雅·释诂》："乞，予也。"一本作"天教分付"，分付即交付。

点酥娘：此指柔奴，谓其肌肤白皙，细腻如凝酥。傅干《注坡词》："点酥娘，言其（指柔奴）如凝酥之滑腻也。"

如梦令

寄黄州杨使君二首

为向东坡传语，人在玉堂深处。别后有谁来，雪压小桥无路。归去，归去，江上一犁春雨。

手种堂前桃李，无限绿阴青子。帘外百舌儿，惊起五更春睡。居士，居士，莫忘小桥流水。

元祐二年（1087 年），东坡在京任翰林学士、知制诰兼侍读学士，虽然受到重用，但与司马光等旧党人士政见不合，又遭受程颐等排挤，心情颇为郁闷，一再表示厌倦京官生涯，不时浮起不如归去的想法。他写给朋友的诗说："我亦江海人，市朝非所安。"（《送曹辅赴闽漕》）"我恨今犹在泥滓，劝君莫棹酒船回。"（《送钱穆父出守越州》）此时写作这两首小词《如梦令》，正抒发了他对昔日黄州生活的眷恋之情，表达了归耕东坡之意。

"为向东坡传语，人在玉堂深处。"一开篇，他便以殷切的口吻向东坡故地传话：我现在在翰林院的幽深之处。这表现出一种身不由己的苦恼，虽重返朝廷，身居要职，却有种难以伸展的窒碍之感，因而在心中呼唤起曾踏实生活过的黄州东坡——贬谪生涯中能自食其力地躬耕过活，心灵反而感到自在。而向着东坡传话，如晤故人一般的亲切。东坡设想：今我不在，会有谁来造访？自己在翰林院感到幽独，推想东坡故地在无人相伴下应也一片凄冷荒凉。积雪覆盖着小桥，也遮没了小路——这景象，是别后没有人来，门庭从此冷落的象征吗？还是外在天候恶劣，造成路不通，人就无法到来？是否之间，这两句委婉地传达了他对黄州东坡的关切，也表露了自己难以自主的无奈。因为思之深，归心也切，他最后转告东坡故地说：归去吧，归去吧，江上春雨降下，正好犁地耕种——强烈表达了他想回到东坡，再过乡居生活的愿望。期盼走出寒冬，重新迎接春光，翻动心田的覆土，让生命的苗芽得以滋养生长——东坡拟想归去春耕的情景，正是苦闷的象征，并为自己的生命内涵赋予意义。

顺着归去东坡的想象，第二首就写东坡雪堂等地春末夏初的景物情事，既是回忆旧日的生活，何尝不也是现实苦闷生活中的憧憬，如在目前的一片令人向往的美好景象？暮春时节，自己手种的桃李绿叶成荫，枝头挂满未成熟的果子。帘外百舌儿啼叫，把人从酣睡中惊醒。这四句有声有色，意象鲜明，自然而生动，也写出了一种恬静快适的心情。这些感官意识在回忆中一一被唤起，同时也唤醒了曾经过一番历练而认识的一个真实自我："居士，居士，莫忘小桥流水。"那个调养心性，想反璞归真的自己，又怎能陷落于凡俗，忘了小桥流水，自然恬淡的景致，闲居生活的乐趣？

东坡身在翰林院，心存黄州东坡，词句中流露了他厌弃仕途的情绪，不久后他即请求外任，远离朝廷。但东坡却一直没有像陶渊明一样地毅然辞官归故里，这一方面固然由于他对儒家"以天下为己任"的理想，"知其不可而为之"的精神，始终无法全然否定，信念也未尝动摇；但另一方面，也因为东坡是责任心重，十分爱家的人，他绝不能罔顾现实处境、经济状况，而任性行事。道不同不相为谋，自动退出纷争的政局，到地方上去做事，何尝不是实践理想，保存自我人格的一种方式？东坡确曾萌生辞退的念头，但他也深知追求梦想、坚持自我的同时，也不能不顾家人，不顾现实。黄州躬耕生活，现在看来，毕竟"如梦"一般，难以实践，令人顿感无奈。可是，若从正面来看，心中时刻呼唤那梦想世界，指引心灵一个向往的归宿，人生便不至于徬徨无着，而且更可在接受现实时，借此提醒自己须保持既入其内又能出其外的超脱心境，不至于动摇信念，堕落陷溺，始终能维护灵明的心性。如果梦想不能脱离现实，何不将梦想带入现实生活中，变成支撑自己的生命力量？在朝或在外任官的苏轼，和在贬谪时以东坡为号的自己，其实可彼此相容，并存于一个躯体中而互不矛盾冲突的。当在玉堂深处的苏轼一直呼喊着"居士，居士，莫忘小桥流水"时，那质性自然、不受拘束的自我便在不知不觉中被唤醒。若能听从心的方向行事，接受眼前的一切，即使在苦难中前进，那朝向理想的奋勇过程，便足以充实人心，自会感到欢愉。而在无比欢愉的感受中，内心坦然自在，仿佛就在"小桥流水"的世界；那不是远离尘世就能寻得的，它有如陶潜所体会的"结庐在人境，而无车马喧"的意境。东坡往后依旧在人生的旅途中行行重行行，但他始终都没忘记，也一直勉力让自己安住心中这宽阔自在的天地里。

【注解】

玉堂：指翰林院。

一犁春雨：指正宜犁地春耕的雨。

青子：未成熟的果子，指桃李果实。

百舌儿：鸟名，全身黑色，嘴黄。善鸣，其声多变化，故名"百舌"。

八声甘州

寄参寥子

有情风万里卷潮来，无情送潮归。问钱塘江上，西兴浦口，几度斜晖。不用思量今古，俯仰昔人非。谁似东坡老，白首忘机。

记取西湖西畔，正暮山好处，空翠烟霏。算诗人相得，如我与君稀。约他年、东还海道，愿谢公雅志莫相违。西州路，不应回首，为我沾衣。

哲宗元祐四年（1089 年），东坡重到杭州，担任知州。次年，在孤山上建智果精舍，请他的好友参寥从于潜天目山来任住持。元祐六年（1091 年）三月，五十六岁的东坡奉调回汴京为翰林学士承旨，离杭时作《八声甘州》一词，寄赠参寥子。有一版本题下有注"时在巽亭"，巽亭在杭州东南，能观钱塘江潮，此词即以潮水去来起兴。

东坡与参寥子相识于徐州任上。元丰元年（1078 年），秦观拜访东坡，同时引荐参寥。东坡读其诗，甚为爱赏。参寥虽出家为僧，但为人刚直，好恶形于色，常当面责人过，与东坡同是性情中人，遂一见如故，此后交往密切。东坡贬黄州，参寥千里迢迢来相从。东坡赴汝途中，亦同游庐山。后东坡谪琼州，参寥欲过海相访，东坡去信力加劝阻才罢。二人交谊极为深厚，唱和特别多。

这次离开杭州，东坡比较特别的是，以词寄赠佛门中人参寥，而且用的是声情既激越又缠绵的高调《八声甘州》。

柳永先前曾以此调述羁旅情怀，开篇数句："对潇潇暮雨洒江天，一番洗清秋。渐霜风凄紧，关河冷落，残照当楼。"即展现出开阔豪宕的气象，东坡对柳永词风多有负评，对这几句词却不由得不赞赏："此语于诗句，不减唐人高处。"当他自己选择此调写离情时，亦随着体式语调，一开篇也表现出一种开阔豪宕的气象："有情风万里卷潮来，无情送潮归。"不过，不同的是，柳永所表现的是秋士易感的悲伤，辞情激切，东坡则借此表达出一种面对离愁的超旷态度，表现了一份试图由情入也由情出的通观的哲理，别有韶秀之姿。也可以说，东坡在这里实践他在《前赤壁赋》中所提出的以"自其不变者而观之"化解"自其变者而观之"的理念。

万里长风卷潮而来，带来壮丽之美，令人赞叹不已，也令人感到天地有情；可是，却也无情地送潮归去，令人不舍。其实，潮来潮去是自然不变的现象，与情无关，而人之所以生好恶有无之感，乃缘于主观的执念。东坡写出我们一般人的情状。接着所谓"问钱塘江上，西兴浦口，几度斜晖"，是说如果就大自然不变的本质言，日升日落本也平常；若从变化的人生言，则逝者如斯，时光在日升日落下，不停流逝，自然易生好景不常之叹。东坡提醒我们，所谓古往今来，不必细心去计算是怎样的变迁历程，就在我们一低头一抬头之间，面前人事已发生极大的变化了。时间本身是流动的，"古"曾是"今"，"今"即为"古"，瞬息都在变化，如果我们执着于时间的任何一刻，无论长短远近，都会陷入相对的困局中，旧欢新怨不断，顿生许多无谓的烦恼。人如能参透这点，不执着，泯除相对心，那就快乐得多了。"谁似东坡老，白首忘机。"东坡过去对时间颇为焦虑，五十六岁的他却有了不同的体验——谁像我东坡居士这样，以年岁经验换来了生命的智慧，能随缘自适，泯灭机心，把种种的谋虑都忘去呢？能忘得失，超然物外，自然无惧于时间的变化，不再患得患失，而能行于所当行，止于所当止，行止之间来去自如。这趟离杭返京，对东坡来说，心里感到怡然自在——这是他要告诉好友参寥的。

东坡更想说的是，即使在短暂的人生中，也有值得珍惜的事物；行迹离合间，自有不变的情分在。"记取西湖西畔，正暮山好处，空翠烟霏。算诗人相得，如我与君稀。"每回忆起西湖空明青翠、烟雾迷茫的春山景色，仿佛正身处其间，永远是那般的美丽。东坡更向参寥真诚地表白：算一算历史上的诗人能够成为知己好友、亲密无间像你我一样的，在世上是不多见的了。曾经用心用情地对待人、事、物，记住人间相遇的美好，此景此情便存于心中，永恒不渝。

东坡一直都很仰慕东晋谢安，但也以其不能早退为戒。谢安年轻时就很有名望，却隐居在浙江会稽的东山，寄情丘壑，到四十岁时，才出来做官。他最有名的是在淝水一战中打败了前秦苻坚，为东晋立了大功。但自古以来功高见嫉，谢安在朝中屡遭谗毁。而他本无久居朝廷的打算，出镇新城时已准备好泛海的行装，打算等政务稳定之后，就要从海道回到东山。不料却在新城生病了，只得返都治病，路经西州门，不久就死在建康，退隐的愿望终究落空。谢安非常赏爱外甥羊昙，故谢安死后，羊昙就不愿再经过西州门，怕触景

伤情。有一天，他喝醉了酒，不知不觉来到了西州门，忆起
舅父谢安，一时悲从中来，痛哭不已。东坡反用这典故，以
喻自己将来必遂退隐之志，故参寥子就不会像羊昙那样，日
后得为我抱憾而悲伤。过去一般的解释，都以为东坡此番返
京，心情极其复杂矛盾，很想远离政治纷争，辞官归隐。因
此，这首词最后写"功成身退之后，惟以羊昙谢安的生死交
谊相期。其内心之孤寂与沉郁于此可见"。（见张志烈、马
德富等主编《苏轼词集校注》）可是，已"忘机"的东坡，
怎会又转为忧虑不安呢？东坡与参寥既相得，生命交感，则
在来去之间，自然无碍，应不会因此次离别而感伤，也不应
因日后不能遂愿或不能与好友重逢而忧心。谢安之典，重
在"雅志不违"，在这里不能从实处去理解，应从虚处去契
会；换言之，东坡言外之意不在求身退之事实，因为此心已
安，此志不移，出入哪里都无挂碍。如是，又怎会发生为我
抱憾而悲哭之事？而参寥看破虚空，参透生死，又怎会多情
感旧，如羊昙一样"为我沾衣"？东坡这些话分明是有意调
侃参寥而说的。而且，从选择抒情之词体赠予得道之僧人，
从开篇潮来潮去，有情无情，谈到忘机，最后又说到不能忘
情，在在都隐含禅家机锋之意，如果不是至友深交，是不会
有这样庄谐相间的言辞表现的。

【注解】

参寥子：僧道潜，字参寥，本姓何，于潜（浙江临安）人，精佛
典，能文章，尤喜为诗。与东坡相从甚久，东坡任杭州知州，建智果精

舍，让他居住。

西兴浦口：渡口名，在杭州钱塘江南岸。《会稽志》："西陵在萧山县，吴越改为西兴。"按：杭州与萧山隔钱塘江相望，西兴距杭甚近。傅干《注坡词》："钱塘西兴，并吴中之绝景。"浦口，渡口。

"俯仰"句：一低头一抬头间，表示时间短促。王羲之《兰亭集序》："向之所欣，俯仰之间，已为陈迹。"

忘机：不存机心，淡泊无争。往往指隐者恬淡自适，忘身物外。机，机心，即谋虑之心，巧诈功利的心计。

"空翠"句：形容山色苍翠，极其空明，山岚烟雾飘扬。

"约他年"二句：用谢安事，意谓他年归隐相聚之愿当能实现，不使老友感到遗憾。东还海道，《晋书·谢安传》："安虽受朝寄，然东山之志，始末不渝，每形于言色。及镇新城，尽室而行，造泛海之装；欲经略粗定，自海道还东。雅志未就，遂遇疾笃。"按：东谓浙东，谢安家居会稽，今绍兴也。雅志，平素的志趣，此指隐逸的心愿。

"西州路"三句：谓将来自己退隐的志愿终能实现，不致引起好友抱憾而涕泪沾湿衣裳。西州，指东晋京都建康的西州城，故址在今南京市西。《晋书·谢安传》载：晋谢安还都，舆病入西州门。安卒后，其甥羊昙行不由西州路；一日，醉中不觉过州门，悲感不已，痛哭而去。

木兰花令

次欧公西湖韵

霜余已失长淮阔，空听潺潺清颍咽。佳人犹唱醉翁词，四十三年如电抹。

草头秋露流珠滑，三五盈盈还二八。与余同是识翁人，惟有西湖波底月。

哲宗元祐六年，东坡五十六岁，自杭州返汴都，不久发生了洛蜀党争，遭受贾易诬诋，他虽做了辩解，但仍愤而请调离京，出守颍州知州。东坡在京师前后不到三个月。是年闰八月到达颍州。颍州对东坡来说别具意义，因为这是他的恩师欧阳修曾任知州及晚年隐居之处。

欧阳修于仁宗皇祐元年（1049 年）四十三岁时任颍州知州，写有《木兰花令》。神宗熙宁四年（1071 年），六十五岁，又退居于颍州，更作《采桑子》十首，讴歌颍州西湖美丽的景色及闲居生活的雅趣，翌年即卒于此。东坡曾在熙宁四年赴杭任通判途中往谒欧阳修，并陪游西湖。元丰二年，东坡在扬州平山堂赋《西江月》词，抒发对欧阳公的缅怀之情。转眼十多年过去了，东坡如今再来颍州，重游西湖，竟然听见当地歌女仍在歌唱欧阳公四十三年前的旧作《木兰花令》，不禁欣慨交心，次其韵而作此词，既感时光易逝，世事多变，亦由对欧阳公深切的思念，传达了人格精神不朽之价值。此词之作，寓含了东坡的身世之感，而东坡乃借由次韵欧阳公原作，细细回味恩师一生的行止，反思体悟，更坚定一己的信念——变化的物事中自有不变的精神在。

此词上下片传达的内容，都呈现这变与不变的特质。"霜余已失长淮阔。空听潺潺清颍咽。"东坡闰八月来到颍州，深秋是枯水季节，加上江淮久旱，远处淮河的河面失去了宽阔的气势，当下只听见其支流颍水潺潺似咽之声。东坡昔年在《祭欧阳文忠公文》中写道："清颍洋洋，东注于淮；我怀先生，岂有涯哉。"表达了深远的思念之情。如今再见颍淮，能不触景生情，更增伤感？这词所写水浅声低的景象，何尝不是东坡此时落寞心境的反映？而且水去声沉，更有着"逝者如斯夫"，一切都在变化的感叹。然而在此意兴消沉之时，传来了歌声："佳人犹唱醉翁词。"欧阳修的旧词仍被当地的歌女传唱，一方面意识到原来四十三年就这样倏忽像电光一闪而过，另一方面却又感到欣慰，欧阳公的文采风流依旧被传诵着。

下片承接"四十三年如电抹"，更进一步地指出时光流逝、日夜不停息的事实："草头秋露流珠滑，三五盈盈还二八。"草头上的露水，流动似珠，转眼即逝；十五圆满的月亮，到了十六就缺了。世间繁华美好的事物，都难以持久。然而，欧阳公去世已二十年，难道什么也没留下吗？东坡由歌女仍传唱欧阳修的词，更深信恩师的流风余韵永不衰竭："与余同是识翁人，惟有西湖波底月。"与我一样熟悉醉翁先生的，只有那西湖水波中的月亮。东坡以欧阳修为典范，十分钦佩恩师的政事道德文章，以月为喻，意谓欧阳公清亮高雅的志节，昭昭如月，而月亮是恒久不变的，则欧阳公的精神亦将长存于天地间，永垂不朽。东坡说自己与水波中的月亮都可做见证，因为他们都有共通处。所谓"德不孤，必有邻"，东坡与欧阳公是同道中人，他们高洁的精神，与月同调，因此彼此相识，"永结无情游，相期邈云汉。"（李白《月下独酌》）约十年后，东坡从海南归来，途中赋诗《次韵江晦叔》云："浮云时事改，

孤月此心明。"为自己一生的行事，做了很好的总结，正遥应
了他在此词中为恩师欧阳修所赋予的精神。

【注解】

次欧公西湖韵：次韵欧阳修在颍州（安徽阜阳）西湖所作的词，此
处指的是欧阳修任颍州太守时作的《木兰花令》："西湖南北烟波阔，风
里丝簧声韵咽。舞余裙带绿双垂，酒入香腮红一抹。　杯深不觉琉璃滑，
贪看六幺花十八。明朝车马各西东，惆怅画桥风与月。"

西湖：指颍州西湖。颍州西二里有湖，长十里，宽二里，林木葱
笼，是当地名胜。次韵，又称步韵，是和韵的一种。和韵有同韵与次韵
之分。同韵容易一些，只要和诗或和词的韵同即可，不必考虑韵的前后
次序。而次韵不但要求同韵，且韵的前后次序也必须相同。傅干《注坡
词》引《本事曲集》："汝阴西湖，胜绝名天下，盖自欧阳永叔始。往岁
子瞻自禁林出守，赏咏尤多。而去欧阳公时已久，故其继和《木兰花》，
有'四十三年如电抹'之句。二词俱奇峭雅丽，如出一人，此所以中间
歌咏寂寥无闻也。"

"霜余"句：深秋时分，淮河水量减退，河面缩小，河道显得狭长。
霜余，霜降后的秋天，指深秋时节。

清颍咽：清浅的颍水，水流不畅，声似呜咽。颍水，淮河支流，颍
州城在其下游。

醉翁：欧阳修的别号。欧阳修任滁州知州时始自号醉翁，作《醉翁
亭记》。

四十三年：东坡于元祐六年闰八月出为颍州知州，距欧阳修于皇祐
元年知颍州，虚算四十三年（实四十二年）。

如电抹：形容时间变化速度之快，如闪电一扫而过。

三五、二八：指十五、十六夜的月亮。谢灵运《怨晓月赋》："昨三五兮既满，今二八兮将缺。"

减字木兰花

己卯儋耳春词

春牛春杖，无限春风来海上。便丐春工，染得桃红似肉红。

春幡春胜，一阵春风吹酒醒。不似天涯，卷起杨花似雪花。

东坡晚年贬谪海南，荒岛余生，困苦的情况倍甚于黄州，能否生还北返，实难逆料。然而，东坡屡经忧患，已参透世间的荣辱得失。从阶下囚到帝王师，由玉堂学士降为海角野老，东坡来去自如，了无挂碍。黄州时期，他还曾忧惧、怅恨，努力地经过一段挣扎、提升的历程，而后才进入清旷平和的意境；惠州儋州时期，他自始至终都以淡然的心境面对困境，甚至还自得其乐，从中发现生活中的闲情逸趣，这正是东坡诗到晚年能臻化境的主因。而这时期东坡相对地已少填词，作品大抵维持平淡清疏。这首作于元符二年（1099年）正月十二日的词，写立春情事，语意清畅，反映了东坡在南荒岛屿上乐观的生活态度。

全词春意盎然，以轻快的语调，连用七个"春"字，各用了两次"红""花"二字，渲染着热闹的气氛和浓烈的情绪，描写了海南美丽而充满生机的村野景色和百姓生活。春风宜人，春酒醉人，桃花与杨花红白相衬，一片亮丽、温馨的感官世界。春牛春杖，春幡春胜，循例举办立春劝耕的活动，农事伊始，充满着期待的欢乐。全词上下片都贯串着"风"，呈现了动态的美感和活力。海南多风，风来海上，带来滋润生命的湿气。一阵春风，不但吹舞着高挂的青色幡旗，和妇人头上应节的小饰物，更吹人酒醒，唤起精神。海南地暖，花开得早，柳也长得快，立春日已见东风卷起片片杨花，如雪花飞舞，而此时北方正是雪花纷飞时，不也像洒下蒙蒙柳絮一般？这样的话，南北有何差异？身谪海南一隅的东坡，看花如看雪，感觉此处就好像中原故地，看不出是僻远的天涯海角啊。

　　东坡之前通判杭州代人寄远，写了一首《少年游》，曾以杨花和雪花相比况："去年相送，余杭门外，飞雪似杨花。今年春尽，杨花似雪，犹不见还家。"写思妇的闺情，以景色似依旧对照人去却不归，道出了睹物思人的哀感。唐代张敬忠《边词》说："五原春色旧来迟，二月垂杨未挂丝。即今河畔冰开日，正是长安花落时。"中国幅员广，南北气候差异大，诗人以长安花事反衬塞外苦寒，亟写风物之不同，抒发戍边生活单调，辜负京城美好春光的无奈。这两首诗词，因物兴感，对眼前的景物，无论是似曾相识，或明显的意识不同，都在对照自然风光中更感人情世界的差异，引发伤感的情绪。东坡此词却在"一阵春风吹酒醒"之际，仿佛在醉梦人生中醒来一般，超脱了世间的差别相，不像初贬黄州时"多难畏人"，有遭世间遗弃的孤绝感，此时因为能从正向的态度去看待眼前的处境，在迎春佳节，与民同欢，怡然行走于风和日丽的田野间，释放了内在的自我，并与人民、土地亲近，身心便都感到自在，再无远隔之感。

【注解】

己卯：即哲宗元符二年，时东坡六十四岁。

儋耳：即儋州，治所在今海南省儋县西北，辖境相当于今海南的西部。

春牛春杖：指"打春牛"活动中的泥牛和木杖。古时习俗，立春日竖起青色的旗帜，在城门外放置泥牛，旁立泥造的耕夫，手拿犁杖，表示劝农之意，象征春耕的开始。

"便丐"二句：谓乞得春神之力，使桃花染成像肉色一样鲜亮的红色。春工，万物遇春而发育滋长，这里把春神人格化，指春神的神力。丐，乞讨，乞求。

春幡：春旗。旧时于立春日挂青色幡旗作为春至的象征。也有剪彩做成小旗，插在头上或挂在树上以迎春。

春胜：旧时立春日，妇女所戴的用绢、箔或纸制成花纹图案的饰物。

杨花：柳絮。

五、似花还似飞花——咏物及其他

词，要眇宜修，字句随着音乐节奏而有长短错综之变化，故长于言情，而其内容则以儿女物事为主，自然形成一种富于阴性美的纤柔细致的特质，比诗更能表达委婉曲折的情意。词的这种特殊美感，既最适于表达作者心灵中一种深隐幽微的品质，同时也易于引起读者心灵中一种深隐幽微之感发与联想。在传统诗歌的各种题材中，咏物与闺情（譬如用香草美人等意象）通常都被视作"比体"，可托喻深蕴的情志，而词尤以这类题材为大宗，文人创作此体时亦多沿用诗的比兴手法以寄托词情，而批评者有意无意间也会从比兴寄托的角度以论词。如刘克庄《题刘叔安感秋八词》谓叔安乐府："借花卉以发骚人墨客之豪，托闺怨以寓放臣逐子之感。"这不独是针对某家而言，更是对一般词的创作或批评常用的方法与观念。而词体中，长调较诸小令，更讲求设色与铺叙，脉络贯穿，故宜于使事用典，写物以言情。这些词体特色，配合上词人所处的时局作考虑，则更容易使人有托喻的联想。不过，咏物词篇固然有喻托的可能性，但不能说所有这类作品必然都有寄托美刺之用意在。

　　一般来说，咏物词一则既要求体状物态，刻画妥贴，讲求字面的工丽，一则也要求能感物言志、借物抒怀，寄寓深刻的意旨。李重华《贞一斋诗说》云："咏物诗有两法：一是将自身放顿在里面，一是将自身站立在旁边。"即是说咏物一体的叙写，可以明显是以主观情意为主导，而借物体之描摹以呈现主题的一种创作方式；也可以是纯粹客观的描述，着重设色与铺叙，讲究笔法细腻；简言之，前者入乎其内，为"比"法，后者出乎其外，为"赋"法。当然，也有介乎二者之间的一种写法：物态人情，若有若无，不容易界分究竟是单纯的写物还是有确切的主观情怀的。咏物的内容，可区分为喻托、社交或遣玩等不同性质；而同样是喻托的作品，其表现方式可以是重在直接的感发，也可以是偏于思索的安排，两者的情味自然不同。

张炎《词源》谓咏物以"所咏了然在目，且不留滞于物"为佳。又说："词要清空，不要质实；清空则古雅峭拔，质实则凝涩晦昧。"所谓清空是要能摄取事物的神理而遗其外貌，写情而不腻于情，咏物而不滞于物，呈现一种空灵高远的神气，而一切笔法技巧却又脱落无迹，浑然不可觅；质实则是指写得典雅奥博，但有时过于胶着于所写的对象，显得板滞。咏物基本上先要做到摹写物态，更要求体物得神、物我交融，因为文学的出发点乃在抒情言志，物象的选择与书写，寓含着作者的情意。因此，遗貌取神的特质外，融情入景、物我交感则更是咏物的要旨。

东坡的咏物词数量不多，但他少数的这类绝妙好词，莫不真情为文，悉以构篇奇绝，情辞跌宕，意境高远著称，在规范中求创新，迥出于唐宋名家之上。尤其《水龙吟》咏杨花一首，张炎《词源》评曰："后段愈出愈奇，真是压倒今古。"王国维《人间词话》给予更高的评价，说："咏物之词，自以东坡《水龙吟》为最工。"《贺新郎》咏石榴一首，胡仔《苕溪渔隐丛话》亦称赞"东坡此词，冠绝古今，托意高远"。东坡以清雅之笔写物言情，在物我之间，虚实之际，似有若无中，舒徐道来，韶秀有致，令人神观飞越，回味无穷。

东坡借物言情，物事人情之间，交感互应，表达了怎样的主体意识，形成了怎样的抒情美感？下列三首代表作，最能具现东坡关切的生命课题、形塑的心灵意境和高超的艺术才能。

水龙吟

次韵章质夫杨花词

似花还似非花，也无人惜从教坠。抛家傍路，思量却是，无情有思。萦损柔肠，困酣娇眼，欲开还闭。梦随风万里，寻郎去处，又还被，莺呼起。

不恨此花飞尽，恨西园、落红难缀。晓来雨过，遗踪何在，一池萍碎。春色三分，二分尘土，一分流水。细看来不是，杨花点点，是离人泪。

中国咏物词中，诗人最爱歌咏的是花。"花"之所以成为咏物之大宗，原因是：一、取材容易——花之为物，无论室内、庭中或野外，四季时令，眼前身畔随时随地都可见，因此顺手拈来，即成摹写的对象。二、形象具体而鲜明——花的颜色、香气、姿态，都具有吸引人的魅力，而花之色、花之香、花之形，皆可刺激我们的视觉、嗅觉、味觉和触觉的感官，触发的联想极丰富，形成的意象也多方。三、恰到好处的美感距离——无生之物如风云月露，固然不能与之相提并论，有生之物如禽鸟虫鱼，似乎也不能与之等视齐观。因为风云月露的变幻，虽或与人生命的某一点某一面有相似而足以唤起感应之处，但它们毕竟是无生之物，与人的距离终是疏远。至于禽鸟虫鱼，与人的距离自然较为亲近，但过近的距离又往往使人容易产生一种现实的利害得失之念，因而乃不免损及美感的联想。花则介乎二者之间，所以能保有一恰到好处的适当距离。它一方面近到足以唤起人亲切的共感，一方面又远到足以使人保留一种美化和幻想的余裕。四、花予人最深切也最完整的生命感——花从生长到凋落的过程是如此明显而迅速，人之生死，事之成败，物之盛衰，都可纳入"花"这一短小的缩写之中。因之它的每一过程，每一遭遇，都极易唤起人类共鸣的感应。

东坡这首咏物词有两大挑战。一是次韵之作，不易发挥。宋神宗元丰三、四年间，东坡谪居黄州，章楶（质夫）"正柳花飞时出巡按"，以原唱赠东坡，东坡依韵和之。次韵，又称步韵，即依他人诗词之韵及其先后次序，另写作诗词相和。章质夫咏杨花，写物摹神，相当得体，颇受时人称颂，东坡要同题填写，依韵赋作，显然受到很大的限制。二是题材局限，难出新意。诚如上述，咏花会有较大的写作空间，但此首所咏的杨花并不是花。杨花，即柳絮。柳絮的形貌不如花之可作多层面之叙写，且长久以来，往往被视作与离情相关，因此能据以叙述的也不外离愁别绪。

虽则如此，东坡却在这首词里充分展现了天才战胜技术限制的表现。刘若愚《北宋六大词家》说："要说明天才如何战胜技术的限制，很难以想象到一个更惊人的例子了……在以上所述的限制之下，苏轼和了一首他人的作品却毫无牵强的痕迹……而仍然成功地表达了自己的思想和感情一样。"咏物拟人，写景述情，东坡在此词中深化了词的抒情特性，更在物我交感中写出时间消逝的忧伤。

本词扣紧"柳絮—离愁"的关系，上片就柳絮之飘落和柳条、柳叶之纠结翻转，模拟为一段闺妇和游子之间似断未断之情；下片则就在似有若无之间串合了一种词人与杨花共同感受的时间伤逝之悲。

一开篇，东坡即点出杨花的宿命："似花还似非花，也无人惜从教坠。"杨花有花之名而无花之实，因此就没有人如对花一般珍惜它，任其兀自飘落。但柳之为树一直以来都与人情相关，从《诗经》的"昔我往矣，杨柳依依"，到唐宋诗词的"客舍青青柳色新""杨柳岸、晓风残月"，折柳赠别（"长亭路，年去岁来，应折柔条过千尺"）、睹柳忆人（"忽见陌头杨柳色，悔教夫婿觅封侯"），已经成为春日离愁的象征，尤其暮春三月，柳絮飘绵时，分外惹人伤感："春风不解禁杨花，蒙蒙乱扑行人面。"柳絮自身飘飞，和人之离去，似不相干，但命运却颇相似。任何事物，只要时空一转变，便无法回到原点。东坡由此发想，柳絮若如游子一般，柳树便是它回不了的家。"抛家傍路，思量却是，无情有思。"但柳絮虽然离了河畔桥边道途上的柳树梢，却往往翻飞飘扬，不时就会紧靠着路边尘土落下——看似无情，仔细想想，又好像还有情思相系。"抛家"是"无情"之举，而"傍路"则是"有思"的表现。东坡这里反用裴说《柳》诗"思量却是无情处，不解迎人只送人"之意，写情更深曲，语意宛转有致。离情是相对的，东坡接着站在闺妇的一方，描绘离别情怀的整体面貌："萦损柔肠，困酣娇眼，欲开还闭。梦随风万里，寻郎去处，又还被，莺呼起。"词中以柳条、柳叶比喻女子的愁肠和眼眸。柳枝柔细，依依荡荡，收卷缠绵，极端纠结的样子，意谓思妇因忧愁而柔肠纠结。古人惯将柳叶称柳眼，这里以柳叶飘扬飞舞的娇态，比喻女子相思愁苦之极，双眼已然困倦，却犹望眼欲穿，苦苦撑着，最后倦慵难耐，想睁眼也睁不开，还是闭上了。所谓日有所思，夜有所梦，女子闭上眼睛后，即沉睡入梦，在梦中寻找万里之外的情郎，却又被黄莺叫声惊醒。这里化用金昌绪《春怨》"打起黄莺儿，莫教枝上啼。啼时惊妾梦，不得到辽西"一诗的情境，切合征夫闺妇相思怨别的普遍课题。这情景正由柳枝与柳絮之间相依相违的关系所生——柳枝被风吹拂着，由高处往低处摆荡，仿佛碰触到路旁的柳絮，但柳枝接着随风扬起，柳絮也跟着翻动，不知飞到哪里，如一场梦境飘失……

词的上片，充分运用拟人的手法，捕捉了杨花的神韵，将物态与人情融合一体，完全扣合"离别"的主题。但词的写作，逐步推进，因物及情，不仅仅以描绘外在物色、普遍经验为美，还须以回归一己内在情意之真切感受为佳。

承接上文杨花随风飘远，东坡说："不恨此花飞尽，恨西园、落红难缀。"写得好像漫不经心的样子，正是开篇所说的杨花不是花，所以他也不以为意，一心牵挂着园中真正的落花，只恨它难再重上枝头。此处从反语入，说对杨花不顾惜，只忧恨西园的万紫千红无法留住。大凡人之惜春、伤春，多因春花而起。面对美丽的凋零，最易令人惊觉青春岁月、美好光阴的消逝。然而，杨花一朝飞尽，不也如同落花一样，随着

春天的脚步归去？东坡说"不恨此花飞尽"，他真的是对杨花
无情吗？如果是，为什么早上起来，雨过之后，却追问：柳
絮"遗踪何在"呢？这不也是"无情有思"的表现吗？故作不
在乎，但真要关心时，杨花却随水流入池塘，都已化作"一池
萍碎"了。正因为本来不恨，使得往后的寻觅、惊悟，反荡
出更深的哀感——此时，才恍然意识到杨花落尽，真的代表大
好春光已逝："春色三分，二分尘土，一分流水。"杨柳随春而
来，见证春日的美好，而当柳絮委于尘土时，春天已过了三分
之二，剩余的三分之一，也在暮春时随着流水而去，整个春天
就这样消逝了。这里已点出本篇的主题，时间推移的感伤。在
雨后，水流中，细看点点落絮，哪里是杨花，简直是离人眼中
的泪珠。这首词最后以"泪"字结束全篇，达到了情绪的高
潮——以泪的意象，绾合以上无家游子、闺中少妇以及作者本
人的伤逝情怀。然则，杨花最终所象征的就是一种时空流转中
的离恨。可见东坡此词重点不在赋物，而在写情。同样写人
去、花落、春归，李商隐《落花》诗最后也结束在泪水之中：
"芳心向春尽，所得是沾衣。"写出了人去楼空，人间一切美好
都随之而去的深悲；周邦彦《玉楼春》则以雨中落絮比喻一
种执着之情："人如风后入江云，情似雨余黏地絮。"东坡此词
人、花合一，物情人意融为一体，缠绵掩抑，写出了词体普遍
歌咏的时空变幻课题，更渲染出一切都徒然失落之哀感。

郑骞《词选》收录此词，末段的句法是："细看来、不是
杨花，点点是、离人泪。"并云："结处十三字应作一五两四，
如质夫原作云：'望章台路杳。金鞍游荡。有盈盈泪'是也。

东坡此作与之小异；然此十三字一气直下，句读少异，原自不妨。后人亦有用东坡句法者。"除了这两种句法，诸家编录东坡此词，也有作"细看来，不是杨花点点，是离人泪"，或"细看来，不是杨花，点点是离人泪"的。一般都以为东坡往往以意为文，是格律所不能约束得住的。诚如郑先生所说，句读稍有差异，本也无妨。不过，若能深切体会东坡立意、构思的巧妙之处，就会理解这几句当作正格为佳："细看来不是，杨花点点，是离人泪。"

刘熙载《词概》说："东坡《水龙吟》起句云：'似花还似非花'，此句可作全词评语，盖不离不即也。"东坡整首词在杨花不是花、柳絮与柳枝柳叶、花事与人情、东坡与此物间，采取了一种"似是而非、似非而是"的论述方式，文情跌宕有致，掌握了杨柳与离别交织而成的纠结情思，也贴合由物及人的词体之抒情特性，全词回荡着"似花—非花、无情—有思、欲开—还闭、不恨—恨、不是—是"的语意，缠绵幽怨，十分传神。结语十三字，依此脉络，先顿在"不是"，显示细看下否定其为杨花，然后看到的却是"杨花点点"，似又加以肯定，最后在认知"是离人泪"的情况下，又推翻了是杨花的事实；这样的句法安排，比起其他的方式，转折更为深曲，更能呼应全词"若即若离"的主调。

【注解】

章质夫：章楶，字质夫，浦城（福建浦城）人，英宗治平四年（1067 年）进士，徽宗时官至同知枢密院事，资政殿学士，卒谥庄简。

其《水龙吟》原作："燕忙莺懒花残，正堤上柳花飘坠。轻飞乱舞，点画青林，全无才思。闲趁游丝，静临深院，日长门闭。傍珠帘散漫，垂垂欲下，依前被风扶起。　兰帐玉人睡觉，怪春衣、雪沾琼缀。绣床渐满，香球无数，才圆却碎。时见蜂儿，仰黏轻粉，鱼吞池水。望章台路杳，金鞍游荡，有盈盈泪。"

杨花：即柳絮。杨树的飞絮，性质与柳絮相同，故杨花常与柳絮、柳花混称。

从教坠：任使飘落。从，任从。教，使。

"抛家傍路"两句：杨花离开枝头，犹依傍在路边，仔细思量，它看似无情，其实别有情意。思，作名词用，读去声。裴说《柳》："思量却是无情处，不解迎人只送人。"这里反用其意。

萦损柔肠：柔嫩的肠子纠缠不已。萦，缠绕。损，煞，极了。萦损，极端纠结的样子。杨柳的枝条细而柔，故以柔肠喻柳丝。

困酣娇眼：娇媚的眼睛困倦极了。酣，形容事物正盛的样子。困酣，就是正非常困倦。娇眼，柳叶初生如醉眼，古人诗赋中多称柳叶为柳眼。

落红难缀：难将落花再连缀在枝头。缀，收拾、连接。

贺新郎

乳燕飞华屋。悄无人，桐阴转午，晚凉新浴。手弄生绡白团扇，扇手一时似玉。渐困倚、孤眠清熟。帘外谁来推绣户，枉教人梦断瑶台曲。又却是，风敲竹。

石榴半吐红巾蹙。待浮花浪蕊都尽，伴君幽独。浓艳一枝细看取，芳心千重似束。又恐被、西风惊绿。若待得君来向此，花前对酒不忍触。共粉泪，两簌簌。

过去的诠释者好作比兴附会之说，往往远离文学的本质，借找寻历史事据以证词情之真假有无，从而论断其价值，这样的解读方法，无助于对文学美的体验，也得不到真正的文学知识。文学阅读不应以知其事为满足，更何况很多都是牵强附会、断章取义的说法，很多时候这些本事考也不过是些零碎、乏味的外缘资料，若一味穿凿特定的事件去解释，实在了无趣味。文学毕竟是一种语言文字的艺术，作者缘情思而发，创造与想象是它的本质，因此，回归文学美的本位，就应以体会其文辞之美，领悟其意境之美为鹄的。

俞平伯《唐宋词选释》说："关于本词也有一些故事，有谓为官妓秀兰而作。有谓为侍妾榴花作。有谓在杭州万顷寺作，寺有榴花。这些都不过传说而已。如'寺有榴花'云云，疑即从白居易《题孤山寺山石榴花》诗而附会之。"我们阅读东坡这首《贺新郎》首先就要抛开这些妄说，只须缘着文本，体会其情思，自能感知词中胜意。

此词因物赋情，不是单纯的咏物之作。词中咏美人，写榴花，似相离又相合，笔意承传转化间，展现出物我交融的意境，却不离东坡一直关切的时间课题，是东坡咏物词中别具一格的作品。东坡如何塑造独特的美人形象，并因人及物，写出花与人的共同生命特性，是理解这首词的重点。

前面谈《洞仙歌》时提过东坡缘心灵的洁癖感创造了"冰肌玉骨"的美人意象。这首《贺新郎》所描述的女子也大抵是这样的心理下创作出来的。上片描写夏日里，女子孤寂慵倦的生活情境。"乳燕飞华屋"，小燕子飞旋于华美的居室，既点出时令已到夏日，也交代了女子所居之处——是富贵人家的环境。这句也隐约暗喻了女子如燕之初长成，同居于此，但行止却有不同，燕子可自由来去，而女子则不得自由。她的世界无人相访，悄然孤寂，时间亦默默地推移着："悄无人，桐阴转午，晚凉新浴。"桐树的阴影逐渐拉长，显示已过午后，傍晚时略感微凉，女子刚浴罢出来。她无聊地摇摆着白团扇，那扇子和手在晃动中，一时间浑然如洁白的玉一般。东坡在这里同样地塑造了一位清爽干净、玉洁冰清的女性形貌。然而，在"团扇"的意象里，却又自然令人联想到古诗咏班婕妤《怨歌行》"秋扇见捐"的故事，隐含着女子不能永保青春，终将遭受冷落之意。下片写"西风"及其后的落泪，正呼应了这一意旨。随着手与扇的轻轻摇摆，反复无聊的动作中，女子渐渐累了，斜靠着床头睡着了，睡得恬静酣熟。睡梦中置身于瑶台仙境，欣赏着美妙的仙乐。东坡在此处也不例外地将女子仙幻化，塑造其孤高绝俗的特质。这梦中景象乃心灵投影，仙人世界虽美也毕竟虚幻。此女子仍受着凡体的约束，无法完全脱离现实；她对人世间的情事仍有所眷恋。"帘外谁来推绣户，枉教人梦断瑶台曲。又却是，风敲竹。"帘外传来推开门户的声响，仿佛有人来访，她充满着希望，转身一看，却空无人影，原来又是那敲击竹子的风声。这一惊醒，让她骤然离开天上美好的乐音世界，面对一室空寂，能不令人怅然！这里暗用了李益《竹窗闻风寄苗发司空曙》"开门风动竹，疑是故人来"的诗意。写美人在孤寂中，有些期待，但终究成空，语意抑扬有致。

上片叙写女子夏日的生活情境，透过她的动作及其梦觉情景的对照，已隐约透露出她欲待无人的空闺寂寞。照理，下文应该着重女子内在情思的刻画，但东坡却不直接依循这一脉络，转而描写夏日当令的花："石榴半吐红巾蹙。待浮花浪蕊都尽，伴君幽独。"石榴花半吐，没有全展，像打褶的红丝巾。它是等到那些轻浮争艳的春花都凋谢了，此时才开来陪伴孤单寂寞的女子的。"幽独"是整篇的关键语——女子幽独，石榴花也幽独，彼此为伴，同心相怜。开阖之间，非常自然地将人花合一——人即是花，花即是人，都是一样的"幽独"。因此，接着对花的描写，特别强调它"抑郁"的一面："浓艳一枝细看取，芳心千重似束。"仔细看看浓艳的花瓣，重重叠叠的，好像有着沉重的心事，郁结难开。花犹如此，而人的情况也往往如是：虽有美丽的容貌，内在的心灵却空虚寂寞，不但没有爱情归属，并且在现实世界中还得压抑自己，无法尽情舒展青春的生命。而更令人忧惧的是，世间事物都在变化中。夏日一过，秋风来时，石榴枝叶恐怕也会受惊而凋落。韶光易逝，青春也难驻。等到美人来到园中，对花饮酒，也必不忍心去触摸它。美人的眼泪，飘零的落花，此时都一起掉下来了。最后，人、花双写，同归于消逝的宿命。

这首词章法相当奇特。吴师道《吴礼部诗话》评论此词说："后段'石榴半吐红巾蹙'以下，皆咏榴。《卜算子》……'缥缈孤鸿影'以下，皆说鸿，别一格也。"两词在章法上，写人写物，前后分开，情意却又彼此呼应，已非单纯的咏物，也不是直接的抒情，这样的体例当然就是一种变格。颜崑阳先生说："这种章法，应该是由李商隐的咏物诗变过来的。李商隐的《野菊》《蝉》《落花》等，这些咏物诗，都是人、物双写，两线并行，却又彼此交融为一，写人即是写物，写物即是写人。"李诗与东坡此词不同的是，诗中的"人"指向作者本身，词中的"人"却是东坡所塑造的美人。词之为体比诗较为幽邈曲折。其实，所谓美人，何尝不是东坡心灵的投影？无论花或人，若即若离之间，都有着幽独的生命内蕴，而人之于物，对时间之推移变换，都能同情共感。东坡这首词确实创造了一种独特的抒情意境。

【注解】

乳燕：雏燕，小燕子。

桐阴转午：桐树的影子逐渐转移，指向午后。

生绡白团扇：白色生丝制的团扇。生绡，生丝织成的薄绢。团扇，圆形的扇子。

瑶台曲：指仙乐。瑶台，仙人居住的地方，传说在昆仑山。或谓曲，即深曲隐僻之处。

"石榴"句：形容榴花半开，像是一条紧束起来的有褶纹的红巾。白居易《题孤山寺山石榴花示诸僧众》："山榴花似结红巾，容艳新妍占断春。"俞平伯《唐宋词选释》："山石榴是杜鹃花，一名映山红。这里借指石榴花。"蹙，皱也，屈折卷缩的样子。

浮花浪蕊：指寻常的花草。浮、浪，都有繁多的意思，往往也喻有漫浪、轻浮之意。

两簌簌：谓美人的粉泪与石榴的花瓣纷纷飘落。簌簌，状声词，形容细碎不断的声音。

西江月

梅花

玉骨那愁瘴雾，冰姿自有仙风。海仙时遣探芳丛，倒挂绿毛幺凤。

素面常嫌粉涴，洗妆不褪唇红。高情已逐晓云空，不与梨花同梦。

侍妾朝云随东坡贬谪岭南，染病死于惠州，宋人释惠洪《冷斋夜话》和王懋《野客丛书》皆谓此词即悼念之作。不知何所据，这说法实在可疑。

东坡此词像其他咏物之作，亦在"虚"不在"实"。东坡托物喻意，旨在歌咏梅花高雅绝俗的坚毅精神，与实际人事不相干。

南宋傅干《注坡词》："公自跋云：'诗人王昌龄梦中作梅花诗。南海有珍禽，名倒挂子，绿毛，如鹦鹉而小。惠州多梅花，故作此词。'《诗话》云：'王昌龄梅诗曰：落落寞寞路不分，梦中唤作梨花云。'方知公引用此诗。"东坡诗自注："岭南珍禽有倒挂子，绿毛，红喙，如鹦鹉而小，自东海来，非尘埃中物也。"如果这跋语属实，则东坡创作此词乃即物有感而发，和朝云之死完全无关。词中意象的运用，和立意构篇的设想，可以据这些资料推论得知。

全词是要写出惠州梅花的特性。花鸟并列本诗画常见者，东坡由倒挂子之"非尘埃中物"，联想到此花亦非凡品，乃用拟人手法将花仙幻化，与之联结，旨在凸显其于恶劣环境中仍保持高远绝尘的优雅品质。"玉骨那愁瘴雾，冰姿自有仙风。"先点出梅花所在之处不是北方那样的傲雪凌霜，却是充满着瘴气的岭南。此地的梅花体貌清奇脱俗，如冰似玉，本有女神般的风致，自然不怕瘴疠之气的侵袭。所谓"玉骨冰姿"，如同花蕊夫人之"冰肌玉骨"，是东坡心目中高洁女性特具的资质。它有如落入凡间的仙子，难与一般花草为伴，但它也不孤单，因为"海仙时遣探芳丛"——海上的神仙经常会派遣使者来到花丛中探望。这个使者是谁？原来是"倒挂绿毛幺凤"——像小凤凰有着绿羽毛的倒挂子。奇特的花，奇特的鸟儿，形成一幅绝妙的画面。而在倒挂子的陪衬之下，无疑更彰显了梅花之珍贵。

铺垫好梅花所在的环境，下文接着写惠州梅花特有的形貌和精神。"素面常嫌粉涴"，形容花瓣之白；谓梅花好像不施粉黛的美人，常嫌脂粉会弄脏她天然的本质，因此只以净白素洁的面容示人。"洗妆不褪唇红"，可是这花亦非全白，广南的梅花，花瓣围绕着一轮红晕；如同美人唇上天然鲜红的色泽，卸妆后也不会褪去。这样富有地方特色的梅花，当然也有着独特的精神意蕴："高情已逐晓云空，不与梨花同梦。"王昌龄梅诗说："落落寞寞路不分，梦中唤作梨花云。"东坡反用其意，谓梅花的高洁情操，已随着清晓的白云一同散去，它不屑与梨花同入一梦；指梅花独开独谢，不与梨花同时，而且"此花怎与凡花比"呢？谢灵运《述祖德》诗也曾有"高情属天云"之句。东坡则将高远的情怀节操，比为梦后化作清晓的白云，如在虚无缥缈间，可望不可即，更令人容易产生神仙虚幻世界的联想，与上文"仙风""海仙"等处前后呼应，词意贯穿。评者但见"晓云"，即说是谓朝云，而所谓"晓云空"，则指为朝云已逝，妄顾前后文的脉络，更不理东坡跋语所云，断章取义，实不足取。

潘游龙《精选古今诗余醉》说："末二语不必有所指，即咏梅绝佳。"其实，整首词各韵句分别从不同面向，由外而内，写梅花形神虚实之间的体性特质，韵高笔妙，摇曳生姿，不止最后两句而已。杨慎《词品》曰："古今梅词，以坡仙'绿毛幺凤'为第一。"东坡咏梅此词是否冠绝古今，见仁见智。不过，东坡确实以高妙的才思，别出心裁，创造了一番新的意境。之前东坡《定风波》词曾以梅花精神赞美柔奴"笑时犹带岭梅香"。在东坡心目中可能也认为朝云同样具有梅花品格，不过就词论词，这首《西江月》直咏梅花，看不出有悼念之意。因此，不必指实，只要从虚处体会，自能领略词中人、物交涉形成的精神境界，而其中必有作者当下时空特有的情意在——东坡见而吟咏，赋予岭南梅花高洁、坚贞、无畏和超尘绝俗的意义，正是他贬谪惠州，不畏艰难、处逆境而不改初衷的心境下创作出来的。由来诗人之借物述怀，将物性与人情融合一体，往往是自我界定生命意义的一种方式。当然，这也代表了一样具有这种生命情调之人物的共同心声。

【注解】

瘴雾：湿热蒸发致人疾病的雾气。

"倒挂"句：岭南的一种珍禽，绿毛红嘴，形状如鹦鹉而小，栖时倒悬在枝上，当地人称之为倒挂子。幺凤，凤凰类中的最小者，此指倒挂子。

浣：音握，弄脏、污染。

最后，也许应该是最先读的一首词——

蝶恋花

花褪残红青杏小，燕子飞时，绿水人家绕。枝上柳绵吹又少，天涯何处无芳草。

墙里秋千墙外道，墙外行人，墙里佳人笑。笑渐不闻声渐悄，多情却被无情恼。

据传东坡贬谪惠州时，曾命朝云唱这首《蝶恋花》词。明代张岱《琅嬛记》卷中引《青泥莲花记》云："子瞻在惠州，与朝云闲坐，时青女初至，落木萧萧，凄然有悲秋之意。命朝云把大白，唱'花褪残红'。朝云歌喉将啭，泪满衣襟。子瞻诘其故，答曰：'奴所不能歌，是"枝上柳绵吹又少，天涯何处无芳草"是也。'子瞻翻然大笑曰：'是吾正悲秋，而汝又伤春矣。'遂罢。朝云不久抱疾而亡，子瞻终身不复听此词。"朝云之所以泪满衣襟，不能唱此曲，可能是因为"枝上柳绵吹又少，天涯何处无芳草"两句，触动了她去远思归的情怀。人在流离迁徙中，看着草色依旧，悠悠不尽，年年皆如是，怎不令人感伤？东坡此词本身所抒发的不仅仅是思乡的心情，其实有更深一层的时空流转之悲。

"花褪残红青杏小，燕子飞时，绿水人家绕。"时令更替的轨迹可以从自然景物的变化中意识到：红花褪落衰残，青杏初结小小的果实，已是春末夏初了。东坡写行旅中的风光，空间景色的铺设往往能随时间而变换，呈现向前行进的动态感，带领读者身历其境。此时，燕子飞翔，绿水绕着房舍流动。这是寻常村野都可看见的景象。我们可以想象一个行走天涯的旅人，当他意识到春天已接近尾声，心情苦闷，突然走进一个熟悉的世界，自然朴实的乡居生活重现眼前，无端勾起许多美好的回忆，但也会生出更无奈的感叹："我不是归人，是个过客。"元朝马致远《天净沙》写道："枯藤老树昏鸦，小桥流水人家。古道西风瘦马。夕阳西下，断肠人在天涯。"如果这旅人一直都走在荒凉的道路上，行行重行行，一直都看着一成不变的景物，心情总是低落，对周遭一切恐怕都已麻木。这回为何顿生天涯沦落之感？关键就在经过"小桥流水人家"。眼前朴实、自然、和乐的人伦世界，唤起似曾相识的感觉，对比现在飘零在外、身不由己的处境，一直被命运催逼着，更增重会无由之怨叹。而秋风残照，岁月飘忽，依旧走在茫茫天涯路上的旅人能不肠断？东坡所处的时空和马致远不同，词的语调没有像曲那么悲切。东坡词中跟着的情节是："枝上柳绵吹又少，天涯何处无芳草。"走出了村舍，情随景转，眼前尽是些与离

别相关的物象：柳絮与芳草。柳絮飘绵，愈吹愈少，春天真的
减色退去了，而夏日亦将接续而来，放眼望去，直到天边远处
哪个地方不是青青芳草？草色蔓延到天际，象征绵绵长恨，与
流落天涯的游子紧密相随。李煜词所谓"离恨恰如春草，更行
更远还生"，说得就更直白了。东坡这两句，字面上没明说一
己的怨情，反而让人读来，好像只是客观叙说世间事物增减有
无的情状——有些东西减少了，别的东西到处是。不过，细加
体会，就会发现这看似平实疏淡的语调中，其实掩藏着一种
"留也留不住（时间），挣也挣不脱（离恨）"的幽深情意。

　　人不断地往前行进，时间就这样推移，空间就如此延伸，
他不是因为看见花落草生的消长变化而感伤，自然景物的替
换本身就是常态，看着这景象年复一年皆如是，而相对于
此，人的年寿有限，往事已逝，未来又不可测，人生漫漫长
路，却不知所归，这才是令人伤痛的事实。诚如欧阳修所说
"人生自是有情痴，此恨不关风与月"，不管外在如何，痴执
于情才是问题的关键。东坡此词的下片，就追溯到这根源处
着笔；它最特别而且有创意的地方，是运用"男女一内外"
相对的情景，生动而深刻地叙述了在时空流转中人间苦恼的
来由，乃在"多情"："墙里秋千墙外道，墙外行人，墙里佳
人笑。笑渐不闻声渐悄，多情却被无情恼。"

　　一堵墙隔开两个世界。墙里，佳人荡着秋千，正享受着、
挥霍着她的青春岁月；墙外，行人走在道路上，正由此处到
别处去。墙里的佳人正栖居于此，相对地，墙外行人却奔走
于旅途中，不得安稳。他们本属于两个不同的世界，有着不

同的身份，不同的年龄，不同的处境与心境，而他们之所以有交集，是因为佳人的笑声由墙里传到墙外，行人在路上听见了。如果行人一直走去，没有关注这声籁，因而引起某种特别的情绪反应，这笑声便如同风声、鸟声，不过是旅途中配衬的物事，或反映宁静、渲染寂寞的感觉，乃一般诗词惯常使用的意象。但这行人显然被佳人的笑声吸引了，他没有继续行程，反而伫立在墙边好一段时间，直到女孩累了，笑声逐渐消失，行人才有"多情却被无情恼"的惊觉。这里的"多情"，应该不是指因为佳人笑声令人陶醉，产生爱慕之意，应是听者闻声而动情，感到似曾相识，遂不自觉地停下来，于是愈听愈入神，仿佛翻越记忆的墙篱，沉醉于往日类似的情怀中——昔日自家的欢声笑语和当下佳人的情景浑然重叠一起。这有点像蒙太奇的画面，墙内墙外，现实与幻想，同时并现着相似的景象。此词的语句中留有些空白处，让读者去联想。"墙里佳人笑"—"笑渐不闻声渐悄"，两句写得颇具戏剧效果。重复"笑"字，构成"顶真"句法，使语脉不断，呈现了时空转折间也交接着笑声的情状。然后写声音消失，颇有层次，模拟相当生动：笑声愈来愈小，逐渐听不清楚，终至归于寂静……行人只闻其声不见其人，而墙内佳人因为累了，走下秋千架，回到室内，声音乃跟着她愈走愈远，渐渐从有到无。行人此时，回忆的片段亦随着那笑声慢慢消逝。当回过神来，顿然感叹，被不相干的人儿撩拨起情绪，烦恼不已，只能怪自己枉自多情啊。佳人"无情"，那是相对于行人主观有情而言；她自得其乐，哪知隔墙有耳，有人竟然偷听了还生怨气呢？

东坡此词写出一段颇值得细思的人间行程。我们心中只要有忘不了的情，随时都可能被外在物事触发唤起。尤其在时空变化之感特深的时候，人更想逃回情感温暖的世界，在爱中寻找慰藉。人生漫漫长路中，只要我们缺乏往前迈进的勇气，稍作停顿，偶一分神，回顾所来径，对照今昔，便会无端生出许多烦恼，此恨不只与风月无关，和不相干的人事又有什么关系呢？

"回忆"就是词情兴发的关键，而词情之兴发，乃源自人多情之本质。如何化解多情带来的苦恼？东坡说："人生如逆旅，我亦是行人。"墙外人也曾是墙内人，在时间推移的过程，墙里墙外，无人能永远固守一隅，你我都是时间中的旅人——由出生走向死亡。这一路走来，身历崎岖的人生道路，而"身在情长在"，常会因此生出许多悲欢离合、恩怨爱恨的情绪，让人"起坐不能平"。东坡多情，常因此而受到伤害，弄到身心俱疲，但他没有回避，反以真诚的态度面对人生，勇敢承担感情所带来的苦果。在他一首一首的词里，我们看到他"入乎其内"，备受离愁所苦，有着种种感时怀旧，进退失据，人生如梦之凄然、无奈、怅惘之情，但也见到他积极、认真、热爱生活的一面，终至凭借学识、智慧化解了不安的情绪，"出乎其外"，展现出"此心安处是吾乡""也无风雨也无晴"的生命意境。东坡一生为词，在词中所经历的，就是一段严峻的体验、梳理及参悟人间情爱的历程。

有情天地内，东坡隔着墙，借少女的笑声唤起往日的情怀；我们隔着时空，透过东坡的文字，唤起了怎样的情思？也许，我们也一样，当读罢东坡词，阖上书本，长叹一声：多情却被无情恼！东坡当然无从得知我们的情绪，他也管不着读者作何反应，我们则用不着怨怪东坡，怪就只怪自己实在太用情了。与其不断回首，留恋，徒然伤悲，不如转身归去，学着东坡，继续未竟之途……当我们一路行走，时而顾盼，时而回忆，时而仰望夜空，那一轮明月，我们应该更相信：同情共感可以突破人际藩篱。"我亦是行人"，东坡说着。墙外行人，如你我，其实也不孤单。

后记

　　书稿完成后，不时会想起，这些年来，现实生活中遭遇各种生离死别、成败得失的事情，交杂着悲喜欣慨的情绪，始终有股定静的力量支撑着，除了家人给我阳光一般的温暖，诗词文学更是坚定信念的泉源。在我生命的土壤里，东坡词应是重要的养分。东坡书写他一生的悲欢离合，出世入世的体验，字里行间都是真情意，充满生命的力量。我读东坡词，在同情共感中，那一字一句好像一颗颗撒播心田的种子，不时会感觉它在体内郁勃盎然，焕发生机。

　　感谢东坡留下这些词篇，让他多情的一生，延续在人世间，依然散发着光彩，让人仰首夜空，随时可发现，并且由衷地赞叹，啊，明月来相照，星光默默指引着远方，总带给人们希望。

感谢台大柯庆明老师当初推荐我开设东坡词的通识课程。十六七年来，每学年两三百人的大班，让我有机会走出文学院，接触更多不同专业的年轻心灵，与他们一起在东坡的词情世界中学习成长，令我受益甚多。当听到学生说：上课是一种享受，我相信他们就在享受文学中，已突破了一般知识授受的方式，正学着呼应内在的感觉了。那是自我意识的呼唤，希望他们好好珍惜。

也感谢柯老师的邀请，王德威教授的支持，让我参与"人与经典"这套丛书的撰作。而在我一直拖延稿期的漫漫岁月里，麦田出版社的同人以无比的耐心等候，副总编林秀梅也始终尊重我的坚持和抉择，凡此都让我由衷地感激。

内子玟玲是我学思的友伴，从她撰写东坡词的硕士论文开始，我们不时都会谈论东坡其人其词，"奇文共欣赏，疑义相与析"，心灵的收获甚丰满。如何掌握东坡"多情"的本质与面貌，并赋予他现代的意义，一直是我们想做的事。这本书传记的部分，经过多次讨论，决定由玟玲撰述，借助她锐敏的触感和动人的文笔，重新诠释东坡的一生，应该更能呈现出东坡的生命风采。东坡的生平，和他写作的词是一体的。为东坡，为自己，也为喜爱东坡词的读者，出版这本书，是我们多年的心愿，现在终于完成了，最要感谢的，当然就是一路与我携手走来的内人了。

这本书定名为《有情风万里卷潮来：经典·东坡·词》，

是我们再三斟酌而取用的。"有情风"这一词句，出自东坡的《八声甘州》。原句写钱塘江潮。天地辽阔，江水滔滔，气势磅礴的浪潮翻腾，似是清风多情，为人万里推拥翻卷而来——东坡词清丽舒徐、舒朗旷达，内有人间情谊、现实困境、生命省思，无一不是源自东坡的多情。多情令东坡珍惜人世相遇的种种情缘，也使他在挫败颠簸时不致耽溺于悲愤自怜。而经由自我省思而来的坚定与坦然，更成就了东坡文学海阔天空的境界。因此选择这句"有情风万里卷潮来"，一则点明东坡"多情"之本质；再则呈现东坡词清朗舒阔之境界；三则凸显东坡以不世出之才情人格写就的词篇，在词坛上有如江风海涛，翻腾出文学与生命的动人篇章！